LES POINTS OBSCURS

DE LA

VIE DE MOLIÈRE

Ce livre a été tiré à :

10 exemplaires		sur papier de Chine, format in-8º écu, avec quatre épreuves du portrait (noir, bistre et sanguine, avant la lettre ; noir, avec la lettre), numérotés 1 à 10 ;
200	—	sur GRAND PAPIER de Hollande, format in-8º carré, avec deux épreuves du portrait (avant et avec la lettre), numérotés 11 à 210 ;
1,000	—	sur papier de Hollande, format in-8º écu, avec portrait.

1,210 exemplaires.

OUVRAGES DU MÊME AUTEUR :

LES CRIMES ET LES PEINES DANS L'ANTIQUITÉ ET DANS LES TEMPS MODERNES. *Paris, Hachette,* 1863, un vol. in-8 .... 3 fr. 50

LES RÉSIDENCES ROYALES DE LA LOIRE. *Paris, Dentu,* 1863, un vol. in-8 (épuisé) 3   50

PROBLÈMES HISTORIQUES. *Paris, Hachette,* 1867, un vol. in-18 3   50

LA DOCTRINE SECRÈTE DES TEMPLIERS. *Paris, Durand,* 1872, un vol. in-8º (épuisé) 5   »

RAVAILLAC ET SES COMPLICES. *Paris, Didier,* 1873, un vol. in-18 3   50

L'EXPÉDITION DU DUC DE GUISE A NAPLES ; lettres et instructions diplomatiques de la cour de France (1647). En collaboration avec M. G. Baguenault de Puchesse. *Paris, Didier,* 1875, un vol. in-8º 10   »

COMPTE des dépenses faites par Charles VII pour secourir Orléans pendant le siége de 1428. *Orléans, Herluison,* un vol. in-8º 6   »

LE MASQUE DE FER devant la critique moderne, brochure gr. in-8º (épuisée) 3   »

LA MORT DU SECOND PRINCE DE CONDÉ, brochure gr. in-8º. 2   »

LA LÉGENDE DU CHEVALIER D'ASSAS. *Paris, Palmé,* br. in-8º 2   »

D'après un portrait peint vers 1658, appartenant à M. Courtois.

LES POINTS OBSCURS
DE LA
VIE DE MOLIÈRE

LES ANNÉES D'ÉTUDE
LES ANNÉES DE LUTTE ET DE VIE NOMADE
LES ANNÉES DE GLOIRE — MARIAGE ET MÉNAGE DE MOLIÈRE

PAR
JULES LOISELEUR
Bibliothécaire de la ville d'Orléans

Avec un portrait de Molière gravé à l'eau-forte
PAR AD. LALAUZE

PARIS
ISIDORE LISEUX, ÉDITEUR
Rue Bonaparte, n° 2

1877

AVERTISSEMENT DE L'ÉDITEUR

Lorsque cet ouvrage parut, en 1876, dans le journal le Temps, *la sensation fut très-vive, non-seulement parmi ceux qu'on nomme aujourd'hui les Moliéristes, mais dans ce public plus vaste qui nourrit le culte de notre grand comique. Ce livre venait à son heure : depuis un quart de siècle, tant de découvertes avaient été faites sur la vie de Molière! tant de matériaux dormaient épars, attendant la main qui devait les coordonner!*

La tâche était ardue, et l'auteur, tout en la limitant strictement à l'élucidation des Points obscurs de la vie de Molière, *ne s'en dissimula ni l'étendue ni les difficultés. Il entreprit d'appliquer aux problèmes dont fourmille la courte existence du poëte, cette méthode de critique, empruntée aux procédés de l'information judiciaire, qui déjà lui avait maintes fois réussi pour quantité de questions historiques.*

Un autre, dès 1847, avait poursuivi le même but

par des voies analogues et dans le même esprit. Mais qui ne sait que, depuis trente ans, la critique, de plus en plus sévère à mesure qu'elle est plus savante, a complétement renouvelé ses procédés ? C'est, à vrai dire, la première fois que cette jeune science pénètre dans cette vie si agitée et cherche à en dissiper les ténèbres par les moyens qui lui sont propres : la discussion éclairée des documents, l'étude du milieu ambiant, des mœurs, des lois, des institutions du temps. Rien de plus nécessaire assurément. Pour apprécier l'éducation du jeune Poquelin, ne faut-il pas connaître l'organisation de l'enseignement à cette époque ? Pour faire comprendre la rapidité de ses hautes études, ne doit-on pas exposer l'état de décadence de l'Université à la fin du règne de Louis XIII ? Veut-on suivre Molière dans sa vie, jusqu'ici presque ignorée, de comédien nomade : comment la saisir, si l'on n'étudie les troupes de province à ce moment, l'engouement du public pour le théâtre, les causes qui différencient l'opulente troupe des Béjart de celle des misérables histrions que Scarron a dépeints, la constitution des États de Languedoc qui l'appointaient, la nature de leurs subventions, les économies réalisées par ces comédiens qu'on a cru longtemps si nécessiteux, et dont témoignent les importants placements de fonds opérés par Madeleine Béjart, leur directrice ?

Plus tard, après le retour de Molière à Paris, les

questions sont nombreuses qui exigent encore les ressources de la critique et de l'érudition : soit qu'appuyé sur le droit ancien, on doive discuter les actes de famille des Béjart et démêler les vrais liens par lesquels la femme du poëte tenait à cette famille; soit qu'on ait à examiner les relations de Molière avec cette femme légère et vaniteuse, les souffrances qu'elle lui infligea, les circonstances dans lesquelles il mourut, les raisons de doctrine qui poussèrent l'Église à lui refuser la sépulture ecclésiastique, et enfin l'authenticité des restes qu'on donne aujourd'hui comme les siens. Tous ces problèmes, et bien d'autres, il fallait les toucher d'une main sûre et cependant rapide et légère, en conservant à l'œuvre ce caractère littéraire auquel les lecteurs français attachent avec raison tant de prix, en dissimulant plutôt qu'en étalant aux yeux l'appareil d'érudition qui sert à les résoudre. Mais les preuves disséminées dans le texte, les notes, et surtout celles qui terminent le volume, suffiront à contenter ceux qui aiment à se rendre compte et à ne croire qu'à bon escient.

Grâce à la sympathique attention dont cette étude a été l'objet lors de sa publication sous sa première forme, l'auteur a reçu une foule d'observations, de documents, de renseignements de toute espèce, qui lui ont permis de reviser et d'étendre son travail; en sorte que l'ouvrage qu'il présente aujourd'hui au public *diffère notablement de celui que les admirateurs de Molière connaissaient déjà.*

Comme une bonne fortune ne vient jamais seule, au moment où tant de lumières nouvelles affluaient sur l'œuvre en voie d'exécution, un célèbre bibliophile, aux conseils de qui ce livre doit beaucoup, révélait à l'éditeur l'existence d'un portrait inédit, dans lequel il se plaisait à reconnaître les traits de Molière et le pinceau de Mignard, son ami. On trouvera ci-après la Note qu'il a bien voulu nous donner à ce sujet, et que nous sommes heureux d'imprimer ici. Un portrait de Molière amoureux, c'est, on en conviendra, chose rare (quoique d'une vraisemblance absolue), et bien faite pour piquer la curiosité. Celui-ci pourra être discuté : mais, quelles que soient les hypothèses, il n'y aura qu'une voix, nous en sommes convaincu, sur sa haute valeur artistique, et sur le mérite de l'artiste qui l'a gravé ; et, en admettant même que son authenticité soit douteuse, il n'est peut-être pas inutile, pour la satisfaction des chercheurs, de laisser ce point obscur au frontispice d'un livre où tant d'autres sont élucidés.

NOTE DE M. PAUL LACROIX

L'admirable portrait de Molière, que M. Lalauze a gravé avec tant d'adresse et de talent d'après la peinture originale appartenant à M. Courtois, porte avec lui, ce me semble, sa date et son caractère historique, puisqu'il représente Molière à l'âge de trente-six à trente-sept ans environ, en costume de ville, avec la perruque blonde que les jeunes gens de bonne maison avaient généralement adoptée vers 1656, en France.

« Ce fut certainement en 1657 ou 1658 que Mignard peignit Molière pour la première fois, » ai-je dit dans l'*Étude sur les portraits de Molière* qui précède mon *Iconographie Moliéresque*. « A cette époque, Mignard parcourait les provinces méridionales, en improvisant partout des portraits sur son passage. « Revenu à Avignon, dit son historien l'abbé de Monville (p. 55 de la *Vie de Mignard*), il y trouva Molière. Ces deux hommes rares eurent bientôt lié une amitié qui n'a cessé qu'avec leur vie. » Molière était alors à la tête de la Troupe des Béjart, et sa réputation de comédien avait devancé ses succès d'auteur dramatique. » — J'ai supposé naturellement que Mignard avait peint d'abord le portrait qui représente Molière dans le rôle de César de la *Mort de Pompée*.

Mais, pour faire ce portrait d'apparat, Mignard, selon l'habitude des grands peintres, aura fait non-seulement ce qu'on appelait un *crayon,* c'est-à-dire une esquisse crayonnée à la hâte, mais encore une esquisse peinte d'après nature. Cette seconde esquisse ne serait autre que le portrait qui appartient à M. Courtois, après avoir appartenu à Mignard ou à Molière. Ce portrait, en effet, était un souvenir précieux de la rencontre de Molière et de Mignard à Avignon en 1657 : l'un et l'autre devaient avoir à cœur de conserver ce souvenir, qui donnait une date à leur inaltérable amitié.

Ce portrait a, comme ressemblance et même comme arrangement, des rapports frappants avec le portrait peint par Charles Coypel, après la mort de Molière, d'après un original qu'il avait sans doute modifié, en s'inspirant de la gravure de Nolin, puisqu'il voulait représenter Molière à l'âge de cinquante ans. Dans le portrait de Coypel, Molière a les sourcils forts et noirs, qui sont plus en harmonie avec la grande perruque noire frisée, que tout le monde portait à la Cour en 1672. Le portrait original, que Charles Coypel a eu sous les yeux, n'est-il pas celui que M. Lalauze vient de reproduire dans sa belle gravure à l'eau-forte ?

En 1657 ou 1658, Molière, âgé de trente-six ans à peine, directeur d'une troupe de province, renommée dans tout le midi de la France, comédien déjà célèbre dans les villes où il avait joué, auteur de pièces de théâtre applaudies, devait avoir une mise soignée, même recherchée, pour paraître jeune le plus longtemps possible, d'autant plus qu'il était en commerce de galanterie avec ses actrices, sans préjudice de sa liaison avec Madeleine Béjart. On comprend qu'il ait, en ce temps-là, pris la perruque blonde, qui imitait les cheveux longs tombant par boucles naturelles sur le cou et les épaules. Cette perruque blonde n'était pas celle qu'il ridiculisait en 1661 dans l'*École des Maris*, en parlant

> ... *de ces blonds cheveux de qui la vaste enflure*
> *Des visages humains offusque la figure.*

La perruque blonde, qu'on qualifiait de *naturelle*, ne ressemblait pas, en 1658, à ces grandes perruques, qui arrivèrent plus tard au format in-folio. Cette perruque blonde avait pour objet de simuler la chevelure véritable et de prêter à la physionomie une expression douce et gracieuse, en adoucissant ce qu'elle pouvait avoir de trop dur ou de trop accentué. C'était la coiffure des galants et des amoureux, qui ne se plaignaient pas de la payer fort cher. Louis XIV, qui n'avait pas encore cédé à la mode des perruques, venait de créer pourtant, en 1656, quarante-huit charges de *barbiers-perruquiers suivant la Cour !*

L'expression de la physionomie de Molière, dans son portrait à perruque blonde ou cendrée, n'est ni soucieuse, ni mélancolique, ni maladive, comme dans tous les autres portraits qu'on a faits de lui depuis 1665 jusqu'à sa mort, durant la période la plus agitée, la plus fatigante et la plus glorieuse de sa vie. En 1657 et 1658, il se sentait jeune, ardent, passionné ; il n'était pas dévoré de soucis, accablé de chagrins et de fatigues, au milieu de toutes les satisfactions du succès littéraire et de la fortune ; ce n'était qu'un poëte, un comédien, un amant. Ne peut-on pas croire, en voyant son charmant et sympathique portrait, que Mignard l'a peint, l'a représenté *sur le vif,* comme on disait, pendant que l'aimable auteur du *Dépit amoureux* regardait avec tendresse, avec amour, la Du Parc, qui était peut-être déjà sa maîtresse, ou bien la petite Armande Béjart, qui n'était pas encore sa femme ?

P. L. JACOB, *bibliophile*.

PRÉAMBULE

Molière n'a vécu que cinquante et un ans, et les deux premiers tiers de cette courte existence sont encore enveloppés de ténèbres. Sur son éducation première, sur ses hautes études, on ne sait guère avec certitude que ce qu'en ont dit ses premiers biographes, c'est-à-dire très-peu de chose. On est un peu mieux édifié aujourd'hui touchant ses débuts dans la carrière dramatique, grâce aux pièces authentiques qu'a publiées M. Eudore Soulié ; mais des longues pérégrinations en province qui suivirent ses débuts, de cette pénible odyssée qu'il commença, jeune homme inconnu, pour en revenir le grand poëte que nous admirons, que sait-on de précis et de définitif ? Ce n'est pas que ces douze années de luttes et de rudes labeurs n'aient été l'objet de nombreuses découvertes : les archives des villes et des provinces que Molière a parcourues ont livré déjà bien des secrets ; mais sur ces découvertes, presque toutes récentes il est vrai, il n'existe encore, que nous sachions, aucun travail d'ensemble : beaucoup de pierres de l'édifice sont dès à présent rassemblées ; elles gisent éparses et personne ne les a coordonnées et mises en place.

Enfin, même dans ce dernier tiers de sa vie où le poëte brille en pleine lumière, au soleil de la cour et du grand roi, que de mystères encore et de ceux qu'aucun document n'éclairera jamais d'une façon décisive, car il s'agit des mystères du cœur et de la vie intime ! Qu'était la femme qu'il épousa ? Par quels liens lui tenait-elle ? Quelle foi méritent les actes authentiques qui ont tout à coup jeté un jour inattendu sur l'état civil de cette femme et changé l'opinion qui, pendant deux siècles, avait régné sur sa naissance ? Quelle explication donner à la dénonciation de Montfleury, s'adressant hardiment à Louis XIV pour accuser l'auteur du *Misanthrope* d'avoir épousé sa propre fille ? A quel bizarre concours de circonstances une si monstrueuse calomnie dut-elle de pouvoir prendre corps et s'accréditer? Quelles causes assigner à ces divisions intestines qui, dès les premiers temps, troublèrent la tranquillité du ménage de Molière? De quel côté étaient les torts? Cette Armande Béjart, sa passion et son supplice, était-elle aussi coupable que les panégyristes et les diffamateurs du poëte l'ont prétendu? Était-elle, au contraire, aussi irréprochable que ses champions le prétendent aujourd'hui?

Voilà bien des questions et des plus obscures. Quels témoignages contemporains, quels documents originaux peut-on invoquer pour les résoudre? Le seul qui mérite pleine confiance n'a que quelques pages et se montre très-sobre de renseignements. C'est la préface mise en tête de l'édition des œuvres de Molière, publiée en 1682, par La Grange et Vinot, auxquels on adjoint aujourd'hui, sur la foi de Bruzen de la Martinière, un certain Marcel, dont on ne sait presque rien, si ce n'est qu'après avoir publié contre Molière une comédie satirique: *le Mariage sans Mariage*, il a écrit en son honneur, par un revirement assez singulier, un madrigal et deux épitaphes.

Vinot lui-même est encore moins connu, et

peut-être ne fait-il qu'un seul et même avec cet écrivain de sentiments si mobiles, tour à tour détracteur et apologiste de Molière, et dont le nom de théâtre aurait été Marcel. Mais est-il bien nécessaire de savoir qui a publié cette édition? L'important, c'est que la *Vie de Molière* qui la précède est bien de La Grange, son camarade, son ami, et, ce qui n'est pas moins précieux, le caractère le plus droit et le plus honnête qui ait jamais honoré la profession de comédien. Nous partageons sur ce point l'opinion de M. Édouard Thierry, dans l'excellente Notice qu'il a mise en tête du *Registre de La Grange* récemment publié par ses soins, au nom de la Comédie-Française. Ce récit sommaire et substantiel est de La Grange, et de lui seul. « C'est sa politesse naturelle, la bonne tenue de son style, son sérieux aimable, son attitude respectueuse et tendre vis-à-vis de son maître, dans cette commune habitude qui a créé entre eux l'intimité profonde, sans faire naître la familiarité. »

Il est de mode aujourd'hui de dénigrer Grimarest, qu'il faut citer pourtant immédiatement après La Grange : on s'appuie d'une boutade de Boileau qui, sans le rectifier en rien, écrit que, dans sa *Vie de Molière*, « il se trompe de tout, ne sachant pas même les faits que tout le monde sait. » On cite encore l'opinion de Voltaire, qui le dénigre aussi, tout en se bornant à l'abréger.

La vérité, c'est que Grimarest a écrit d'après les confidences de Baron, que Molière avait formé et élevé dans sa maison ; c'est que, sur bien des points, il a puisé des renseignements dans la famille même du poëte : son livre parut en 1705, trente-deux ans seulement après la mort de Molière. A tous ces titres, il mérite plus de confiance que les biographes tels que La Martinière qui l'ont suivi à vingt ou trente ans au-delà : ceux-là n'ont pu qu'interroger la tradition et colliger des souvenirs où se mêlait déjà la légende. Certes on doit consulter Grimarest avec précaution et discernement ; il faut négliger beaucoup d'anecdotes suspectes, éclairer toutes les parties de sa narration à la lumière d'une critique attentive ; mais il est juste d'en tenir grand compte quand les faits qu'il relate sont en harmonie soit avec la vraisemblance, soit avec les pièces authentiques, et surtout quand il déclare les tenir de la bouche même des parents ou des amis de Molière.

Plus grande circonspection est commandée encore quand on interroge les deux écrits qui nous font pénétrer le plus avant dans l'histoire intime de Molière : l'un et l'autre sont des libelles, l'un et l'autre sont inspirés par la haine ; ni l'un ni l'autre n'ont une autorité garantie par la notoriété de leur auteur, car le premier est d'un homme sur lequel on ne sait rien que son nom ; le second est anonyme. On devine de quels pamphlets nous voulons parler. L'un parut le 4 janvier 1670, du vivant même de Molière, qui n'eut pas, à ce qu'il semble, assez de force d'âme pour le dédaigner, car l'auteur l'accuse, dans une seconde édition, d'avoir obtenu la suppression de la première : c'est la comédie en cinq actes et en vers qui a pour titre : *Élomire hypocondre ou les Médecins vengés* (*Élomire* est l'anagramme de *Molière*). La médecine n'est là qu'un prétexte : elle a fourni le cadre qui permettait de montrer le grand railleur berné à son tour par la Faculté qu'il consulte sur sa maladie tout imaginaire. Mais l'auteur, Le Boulanger de Chalussay, ne semble pas s'être proposé de venger les disciples d'Hippocrate des plaisanteries de Molière ; encore moins de servir les rancunes du parti dévot : il cède simplement au besoin de déverser une bile longuement accumulée, un fond de haine et d'envie né sans doute du sentiment de sa propre infériorité, en présence des succès du grand comique.

Dans le long portrait qu'il en trace, pas un défaut réel qui ne soit exagéré, pas une qualité qui ne soit tournée en défaut : Molière était impressionnable et nerveux ; il devient, dans *Élomire*, inquiet, colère, emporté jusqu'à la frénésie ; il était malheureux dans son ménage ; on le fait soupçonneux, jaloux, brutal sans motif ; il souffrait d'une toux cruelle ; on le peint malade seulement d'imagination. Et comme c'est dans sa vie surtout, dans le cercle intime de ses relations, qu'il fallait le déshonorer, il n'est pas un détail de cette vie qui n'ait été fouillé, scruté, analysé et, bien entendu, travesti et enlaidi. Mais ces détails mêmes, si l'on tient compte de l'exagération et de l'intention marquée de dénigrement, ces détails ont du prix aujourd'hui aux yeux des biographes, pour peu qu'ils puissent les remettre au point, les contrôler par des témoignages plus respectables et les passer au tamis d'une sévère critique. Il y a là une biographie complète, telle qu'elle avait cours dans les dernières années de Molière parmi ses ennemis, et d'où la méchanceté n'exclut pas toujours l'exactitude.

Et l'on peut en dire autant de l'autre libelle, qui a pour titre : *la Fameuse Comédienne ou Histoire de la Guérin, auparavant femme et veuve de Molière.* Celui-là fut publié en 1688, à Francfort, en même temps que tant d'autres pamphlets que l'émigration protestante faisait éclore à cette époque sur la terre étrangère, et il n'eût jamais acquis la notoriété qu'il conserve encore aujourd'hui si Bayle n'avait pas jugé à propos de le tirer de l'ombre en le citant à l'article *Poquelin* de son *Dictionnaire*.

« Je ne connais ni l'auteur de cette histoire, ni la main d'où elle me vient », dit le libraire au lecteur, et peut-être disait-il vrai. Mais que de vaines recherches, que de conjectures hasardées les bibliographes n'ont-ils pas faites pour lever le voile qui couvre le nom de l'auteur de ce haineux factum ! On l'a attribué à Blot, écrivain connu par quelques mazarinades, attribution sans fondement, car Blot mourut en 1655 ; puis à La Fontaine, à Racine même, enfin à une femme, soit à M^llo Guyot, actrice de la troupe de Molière, soit à une dame Boudin, comédienne de campagne. Ici, du moins, on approchait de la vérité : c'est bien dans les coulisses que ce venimeux écrit a dû naître. Il part d'une femme, car il y a, au fond de ces honteuses délations, de la rancune féminine, de la rancune de comédienne envieuse et humiliée. Mais si c'est une femme qui l'a inspiré, c'est un homme, son mari ou son amant, qui a dû le rédiger ; le style, la touche sont d'un homme, et d'un homme habitué à manier la plume.

De là, sans doute, l'opinion des bibliographes modernes qui persistent à attribuer ce factum à La Fontaine, et qui s'appuient d'ailleurs, il faut bien le dire, de l'autorité du président Bouhier, dans sa correspondance inédite avec l'abbé d'Olivet (*mss. de la Bibl. nat.*) et de celle de Lancelot, qui publia, en 1729, les *Œuvres diverses* du fabuliste, d'après ses manuscrits qu'il eut entre les mains.

Les traits sont surtout dirigés contre la veuve de Molière, contre celle qui lui avait donné, en la personne d'un obscur acteur du Marais, un indigne successeur ; ils ne frappent le poëte que par contre-coup. Si l'on excepte une page abominable où Molière est accusé d'un vice honteux, qui semble être d'ailleurs, aux yeux de l'auteur, chose toute naturelle et comme autorisée par les mœurs, partout ailleurs il est ménagé et parfois présenté sous un jour assez favorable. Il y a même tel passage où perce comme une vague sympathie et qui semble écrit sur les indications d'un ami du poëte, qui aurait vécu dans son intimité et reçu ses confidences.

Nous voulons parler de cette conversation dans le jardin d'Auteuil, entre Chapelle et Molière, de cet entretien à cœur ouvert qui les peint l'un et l'autre si fidèlement qu'il semblerait avoir été dicté par l'un d'eux à l'auteur qui nous l'a transmis. Qui donc eût été assez habile pour inventer ces épanchements d'une âme tendre et blessée, ces déchirements d'un cœur malade, ces faiblesses d'un esprit aimant, trop clairvoyant pour ne pas voir l'indignité de la chaîne qu'il porte, et trop épris pour s'en affranchir? Rien de fictif là-dedans assurément ; la vérité éclate à chaque trait. Cela se sent comme la vie même. Ces pages douloureuses et naturelles suffiraient à elles seules pour disputer à l'oubli l'œuvre coupable qui les contient, malgré tant d'erreurs volontaires ou inconscientes, malgré tant de mensonges historiques heureusement assez faciles à découvrir.

On peut mépriser et rejeter sans grand scrupule les médisances et les calomnies des véritables ennemis de Molière, tels que l'acteur de Villiers, auteur probable de *la Vengeance des Marquis*, et Donneau de Visé, l'auteur de *Zélinde*, de la *Lettre sur les affaires du théâtre* et des *Nouvelles nouvelles*, le fondateur du *Mercure galant*, le premier père du petit journalisme à scandale ; mais quand on veut pénétrer dans la vie intime de Molière, on doit, sauf à les discuter et à les contrôler, entendre les dépositions de l'auteur de *la Fameuse Comédienne* aussi bien que celles de l'auteur d'*Élomire*. Il faut en agir avec eux comme avec des espions ennemis, surpris dans l'exercice de leur vilaine fonction : on les interroge en les suspectant ; on les méprise, on les fusille même quelquefois, mais on tire profit de leurs révélations.

Tel est, à notre sens, le juste milieu de bon sens où il faut se placer vis-à-vis de ces deux productions étranges, à égale distance du dédain superbe de M. Bazin et de la confiance aveugle de quelques biographes récents qui concilient, on ne sait trop comment, une admiration passionnée pour Molière avec le respect pour ses calomniateurs.

C'est au commissaire de police Beffara que revient l'honneur d'avoir inauguré, en 1821, ce système de savantes et scrupuleuses investigations, ces recherches de documents originaux qui ont renouvelé l'histoire de Molière et fourni des points d'appui solides à ses modernes biographes. On sait quel parti le consciencieux Taschereau a tiré de ces découvertes dans ses cinq éditions de l'*Histoire de la vie et des ouvrages de Molière.*

Ce que Beffara avait fait pour les actes de l'état civil, M. Eudore Soulié l'a entrepris, il y a quatorze ans déjà, pour les actes notariés relatifs au poëte et à sa famille, extrayant péniblement de ces titres poudreux quantité de faits précis, qui sont comme le support et la charpente intérieure de la statue encore à l'état d'ébauche. Bien d'autres l'ont suivi dans cette voie, particulièrement pour les douze années qui s'étendent depuis 1646 jusqu'en 1658, et où Molière parcourt la France et mène la vie aventureuse de comédien de campagne. « C'est dans cet itinéraire qu'il faudrait le suivre à la piste, disait Sainte-Beuve en 1863, non plus par des légendes et des anecdotes arrangées à plaisir, mais par des actes positifs dont la minute doit se trouver dans des études où des archives de province. »

Il n'est que juste de citer ici les principaux d'entre les laborieux investigateurs qui ont entendu ce conseil : MM. L. Galibert, Péricaud, Brouchoud, Gosselin, Adolphe Magen, Benjamin Fillon, Louis Lacour, Henri Chardon. Presque toutes leurs découvertes ont été mentionnées par M. Paul Lacroix, le vétéran des bibliophiles, dans sa *Bibliographie* et son *Iconographie Moliéresques*. Puisque Molière est en train de passer dieu parmi nous, ces deux livres, le dernier surtout, doivent être les bréviaires de ses dévots. Ils trouveront là, éparses et disséminées, il est vrai, des indications sommaires sur toutes ses reliques : *Disjecti membra*.....

Il reste à faire la synthèse de toutes ces découvertes ; il reste à les fixer et à les assurer par un travail critique et d'ensemble. M. Bazin, l'auteur de l'*Histoire de Louis XIII*, publia, en 1847, sous le simple titre de *Notes historiques sur la vie de Molière*, un premier examen, à la fois ironique et sévère, de tout ce qu'on avait précédemment écrit à ce sujet. Dans ce travail qu'il remania légèrement peu avant sa mort, il se proposait, disait-il, d'éclaircir et d'assurer le très-petit nombre de renseignements qu'on nous a transmis sur la vie du poëte, en les faisant concorder avec les faits publics et avérés de l'histoire, en y rétablissant d'une manière exacte les dates et les personnes qui s'y trouvaient jusque-là confusément mêlées. But excellent, mais assez mal rempli : M. Bazin, au sentiment d'un critique bien plus illustre que lui, trancha et retrancha fort librement, tantôt se fondant sur des faits, tantôt se confiant à des raisonnements ou à des conjectures très-aventureuses.

C'est un travail analogue qu'il y aurait lieu de refaire aujourd'hui, avec plus de méthode encore, s'il est possible, avec un parti pris d'élimination moins décidé et moins superbe, surtout avec un esprit d'analyse plus large sans être moins aiguisé, et en mettant à profit tant de travaux et de trouvailles récentes que M. Bazin n'a pu connaître. L'auteur de l'étude qu'on va lire n'a point de si hautes visées : il se bornera à élucider, si ses forces le lui permettent, les points les plus obscurs de la biographie de Molière, son éducation, ses hautes études, ses débuts dans la carrière dramatique, sa vie de comédien de campagne, et enfin les problèmes, plus que jamais livrés à la controverse, que soulèvent son mariage et ses relations conjugales. Ces questions, il est vrai, renferment toute l'histoire de sa jeunesse et de la meilleure partie de son âge mûr, toute la douloureuse histoire de son cœur durant les dix dernières années de sa courte existence. L'auteur sera satisfait s'il parvient à venir en aide, par la critique et l'éclaircissement de ces points ténébreux, à ceux qui écriront dans l'avenir un travail complet sur la vie de notre grand poëte comique.

PREMIÈRE PARTIE

LES ANNÉES D'ÉTUDE

LES
POINTS OBSCURS
DE LA
VIE DE MOLIÈRE

PREMIÈRE PARTIE

LES ANNÉES D'ÉTUDE

I

La vie de Molière, comme celle de la plupart des hommes du reste, est une trilogie : elle commence par l'étude ; elle se poursuit par la lutte ; elle finit par le succès, et aussi par les amertumes qui en sont le cortége ordinaire, accrues encore pour lui de celles du cœur, les plus amères de toutes.

De là les divisions naturelles de ce livre :

Les années de jeunesse ;

Les années de lutte et de vie nomade ;

Et enfin les années de gloire, où se déroulent, avec les triomphes et leurs fatales conséquences, les malheurs domestiques du poëte qui, joints aux piqûres de l'envie, le mènent prématurément au tombeau.

« On peut tenir aujourd'hui pour constant que Molière naquit à Paris, non pas en 1620 ou 1621, mais le 15 janvier 1622. »

C'est par cette phrase, où perce déjà ce ton d'assurance un peu tranchante qui était le cachet de son talent, que M. Bazin commence son travail critique sur la vie de Molière. Rien de moins constant que la naissance du poëte à la date qui vient d'être indiquée. L'acte inscrit sur les registres de la paroisse Saint-Eustache, et que le laborieux investigateur Beffara découvrit en 1821, donne seulement le jour du baptême, qui est bien, en effet, le 15 janvier, mais non celui de la naissance, très-vraisemblablement antérieur. Alors comme aujourd'hui, il n'était pas rare qu'un enfant ne fût tenu sur les fonts baptismaux que plusieurs jours et même plusieurs semaines après sa naissance.

La fille de Molière, qui devint l'épouse de M. de Montalant, ne fut baptisée que huit jours après être venue au monde. Pour le premier enfant du poëte, celui dont Louis XIV fut le parrain et la duchesse d'Orléans la marraine, le délai fut bien plus long encore ; il ne reçut le baptême que quarante jours après sa naissance.

Le plus souvent, il est vrai, quand le sacrement n'était pas administré immédiatement, le prêtre qui le conférait énonçait la date de la naissance (*né d'hier* ou de tel jour) ; mais rien ne l'astreignait à cette exactitude : toute latitude lui était laissée pour la rédaction de l'acte dont aucun formulaire ne réglait les termes.

La naissance de Jean-Baptiste Poquelin, à la date aujourd'hui généralement adoptée, est donc un fait plus que douteux, et la même incertitude plane sur celle de la Fontaine, dont le baptistaire présente une lacune semblable. Quoi qu'il en soit, cette naissance a cela de remarquable qu'elle eut lieu avant le terme ordinaire : la mère de Molière, Marie Cressé, s'était unie à Jean Poquelin le 27 avril 1621 ; le futur auteur du *Misanthrope*, même s'il était né le 15 janvier, serait donc venu au monde huit mois et dix-huit jours après le mariage de ses père et mère. Ce n'est pas le seul signe de précocité qu'il ait donné, mais c'est assurément le premier.

Autre question :

Le baptistaire du 15 janvier 1622 est-il bien celui de Molière ? Picard penchait pour la négative, et M. Livet, dans les notes qu'il a jointes à sa récente édition de *la Fameuse Comédienne*, laisse encore percer un doute à cet égard. Dans toutes les pièces authentiques qu'il a signées, Molière a toujours pris les prénoms de Jean-Baptiste, tandis que l'enfant baptisé en 1622 n'a d'autre prénom que Jean ; et comme presque tous les contemporains du poëte, d'accord en cela avec les légendes placées au bas de ses portraits, le font naître en 1620 ou 1621, on s'est demandé si Jean et Jean-Baptiste n'étaient pas deux enfants distincts dont le premier serait mort en bas âge.

Si cette hypothèse était fondée, les père et mère de Molière s'étant unis le 27 avril 1621, il serait né avant ce mariage, ce qui, après tout, n'a rien d'impossible. Seulement, s'il en eût été ainsi, l'honnête tapissier et sa femme n'eussent pas manqué d'effacer la tache imprimée à la naissance de leur premier né, en le reconnaissant dans leur acte de mariage. Comme l'a remarqué avant nous M. Taschereau, c'est là une formalité qu'on ne néglige jamais en pareille circonstance, afin de donner à l'enfant né avant le mariage l'état et les droits d'enfant légitime. Or Molière, dans tous les actes de famille où il figure, a toujours agi comme étant en pleine possession de cet état et de ces droits. Ce fait, joint au silence gardé par ses père et mère dans leur acte et leur contrat de mariage, suffit pour prouver que le baptistaire du 15 janvier est bien le sien.

La maison où il vit le jour s'appelait la maison des Singes, et non des Anges, comme l'a prétendu récemment M. Campardon. Lorsque cette maison fut démolie, vers 1800, on transporta au musée des monuments français, fondé par Alexandre Lenoir, un vieux poteau qui en faisait l'encoignure, et où se voyaient des singes grimpés sur un arbre qu'ils secouaient pour en faire tomber des fruits que ramassait un vieux singe placé sous les branches. Cette maison était bâtie à l'angle de la rue Saint-Honoré et de celle des Vieilles-Étuves. Et si l'on rappelle ici ce fait, depuis longtemps incontestable, c'est uniquement pour s'associer à un vœu déjà émis il y a treize ans par M. Eudore Soulié, et renouvelé en mars 1876 par M. Hérold devant le conseil municipal de Paris : c'est que l'administration, qui doit avoir à cœur de ne point propager des erreurs sur les hommes qui sont l'honneur de Paris et de la France, fasse enfin disparaître de la maison de l'ancienne rue de la Tonnellerie (rue du Pont-Neuf actuelle) l'inscription qui se lit sur sa façade et qui consacre une double erreur.

Molière n'est point né dans cette maison, et il n'est pas né en 1620, comme l'ont dit Voltaire et beaucoup d'autres avant et après lui. C'est à quelques pas de là, sur la maison de la rue Saint-Honoré portant aujourd'hui le n° 96 que l'inscription rectifiée devrait être transportée. « Pourquoi, écrivait Sainte-Beuve en 1863, pourquoi l'administration de Paris, qui fait tant de belles et grandes choses, n'achèterait-elle pas la vraie maison, celle qui occupe le véritable emplacement du logis où naquit Molière? On y mettrait une école ou une salle d'asile, et les enfants du quartier viendraient y étudier ou y apprendre à lire sous l'évocation de ce nom illustre et trois fois populaire (1). »

C'est dans ce logis où il est né et qu'il habita onze ans que Jean-Baptiste Poquelin perdit sa mère, morte le 15 mai 1632; c'est là aussi que son père, à qui l'impossibilité de surveiller seul son commerce et ses quatre enfants ne permettait pas un long deuil, contracta, le 30 mai de l'année suivante, un nouveau mariage avec Catherine Fleurette, cette marâtre que l'auteur du *Malade imaginaire* devait peindre plus tard sous les traits de Beline. Il quitta cette maison au mois de septembre suivant pour aller habiter celle que son père acheta à cette époque sous les piliers de la Tonnellerie et qui fut la résidence de ce dernier jusqu'à sa mort.

Outre cet immeuble situé près des Halles, dans

---

(1) *Nouveaux lundis*, t. V, note de la page 267. Le jeudi 27 octobre 1876, quinze jours après que ces lignes avaient paru dans *le Temps*, l'édilité parisienne déférait enfin au vœu qu'elles rappellent et faisait placer sur la façade de la maison sise rue Saint-Honoré, n° 96, une plaque de marbre noir portant l'inscription suivante :

« Cette maison a été construite sur l'emplacement de celle où est né Molière, le 15 janvier 1622. »

La première partie du vœu est donc maintenant réalisée; reste la seconde.

ce quartier où la saillie florissait de temps immémorial, Poquelin père en possédait un autre qui, par sa situation, n'eut pas moins d'influence sur la vocation de Molière. Il consistait en « deux loges et demie sises en la Halle couverte de la foire Saint-Germain des Prés, rue de la Toilerie ou de la Lingerie. » C'était un héritage de famille : Jean Poquelin en avait recueilli une partie dans les successions de son père et de ses frères, et avait acquis le surplus de sa sœur, en vertu d'un acte conservé aux archives nationales, et que M. Émile Campardon vient de publier (1).

Là, dans ces loges ou boutiques, il exposait, pendant la durée de la foire, ses plus belles tapisseries, ses plus riches étoffes ; il y passait le jour avec ses enfants, dont les mille curiosités qui se disputaient l'attention des passants, attiraient et charmaient les yeux. C'est là que le petit Jean-Baptiste fit connaissance avec le singe de Fagotin et les marionnettes de Brioché; c'est là qu'il écoutait, la bouche béante, les parades de Christophe Contugi, dit l'Orviétan. Le Boulanger de Chalussay, au cours de ce pamphlet rimé dont il a déjà été question, prétend même que le futur Térence français débuta dans la carrière dramatique sur les planches de l'Orviétan, et cette médisante assertion n'est pas de celles qui recommandent sa

---

(1) *Nouvelles pièces sur Molière et sur quelques comédiens de sa troupe*, Paris, Berger-Levrault, 1876.

comédie satirique. Mais le goût inné du jeune Poquelin pour le théâtre trouva là ses premières satisfactions, et il est possible qu'il ait noué, dès ces années de tendre jeunesse, des relations familières avec les acteurs ambulants qui formaient le personnel des spectacles forains.

II

La première éducation de Molière fut celle des enfants des riches artisans et des notables bourgeois : sa mère, qu'il perdit à l'âge de dix ans, était une femme instruite et digne de celui dont elle forma le cœur et l'esprit. Dans le peu de livres qu'elle possédait et qui sont constatés en l'inventaire fait après son décès, on remarque une Bible et un Plutarque ; et croyez que ce Plutarque ne lui servait pas uniquement à mettre les rabats de son mari. Son père, Louis de Cressé, bien qu'il fût tapissier comme les Poquelin, prenait la particule, ce qui du reste n'était point alors un signe de noblesse, et possédait à Saint-Ouen une belle propriété, moitié ferme, moitié villa, où ses petits-enfants venaient le dimanche, dans la belle saison, prendre l'air des champs et jouer aux boules.

Le mari de cette honnête femme, Jean Poquelin, appartenait lui aussi à une bonne famille de commerçants, tapissiers de père en fils ; plusieurs de ses aïeux avaient été juges-consuls de la ville de Paris. Il y en eut même qui prirent des armoiries. Ses affaires étaient prospères, car lorsque sa première femme mourut, après onze ans de mariage, la part qu'elle laissa à chacun de ses enfants dans sa succession fut de cinq mille livres, bien qu'elle n'eût reçu que 2,200 livres de dot. Jean Poquelin était un homme avisé, prudent, ménager, un peu trop économe même. Il avait succédé, en 1631, à la charge de tapissier valet de chambre du roi, qui était déjà dans sa maison; six ans après, afin de perpétuer cet office dans sa famille, il en fit assurer la survivance à son fils aîné. Grimarest conclut de là que la première éducation du jeune Poquelin fut très-négligée et qu'on se contenta de lui faire apprendre à lire et à écrire pour les besoins de sa profession. Les biographes à la suite n'ont pas manqué d'étendre et de broder ce thème déjà fort sujet à contestation. Molière est devenu un enfant négligé par ses parents, qui méconnaissent ses heureuses aptitudes; on l'a peint, et cela tout récemment encore, comme un apprenti renfermé dans sa boutique, et qui n'échappe que par des circonstances fortuites à des occupations abrutissantes; on a ajouté que sa belle-mère, Catherine Fleurette, avait été pour beaucoup dans cet abandon et cette négligence coupable.

Remarquons d'abord que la charge de tapissier valet de chambre du roi, à laquelle l'enfant fut destiné, n'était pas aussi humble qu'on l'imagine. Les tapissiers ayant titre de valets de chambre faisaient partie des officiers domestiques et commensaux de la maison royale. Or les valets de chambre avaient qualité d'écuyers et, quand ils servaient à la cour, avaient eux-mêmes des valets. L'*État de la France* nous l'apprend. Leur service ne durait que trois mois chaque année : celui de Poquelin père commençait le 1er avril et finissait le 30 juin. Sous Louis XIV, vers 1663, le trimestre fut changé ; celui de Molière commençait avec l'année. Le traitement était de trois cents livres, plus trente-sept livres dix sols de récompense, sans compter la nourriture.

L'*État de la France* nous indique de plus à quelles obligations étaient assujettis ces officiers domestiques :

« Tous les jours ils aident les valets de chambre à faire le lit du Roy. Ils sont obligés de garder les meubles de campagne pendant leur quartier *et de faire les meubles de Sa Majesté.* »

Ainsi la charge des valets de chambre tapissiers ne consistait pas seulement à tendre de tapisseries les murs des appartements que la cour allait habiter : c'étaient eux qui confectionnaient les meubles ornant ces appartements, garnitures de lit, rideaux, fauteuils, tabourets, et qui réparaient ces meubles quand la cour marchait en campagne.

Leur métier, qui confinait à l'art, exigeait un assez long apprentissage, et cet apprentissage, Jean Poquelin devait nécessairement l'imposer à son fils aîné, qui, comme tel, était appelé à lui succéder, sinon dans son industrie, au moins dans son office près du roi. Il est impossible d'admettre qu'un pareil apprentissage ait exigé moins de deux ans : Molière non-seulement devait le faire, mais il est certain qu'il le fit, car, à partir de ses débuts au théâtre, on ne voit aucun moment de sa vie où il ait pu apprendre le métier de tapissier ; et, ce métier, il le savait cependant.

Il le savait, car, au 14 décembre 1637, lorsqu'il fut admis comme survivancier de son père, ce dernier dut justifier, auprès du premier gentilhomme de la chambre, de la capacité de son fils ; il le savait, car, en fait, soit comme simple survivancier, soit comme officier en titre, il exerça la charge au moins pendant treize ans, depuis la mort de son frère, arrivée en 1660, jusqu'en 1673, date de son propre décès (1).

Jean Poquelin est donc parfaitement justifié d'avoir fait apprendre à son fils aîné un art que ce dernier devait plus tard tenir à honneur d'exercer, et cela n'implique nullement qu'il ait systématiquement

---

(1) Ce que nous disons ici sera expliqué plus loin et doit s'entendre en ce sens que Molière reprit son titre de survivancier après la mort de son frère, et le titre effectif en 1669, après le décès de son père, lequel était certainement encore investi de sa fonction en 1664, comme le prouve la pièce suivante qui est inédite et que M. Parent de Rozan a tirée pour nous de sa riche collection de documents :

« *Menus plaisirs* : 1664.

« A Jean Pocquelin et Pierre Nauroy, tapissiers et valets de chambre
« du Roy, pour menues fournitures par eux faites pendant le
« quartier de janvier, pour ce... LXXV l. »

Voir aussi la cote 52 de l'Inventaire fait après le décès de Poquelin père, les 14-19 avril 1670. — E. Soulié, *Recherches*, p. 237.

négligé son éducation, ni même qu'il l'ait destiné à continuer sa profession.

Il se peut toutefois que la privation des soins d'une mère et l'intrusion d'une marâtre au foyer paternel aient eu une fâcheuse influence sur l'éducation d'un enfant auquel naturellement elle préférait les siens ; mais aucun fait précis ne prouve pourtant qu'il ait eu à souffrir de ces préférences. Catherine Fleurette mourut le 12 novembre 1636, et c'est vers ce moment là que le jeune Poquelin fut mis au collége.

Le récit qui veut que la détermination prise à ce sujet par son père ait été due aux instances de son aïeul, devenu son subrogé-tuteur, est donc tout à fait admissible. Dans ce cas, Molière aurait été admis au collége de Clermont six semaines environ après la rentrée des classes, qui avait lieu le 1er octobre.

Il ne savait alors que ce qu'enseignaient aux enfants de la bourgeoisie les maîtres de pension qui prenaient le nom de grammairiens et qui leur apprenaient la lecture, l'écriture, les premiers éléments de leur langue et même ceux du latin. C'était tout ce qu'il en fallait pour entrer au collège de Clermont, dans la classe dite : *infima grammatica, ordo prior*.

Lorsque Molière, après ses études terminées, prit la résolution de monter sur les planches, son père lui fit et lui fit faire toutes sortes de représentations par les amis de la famille et par son ancien maître de pension. Charles Perrault, dans ses *Hommes illus-*

tres, nous a transmis le souvenir de ces sollicitations et de l'étrange succès qui les couronna. « Bien loin que ce maître lui persuadât de quitter la profession de comédien, le jeune Molière lui persuada d'embrasser la même profession et d'être le docteur de leur comédie, lui ayant représenté que le peu de latin qu'il savait le rendait capable d'en bien faire le personnage et que la vie qu'il mènerait serait bien plus agréable que celle d'un homme qui tient des pensionnaires. »

On croit savoir aujourd'hui le nom de ce premier maître de Molière : ce serait Georges Pinel, qui fut en effet l'un des fondateurs de l'*Illustre Théâtre* et qui, dans deux actes d'emprunt par lui souscrits au profit de Jean Poquelin, se qualifie de maître écrivain. Il se sépara de la troupe dès 1645, mais ce ne fut point, comme l'avait d'abord supposé M. Soulié, pour revenir à sa férule, car nous le retrouverons à Lyon, en 1649, associé à une troupe rivale de celle de Molière et que dirigeait Sabran Mitarat, dit *La Source* : il avait, lui aussi, adopté un nom de théâtre et se faisait appeler *La Couture*.

III

Toujours sobre de développements, La Grange ne nous apprend rien sur l'époque où le jeune Poquelin fut mis au collége de Clermont; il se borne à nous dire « qu'il eut l'avantage de suivre M. le prince de Conti dans toutes ses classes »; puis il ajoute : « la vivacité d'esprit qui le distinguait de tous les autres lui fit acquérir l'estime et les bonnes grâces de ce prince, qui l'a toujours honoré de sa bienveillance et de sa protection. »

C'était un aimable, mais un terrible et fantasque enfant que ce prince de Conti, frère du grand Condé et de Mme de Longueville. Né le 11 octobre 1629, il avait sept ans et demi environ de moins que Molière, et l'on comprend qu'un grand garçon de quatorze ans passés, tel qu'était le fils du tapissier Poquelin, gouailleur, incisif, plein de saillies et d'à-propos, l'esprit orné de toutes sortes de plaisanteries un peu triviales recueillies dans les théâtres de la foire, ait dû séduire ce prince chétif, rachitique, mal venu au moral comme au physique, ingénieux pourtant, variable, capricieux et spirituel.

Mais comment deux enfants d'âge si différent purent-ils se rencontrer sur les mêmes bancs et suivre identiquement les mêmes cours ? La difficulté a paru si sérieuse à plusieurs biographes de Molière qu'ils ont nié cette communauté d'études ou ont pris le parti commode de n'en pas tenir compte. La question vaut la peine qu'on s'y arrête, car l'éducation d'un prince tel que Conti est beaucoup mieux connue et plus facile à étudier que celle de son humble condisciple, et fournit des points de repère précieux pour la détermination précise de l'époque où Molière commença et termina ses études et, par suite, débuta dans la vie de comédien. D'un autre côté, telle était l'organisation du collége de Clermont, telles les différences que le régime intérieur de cet établissement mettait entre les élèves de condition sociale inégale, que s'ils n'eussent pas suivi identiquement les mêmes cours, le descendant des Condé et celui des Poquelin se fussent rarement rencontrés et à peine connus.

Il est ici indispensable de dire un mot de cette organisation, afin d'expliquer, non-seulement la rapidité avec laquelle Molière fit ses humanités, mais aussi les hautes études qui complétèrent son éducation.

Fondé en 1551, fermé en 1594, quand les jésuites furent expulsés à l'occasion de l'attentat de leur ancien élève, Jean Châtel, sur la personne de Henri IV, rouvert clandestinement aussitôt après la mort de ce prince, et officiellement en vertu de lettres patentes du 15 février 1618, le collége de Clermont acquit sous la régence de Marie de Médicis une prospérité remarquable. Les jésuites, il faut le dire à leur éloge, avaient, dans leur enseignement, laissé de côté beaucoup de pratiques surannées et singulièrement simplifié l'étude du latin et du grec; ils avaient leurs méthodes particulières, différentes de celles de l'Université, et s'efforçaient de répondre aux besoins d'une époque où la science commençait à disputer à la théologie le gouvernement des esprits. Ces habiles novateurs avaient l'industrie de l'éducation.

Leur célèbre *Ratio studiorum*, recueil des règles générales et particulières que devaient suivre les professeurs de toutes les classes et de toutes les Facultés, fut plusieurs fois revisé et remis au courant des progrès dus à l'expérience et à la science. Leur force dans l'enseignement tenait surtout à l'unité des doctrines, unité qui manquait aux professeurs de l'Université. Elle tenait aussi à la souplesse avec laquelle ils se prêtaient à toutes les nouvelles aspirations sociales. A côté des anciens cours de philosophie, de logique, de métaphysique, ils en ouvrirent où l'on enseignait les mathématiques élémentaires, la physique et même la chimie, ou du moins ce qu'on appelait ainsi. Tous les arts d'agrément : la danse, l'escrime même, avaient accès dans leurs colléges. Pour fortifier la belle latinité et rompre les jeunes gens aux difficultés de la langue française, ils les convoquaient à de poétiques tournois : leurs distributions de prix étaient précédées non-seulement de tragédies, mais de ballets composés par les Révérends Pères et dansés par les plus agiles de leurs élèves. Voilà qui explique le goût malheureux que Molière, l'auteur de tant de farces immortelles, conserva longtemps pour la tragédie, et l'art consommé qu'il déploya dans la composition des ballets.

La vogue que les jésuites durent à leurs innovations fut immense; les mères surtout, comme il arrive en tout temps, aidèrent à l'entraînement, et les pères n'y apportèrent point trop d'obstacles. Ainsi que le remarque un ancien inspecteur de l'Université, on vit dès lors se produire ce fait singulier, à savoir que telle personne qui confiait, comme père de famille, ses enfants aux jésuites, à cause de leur habileté présumée dans la pédagogie, les combattait comme homme public, à cause de leur habileté présumée dans le manége politique (1). La vanité n'était pas étrangère à ces concessions faites aux principes. On tenait à honneur de faire asseoir son fils sur ces bancs où prirent place successivement les héritiers des plus nobles familles : les Conti, les Bouillon, les Rohan, les Soubise, les Luxembourg, les Villars, les Montmorency, les Duras, les Brancas, les Gramont, les Boufflers,

---

(1) M. Cournot, *Des institutions d'instruction publique en France*, page 256.

les Richelieu, les Nivernais, les Mortemart, les Broglie, les Créqui, les d'Estrées.

Il y avait bien, dans la façon dont ces gentilshommes et ces enfants bourgeois étaient traités, quelques petites différences : l'égalité la plus parfaite ne régnait pas au collége de Clermont. Outre leur domestique, les gentilshommes avaient chacun leur précepteur; le prince de Conti en avait même deux. Les salles d'études ne recevaient guère que la moitié des élèves : les autres étaient distribués en chambres particulières sous la surveillance des préfets (1). C'était dans les classes ou dans ce qu'on appelait les académies, sortes de gymnases littéraires où l'on n'admettait que les élèves les plus distingués, c'était là seulement que les fils de grande famille se rencontraient avec leurs camarades moins favorisés par la fortune; et c'est ainsi que l'héritier du tapissier Poquelin put connaître l'héritier des Condé, sans arriver à lier avec lui une de ces intimités libres et solides que contractent les élèves instruits dans une même classe, sur un pied d'égalité absolue. « Les jésuites, a dit Châteaubriand, avaient su établir entre leurs écoliers de différentes fortunes une sorte de patronage qui tournait au profit des sciences ». Un patronage, c'est bien là le rôle de Conti vis-à-vis de Molière.

(1) M. G. Emond, *Histoire du lycée Louis-le-Grand*, p. 137.

IV

En 1620, le collége de Clermont comptait dix-sept cents externes et trois cents pensionnaires, la première constitution générale des jésuites (décret 126) ayant admis qu'ils pourraient ouvrir des pensionnats, mais pour les enfants seulement dont l'éducation devait être plus soignée : ils n'en avaient encore que quatorze ou quinze en 1762, lors de leur suppression, et, dans le principe, l'externat était gratuit. En 1627, après l'affaire de Santarelli, le nombre des externes tomba à 1,527, sans que celui des pensionnaires éprouvât de changement (1); mais le mouvement ascensionnel ne tarda pas à reprendre : en 1651, Clermont comptait environ quatre cents pensionnaires et seize cents externes, et cependant les jésuites n'étaient pas parvenus à obtenir l'autorisation, par eux sollicitée depuis la fin de l'année 1642, d'examiner eux-mêmes leurs écoliers et de leur conférer les degrés que l'Université conférait aux siens; cette question, on le voit, ne date pas d'hier (2).

(1) Santarelli, jésuite romain, avait publié un traité où l'autorité du pape est représentée comme s'étendant jusque sur le trône des souverains, traité qui fut censuré par la Sorbonne et condamné au feu par le Parlement.

(2) M. Jourdain, *Histoire de l'Université de Paris*, p. 150.

Un nombre considérable de maîtres, de professeurs, de préfets d'études distribuait l'enseignement à ce peuple d'étudiants. Vers l'époque où Molière entra au collége des jésuites, cet établissement renfermait huit cents personnes, dont le pensionnat ne comprenait guère que la moitié. On comptait environ cent domestiques; il y avait donc trois cents fonctionnaires, tant maîtres que professeurs (1).

Les jésuites acceptaient des enfants de l'âge le plus tendre, et il en était de même dans les colléges de l'Université : c'est là un fait important qui va nous livrer le secret de cette rencontre de Molière dans une même classe avec un prince plus jeune que lui de sept ans et près de huit mois. Beaucoup d'enfants entraient au collége sans savoir autre chose que lire et écrire. Charles Perrault nous dit au début de ses Mémoires : « On m'envoya au collége de Beauvais (2) à l'âge de huit ans et demi : je fus mis en sixième que je ne savais pas encore bien lire. » Notez que Perrault appartenait à une famille de robe : les princes, les fils de grande maison commençaient leurs humanités à un âge encore moins avancé.

Il fallait qu'ils eussent le temps, après leurs études

---

(1) *Histoire du lycée Louis-le-Grand*, page 125. En 1675, le nombre total des élèves dépassa trois mille.

(2) Seul de tous les colléges de l'Université, celui de Beauvais était sous la direction immédiate du Parlement.

classiques terminées, de s'instruire dans une Académie, c'est-à-dire d'apprendre les armes, la danse, la paume, l'équitation ; puis de se préparer aux gouvernements, aux prélatures qui les attendaient. Bien que destiné à l'Église parce qu'il était né contrefait, le prince de Conti reçut, dans sa première jeunesse, une éducation semblable à celle qu'on avait donnée à son frère, le duc d'Enghien, depuis le grand Condé, Or voici ce que fut l'éducation de ce dernier.

L'historiographe en titre de la maison de Condé, Ripault Desormeaux, nous apprend que le duc d'Enghien « n'avait que onze ans lorsqu'il composa un traité de rhétorique qu'il dédia au prince de Conti son frère. A treize ans, il avait achevé son cours de philosophie (1). » Son père le retira alors des jésuites de Bourges et le confia à un savant, M. de Mérite, qui l'initia à la connaissance de l'histoire, du droit public, des lois anciennes et modernes, de l'Écriture sainte et des mathématiques.

Telle est, dans ses lignes générales, l'éducation que reçut Armand de Conti, camarade de classe de Molière. Né, comme on l'a dit, le 11 octobre 1629, il n'avait pas encore quinze ans lorsqu'il soutint ses thèses pour la maîtrise ès arts, le 28 juillet 1644. Le degré de maître ès arts était le début des grades universitaires : on le conférait à la suite de la thèse de

---

(1) *Histoire de Louis II, prince de Condé*, page 20.

philosophie. Comme ce couronnement d'une brillante éducation était le triomphe des jésuites, ils donnèrent un grand éclat à la cérémonie où le prince candidat soutint ses actes probatoires ; elle eut lieu en présence du cardinal Mazarin. Renaudot écrit dans sa Gazette de l'année 1644 (p. 651) : « Le 3 aoust, le prince de Conty reçut le degré de maistre ès arts dans la salle de cet archevêché, en présence du prince de Condé son père, et du coadjuteur de notre archevêque. » (C'était Retz, récemment nommé coadjuteur.) Il faut noter que les trois dernières années de cette brillante éducation avaient été consacrées non-seulement à la philosophie qui, en vertu des règlements édictés en l'an 1598 par Henri IV, exigeait alors deux ans à elle seule, mais à l'histoire, aux mathématiques supérieures, à la physique, etc. (1) ; en sorte que le prince avait achevé la rhétorique, qui précédait ces diverses études, à la fin de juillet de l'année 1641.

Nous obtenons ainsi pour son condisciple, le fils du tapissier Poquelin, une date précieuse et même

---

(1) Avant les réformes de Henri IV, le cours entier des études philosophiques était de trois ans et demi, et l'on y comprenait la physique et les mathématiques. C'était seulement après toutes ces études terminées que l'étudiant pouvait devenir maître ès arts. Voyez Crevier, *Histoire de l'Université de Paris*, t. IV, page 195. Depuis les réformes en question, les élèves, dans leur seconde année de philosophie, étudiaient la sphère avec quelques livres d'Euclide.

deux : Molière termina ses humanités à la sortie des classes de l'année 1641, et comme il ne mit que cinq ans à les faire, au dire de ses premiers biographes, il suit évidemment qu'il était entré au lycée de Clermont à quatorze ans, en 1636, à la rentrée des classes, qui alors avait lieu le 1er octobre, ou peut-être en novembre, après la mort de sa belle-mère.

Ces cinq années étaient du reste le temps réglementaire chez les jésuites, et le jeune Poquelin, en achevant ses humanités dans ce laps de temps, ne fit point, comme on l'a tant de fois imprimé, preuve d'une capacité extraordinaire. Le latin s'apprenait vite, parce que c'était la seule langue qu'on parlât aux élèves, et dont on leur permît d'user, même au réfectoire et pendant les récréations. Cette langue se gravait ainsi dans l'esprit des enfants, en même temps que le précepte. Leurs livres de classe étaient écrits en latin, témoin la grammaire de Despautère, qui scandalise tant la comtesse d'Escarbagnas, quand son fils la récite sur l'ordre du précepteur.

Avec un tel système, cinq années suffisaient à l'achèvement des humanités, pour ceux des écoliers du moins qui arrivaient au collége instruits des premiers éléments de la grammaire et ne commençaient pas par la classe dite : *infima grammatica, ordo posterior*. Molière et Conti avaient débuté par la classe qui suivait celle-là, par l'*infima grammatica, ordo prior*. Ils firent ensuite ensemble les deux classes de moyenne grammaire et de grammaire supérieure, puis ils passèrent aux classes d'humanités proprement dites, c'est-à-dire à la seconde et à la rhétorique (1). Là ils se séparèrent : le prince resta au collége pour y faire sa philosophie ; Poquelin avait déjà commencé la sienne sous un maître particulier qui lui donna des leçons en dehors de la maison des jésuites.

---

(1) Le P. Lemoine, auteur d'un poëme sur saint Louis, professait l'un de ces deux cours.

V

Ce professeur était le célèbre philosophe et astronome Gassendi qui arriva à Paris au commencement de l'année 1641, époque où Molière était en rhétorique, ce qui explique comment Grimarest a pu dire « qu'en cinq années de temps il fit non-seulement ses humanités, mais aussi sa philosophie. »

Outre son condisciple princier qui n'était en contact avec les autres élèves que pendant les classes, Poquelin avait pour amis plus intimes trois jeunes gens suivant les mêmes cours que lui, et tous trois devenus depuis célèbres à divers titres. C'étaient Hesnault, poëte et ami du surintendant Fouquet; François Bernier, le voyageur qui fut surnommé le Mogol et devint médecin de l'empereur des Indes; il était né en 1625 : c'est lui qui, interrogé par Louis XIV, qui lui demandait quel était, à son avis, le plus heureux pays de la terre, commit la maladresse de lui répondre : « Sire, c'est la Suisse. » Le troisième était Chapelle, né en 1626, l'auteur du *Voyage à Montpellier*, fils naturel du maître des comptes Luillier, lequel l'adopta en 1642.

M. Luillier était intimement lié avec Gassendi avec lequel il avait, en 1628, parcouru la Flandre, la Hollande et l'Angleterre, et qu'il reçut chez lui, lorsqu'au mois de janvier 1641, le philosophe quitta Digne pour Paris, où l'appelaient certaines démarches contre un compétiteur qui prétendait faire annuler sa récente élection au poste de député à l'assemblée générale du clergé (1). Il travaillait alors à son *Apologie d'Épicure.* Depuis longtemps déjà les découvertes de Copernic, de Galilée, de Képler, lui avaient démontré l'insuffisance de l'aristotélisme, particulièrement en matière de philosophie naturelle, et, cette insuffisance, il avait essayé de la rendre sensible au public dans ses leçons et dans les thèses qu'il avait à faire soutenir pour ou contre Aristote, alors qu'il enseignait la philosophie à l'Université d'Aix.

Un tel homme eût été difficilement admis à professer dans l'intérieur d'un collége tenu par les jésuites. On s'y bornait encore à disserter éternellement sur Aristote. C'est Suarez, le premier, dont les ouvrages commencèrent à détacher l'enseignement de la Compagnie du péripatétisme scolastique ; mais bien qu'il fût mort en 1617, ses écrits, à l'époque où nous nous plaçons, n'étaient point encore parvenus à renverser l'autorité du Péripatétique.

En 1640, au collége de Clermont, l'enseignement

---

(1) Cette assemblée tint sa première séance à Mantes, près Paris, le 25 février 1641. *Procès-verbaux des assemblées générales du clergé de France*, t. III, page 7 ; elle fut close le 22 août suivant.

philosophique restait, à peu de chose près, celui qu'avait tracé le règlement de Henri IV du 18 septembre 1600 pour l'enseignement universitaire. Dans la première année de philosophie, on interprétait les livres de la Logique et de la Morale d'Aristote, avec les Institutions de Porphyre. La seconde année était consacrée à la Physique du même Aristote, à la Métaphysique, à quelques leçons sur la sphère avec quelques livres d'Euclide. Les écoliers qui se destinaient à de hautes fonctions ou dont le rang exigeait une éducation hors ligne apprenaient, dans une troisième année, les mathématiques supérieures, la physique, la chimie et aussi l'histoire générale.

Il est donc tout à fait hors de doute que les leçons données par Gassendi à Poquelin et à ses trois camarades Chapelle, Hesnaut et Bernier, furent des leçons particulières auxquelles ces enfants consacraient leurs loisirs et sans doute aussi leurs vacances ; et quand on lit avec attention le passage où Grimarest parle de ces leçons, on se convainc que tel est bien le sens qu'il faut attacher à ce passage.

Cyrano de Bergerac ne tarda pas à se mêler à ce groupe studieux. Né en 1619, Cyrano était plus âgé que ses compagnons et n'avait point fait ses études au collége de Clermont, mais dans celui de Beauvais. Cet original, moitié poëte, moitié spadassin, et qui forçait quiconque regardait son nez cassé à mettre aussitôt l'épée à la main, s'était, à ce qu'il paraît, introduit de haute lutte dans le petit cénacle qui se réunissait le soir chez M. Luillier. On sait que Molière emprunta à sa comédie du *Pédant joué* deux scènes des *Fourberies de Scapin* et qu'il s'en excusa par ce mot bien connu : « Je prends mon bien où je le trouve. »

Disons ici en passant que ce mot, bien compris, n'a point le caractère de suffisante outrecuidance qu'on lui attribue généralement. C'est pendant qu'il était encore en rhétorique que Cyrano conçut l'idée du *Pédant joué*, pièce où il traduisait son ressentiment contre le principal du collège de Beauvais, le sévère et savant Jean Grangier, qui faisait administrer le fouet « *à tout venant par ses piliers de classe et ses exécuteurs de justice latine.* » Une tradition que Cailhava a recueillie et qui s'était peut-être transmise de bouche en bouche parmi les écoliers du collége de Beauvais, donne à Molière une part de collaboration dans la composition de cette pièce. Cette collaboration se réduisait probablement à quelques indications sommaires et à l'invention de quelques situations comiques; elle suffisait toutefois pour autoriser l'auteur des *Fourberies de Scapin* à répondre à ceux qui lui reprochaient d'avoir pillé son ancien condisciple : « On reprend son bien où on le trouve. »

Revenons à Gassendi : les leçons de cet illustre savant, empreintes d'une certaine dose de liberté d'examen, ont beaucoup influé sur le talent et sur la tournure d'esprit de Molière, comme de ses quatre condisciples. Tous se sont distingués par l'indépendance de la pensée et du caractère. Molière, en particulier, apprit de son maître à ne point humilier sa raison devant le *Magister dixit*, à juger par lui-même et à ne point jurer par Aristote ou Descartes. Apologiste d'Épicure dont la philosophie, a dit Voltaire, bien qu'aussi faible que les autres, avait du moins plus de méthode et de vraisemblance et n'en avait pas la barbarie, Gassendi professait de plus une sorte de culte pour Lucrèce : il fit partager à ses élèves l'admiration que lui inspirait le poëme sur la *Nature des choses*. Dociles à l'enthousiasme qu'il leur communiquait, Hesnaut et Molière entreprirent de traduire ce poëme, objet de tant d'accusations hasardeuses et où Bayle reconnaissait pourtant l'inspiration naïve du premier poëte qui ait balbutié la croyance à l'unité de Dieu.

Il reste, dit-on, de la traduction de Hesnaut l'invocation à Vénus, et, de celle de Poquelin, le passage du quatrième livre sur l'aveuglement de l'amour, inséré depuis dans la scène cinquième du second acte du *Misanthrope*. Voilà du moins ce qui se lit partout et ce qu'aucun éditeur de Molière n'a omis de noter au bas de cette scène. Oserons-nous conseiller aux éditeurs à venir et en particulier à M. Despois, qui va bientôt arriver au *Misanthrope* dans l'excellente édition qu'il dirige pour la maison Hachette, de renoncer à ce cliché (1)? Le charmant passage dont il s'agit n'est qu'une libre imitation où Molière en a pris à son aise avec son modèle.

Ceux qui voudront s'en convaincre n'ont qu'à lire ce morceau dans le texte latin ou dans la version très-exacte et très-poétique à la fois qu'en a donnée M. André Lefèvre, dans son admirable traduction de Lucrèce. Molière n'avait écrit en vers que les parties descriptives et de pure poésie, réservant la prose pour les discussions métaphysiques et l'exposé des systèmes philosophiques. Ce travail l'occupait encore dans un âge déjà avancé, et nous savons, par un autre traducteur de Lucrèce, l'abbé de Marolles, qu'il y revenait souvent, à ses moments perdus, corrigeant sans cesse et écrivant même certains passages de diverses manières (2). Loin de jeter sa traduction au feu, comme l'a prétendu Grimarest, et cela dans un moment d'irritation causée par l'action d'un domestique qui aurait pris un des cahiers pour en faire des papillotes, il la conserva soigneusement, et sa veuve la vendit, moyennant 600 livres, au libraire

---

(1) M. Despois est mort depuis que ce passage a été écrit, et c'est un deuil pour tous ceux qui portent intérêt à l'œuvre considérable qu'il poursuivait avec tant de dévouement, sous la haute direction de M. Ad. Régnier.

(2) Préface de la traduction en vers de Lucrèce, par l'abbé de Marolles, *Paris, Langlois,* 1677.

Barbin, lequel, après réflexion, trouva le sujet dangereux et refusa de la publier.

L'œuvre de Molière doit mieux à Gassendi que le court fragment imité de Lucrèce et introduit dans le *Misanthrope*. Elle lui doit ces deux personnages du *Mariage forcé*, le docteur Pancrace, sectateur d'Aristote, et ce Marphorius dans la personne duquel le poëte a plaisanté le doute cartésien. Gassendi revendiquait contre Descartes les droits de la matière, et c'est lui qui parle par la bouche du Chrysale des *Femmes savantes* : Oui, mon corps, c'est moi-même;

Guenille si l'on veut, ma guenille m'est chère.

La fameuse phrase sur la fleur nommée héliotrope est empruntée à une lettre datée de mai 1633 et adressée par Gassendi à Campanella. Comme on le voit, l'auteur du *Malade imaginaire* qui, dans cette phrase, se moquait des pédants, n'épargnait pas même son maître (1). Il ne respectait pas davantage sa doctrine philosophique, à en juger par l'anecdote du moine mendiant devant lequel, selon Grimarest, il disputait un jour sur ce sujet avec Chapelle, dans le bateau qui les ramenait d'Auteuil à Paris.

Les atomes d'Épicure, comme les tourbillons de Descartes, étaient justiciables de sa verve satirique :

---

(1) Nous empruntons quelques-uns de ces détails à une excellente notice de M. B. Aubé sur Gassendi.

« Passe encore pour la morale, » disait-il. Enfin, l'on a signalé avant nous un étroit rapport entre la morale facile de Molière et la philosophie de celui que Guy-Patin appelle *un vrai épicurien mitigé*. Gassendi, au dire de Sorbière, aimait à s'égayer sur le compte des médecins et, par ce côté encore, l'élève fut le digne continuateur du maître.

VI

Au mois d'août 1641, Jean-Baptiste Poquelin avait fait ses adieux aux bons pères de la Compagnie de Jésus ; il continuait ses études sous Gassendi, ce qui ne l'empêchait pas de hanter le théâtre en compagnie de Cyrano, et d'ébaucher sa liaison avec Mlle Béjart. Mais ce n'est pas encore ici le lieu d'envisager ce nouveau côté de l'histoire de sa jeunesse : il paraît certain qu'à ce moment de sa vie, l'étude, le théâtre et l'amour se disputaient déjà ses instants ; mais la critique historique, pour arriver à de clairs résultats, doit diviser son champ d'observation et ne pas confondre les sujets qu'elle analyse.

Il avait alors près de vingt ans ; il était à ce moment décisif où le jeune homme doit choisir sa voie. Bien qu'il fût fort tiraillé sur le choix à faire, il cédait pourtant aux vœux de son père, et c'était vers le barreau qu'il se dirigeait : il devait donc mener très-vite ses hautes études, et c'est pourquoi il se résolut à conduire de front la théologie et le droit, comme il avait déjà fait pour la rhétorique et la philosophie.

C'était là du reste un parti que prenaient beaucoup de jeunes gens, comme lui talonnés par l'âge. Nombre d'entre eux étudiaient même la philosophie en même temps que le droit canon et le droit civil. L'abus était ancien et tellement enraciné que les réformes accomplies par Louis XIV dans l'enseignement universitaire ne parvinrent point à l'extirper. En vain l'article 8 de l'ordonnance du 9 avril 1679 relative à l'Université de Paris, article qui exigeait trois ans pour la licence, défendit-il aux étudiants en philosophie de prendre des leçons de droit. Lorsqu'en février 1688, Nicolas-Joseph Foucault, intendant de la généralité de Poitou, arriva à Poitiers, il trouva l'ancien usage aussi florissant qu'aux temps passés et dut prendre des mesures pour le faire cesser (1). Ce que faisaient les étudiants en philosophie, ceux qui suivaient les cours de théologie le pratiquaient à plus forte raison.

Mais Molière étudia-t-il la théologie? Nous avons sur ce point un témoignage dont il convient de tenir grand compte, celui de Tallemant des Réaux, qui n'avait que deux ans de plus que lui. Parlant de Madeleine Béjart, il écrit : « Un garçon nommé Molière quitta *les bancs de la Sorbonne* pour la suivre ; il en fut longtemps amoureux, donnait des avis à la troupe et enfin s'en mit et l'épousa (2). »

Si l'on excepte ce dernier point, ce passage de

---

(1) *Mémoires de Foucault*, publiés par M. F. Baudry, p. 218, et *Introduction*, p. CXVI.

(2) *Historiettes*, t. VI, page 22.

Tallemant semble conforme à la vérité. Nous ne pensons pas avec M. Paul Lacroix (1) que cette note relative à Molière n'ait été ajoutée par Tallemant à la marge de son manuscrit qu'en 1663 ou 1664, après le mariage du poëte avec Armande Béjart. Nous la croyons plutôt de 1657 ou 1658, et tel paraît être aussi le sentiment de M. de Montmerqué, éditeur des *Historiettes*. Autrement Tallemant n'aurait pu écrire de Madeleine Béjart, quelques lignes avant celles qui viennent d'être citées : « Elle est dans une troupe de campagne », puisqu'elle revint à Paris en octobre 1658, pour ne plus en sortir, et il n'aurait pas pu davantage supposer que Molière était son époux. Il est clair qu'à l'époque où ce passage fut écrit, l'auteur du *Dépit amoureux* vivait encore maritalement avec Madeleine : ceux-là seuls qui pénétraient dans leur étroite familiarité pouvaient soupçonner qu'ils s'étaient passés du sacrement.

Molière étudiant en théologie ! Le fait a paru si étrange à la plupart de ses modernes biographes qu'ils ont refusé d'y croire, persuadés que ceux-là seulement faisaient leurs études en Sorbonne qui se destinaient à l'état ecclésiastique. « Tallemant, écrit M. Victor Fournel (2), aura confondu la Faculté de

---

(1) *Iconographie Moliéresque*, page 199.
(2) Dans un remarquable article de la *Biographie Didot*, t. XXXV, col. 845.

droit avec la Sorbonne. » Seuls, à notre connaissance du moins, parmi les nombreux écrivains qui ont étudié cet épisode de la jeunesse de Molière, MM. Paul Lacroix et Edouard Fournier ont prêté foi aux assertions de Tallemant ; encore M. Fournier qui, comme ses prédécesseurs, trouve le fait anormal, lui cherche-t-il l'explication la plus étrange : le père de Molière aurait eu l'intention de le mettre dans les ordres. « Oui, dit M. Fournier, oui, et M. Walkenaër l'a pensé comme moi, celui qui fut l'auteur du *Tartuffe* eût été *prêtre* ou *moine*, s'il eût suivi les idées de son père (1) ».

Puis l'aimable érudit ajoute : « Quand ses études chez les révérends Pères sont finies, où le jeune Poquelin doit-il faire un nouveau stage ? Est-ce à Orléans, où l'on prend ses licences pour être avocat ? Non ; il n'y a pas trace de son passage dans les archives que nous avons scrupuleusement consultées. (Nous examinerons à notre tour ce point dans un moment.) C'est le droit canonique, c'est la théologie qu'il doit alors apprendre. Tallemant des Réaux, parlant de ces dernières études de Molière, ne fait mention que des bancs de la Sorbonne où l'on ne se formait qu'à la théologie *et au droit canon*. »

L'auteur du *Roman de Molière*, qui connaît si

---

(1) *Conférence* faite à la salle Ventadour et publiée dans la *Revue politique et littéraire*, numéro du 24 mai 1873, p. 1121.

bien son vieux Paris, nous permettra-t-il de relever dans ces lignes une erreur que, du reste, il partage avec bien d'autres ? On n'enseignait point le droit canon à la Sorbonne, qui n'était qu'un collége de l'université destiné à l'enseignement de la théologie, mais seulement plus illustre que tout autre, ou du moins on n'en traitait que certains côtés qui confinent à la théologie. Comme le collége de Navarre, le collége de Sorbonne était, d'après ses règlements, consacré à cette dernière science, qui est la doctrine des choses divines, tandis que le droit canonique est l'ensemble des lois de l'Église, le droit ecclésiastique fondé sur les canons, les Décrétales, etc. La Faculté de droit canonique, qu'on appelait la Faculté de décret, parce qu'on y commentait le décret de Gratien et les décrétales des papes, était une des quatre Facultés intégrantes de l'Université et tenait ses écoles dans la rue de Saint-Jean de Beauvais.

L'*État de la France* pour l'année 1676 (t. 2, p. 464) constate que, « de toute ancienneté, il était commandé — non-seulement aux gens d'Église, mais aux *conseillers* — de savoir les constitutions canoniques, de peur qu'ils ne fissent quelque chose qui y fût contraire. » Voilà pourquoi les gens de robe, même ceux qui n'étaient point d'Église et n'aspiraient pas à une charge de conseiller clerc, apprenaient d'abord le droit canon.

Ce même intendant que nous citions tout à l'heure,

Nicolas-Joseph Foucault, nous apprend, dans ses *Mémoires*, qu'après avoir, au sortir du collége, pris le degré de maître ès arts, il fit une année de théologie, du 1er octobre 1662 jusqu'au mois d'août suivant. « A l'année de théologie, dit M. Baudry, son savant éditeur, succéda une année de droit qu'il paraît avoir passée chez son père avec des maîtres particuliers et au bout de laquelle, en 1664 (le 30 septembre), il fut reçu licencié en droit canon et civil, puis avocat au barreau de Paris. » (1)

Foucault n'était pas pressé par l'âge et pouvait consacrer une année à la théologie et une année à l'étude du droit. Tel n'était pas le cas de Poquelin, qui, profitant, comme on l'a vu, d'une tolérance déjà ancienne, mena de front les deux études. Mais il ressort du récit de Foucault, et c'est là le point qu'il importe surtout de retenir, qu'une seule année lui suffit pour se préparer à la licence en droit canon et civil. Ce temps était du reste celui qu'exigeait un édit de 1625 dont nous parlerons tout à l'heure : il pouvait même être encore abrégé, ainsi qu'on va le voir.

---

(1) *Introduction*, pages xv et xvi.

VII

On était loin déjà des sages réformes introduites par Henri IV dans l'enseignement universitaire : les célèbres statuts promulgués le 3 septembre 1598 étaient depuis longtemps lettres mortes. On aurait peine à se faire une idée, si les documents les plus authentiques ne l'attestaient, de l'esprit d'insubordination et de désordre qui régnait alors dans la Faculté de décret et de l'état de décadence où l'étude du droit était tombé sous la régence de Marie de Médicis et dans les années qui la suivirent. L'incurie des professeurs n'avait d'égale que leur coupable tolérance. Plus de temps fixe pour la durée des études; plus d'obligation d'assister aux cours. Ceux qui désiraient des lettres de licence ou de doctorat trouvaient moyen de les obtenir sans étudier ni mettre les pieds dans aucune Université, et de se faire ensuite recevoir avocats; bien plus, il en était auxquels on conférait ce titre quoiqu'ils n'eussent jamais obtenu de telles lettres. D'autres, moins scrupuleux encore, se faisaient recevoir licenciés ou docteurs au moyen de personnes supposées, qui allaient soutenir les thèses en leur lieu et place; les professeurs ne prenant pas le soin de faire constater l'identité des postulants (1).

En 1625, le gouvernement chercha à opposer de faibles palliatifs à ces désordres. Il défendit les suppositions sous peine de faux, réduisit à un an le temps d'études nécessaire pour la licence et le doctorat, et statua que l'assiduité aux cours pendant au moins six mois serait établie par l'immatriculation : ce qui revenait en fait à réduire à un semestre la durée obligatoire des études. On ne pouvait se montrer plus coulant ni mieux composer avec les abus. Aussi continuèrent-ils à fleurir aussi librement que par le passé. Plusieurs régents ne se faisaient point scrupule de trafiquer des titres qu'ils conféraient : les lettres de licence devenaient une marchandise entre leurs mains. Tous moyens leur semblaient bons pour grossir leurs modiques revenus. Vers 1615, bien que la Faculté de droit se nommât le *Collegium sexvirale*, trois chaires sur six étant devenues vacantes, cette Faculté refusa longtemps d'y pourvoir, alléguant le petit nombre des étudiants et les faibles revenus des régents qui ne touchaient que 27 écus chacun, tant les élèves avaient déserté les cours par la facilité d'arriver à leur but sans les suivre. En 1651, le doyen Philippe de Buisine

---

(1) Telle était leur tolérance sur ce point qu'un arrêt du Parlement, en date de juillet 1617, dut leur défendre de conférer des grades à des personnes supposées. — Jourdain, p. 89.

resta seul professeur et l'Université dut présenter requête au Parlement pour le contraindre à se donner des collègues.

Ses plaintes contre la Faculté de droit sont instructives : « Les degrés s'y donnent sans avoir égard au temps d'études ordonné par les statuts, sans entrer en cognoissance du mérite de ceux qui les veulent recevoir, sans observer les solemnitez, la sévérité de l'épreuve et les rigueurs de l'examen. *L'argent de ceux qui se présentent fait luy seul toute la suffisance que l'on exige d'eux pour y estre admis; la dispute est autant inconnue en ces rencontres que le commerce y est en usage.* Les lettres y sont expédiées sans difficulté et quelquefois même à des personnes qui n'ont jamais vu les escholes (1). »

C'est bien là, exprimé en termes graves, ce que nous entendrons tout à l'heure Charles Perrault nous raconter en traits plaisants. Qu'on s'étonne après cela de la facilité que Molière dut rencontrer pour obtenir le titre de licencié. Et, qu'on le remarque bien, les abus signalés si énergiquement

---

(1) Ce honteux trafic des grades n'était pas particulier à l'Université de Paris. Lemaire, qui imprimait ses *Antiquités d'Orléans* en 1645, l'attribue à la concurrence que se faisaient les universités trop nombreuses en France. « Car, dit-il, si à une université où se présente un escholier, l'on ne lui baille son degré *facilement, sans peine et à tel prix qu'il désire*, il s'en ira à la prochaine, qui n'est pas distante de vingt à trente lieues, où il aura tel degré qu'il voudra. » *Antiquités*, seconde partie, p. 47.

par l'Université étaient encore en pleine vigueur au temps où le jeune poëte faisait ses études. Un règlement élaboré par le Parlement, en 1666, dut rééditer la prescription d'un an d'études pour les aspirants à la licence, et le roi, dans la commission donnée à divers magistrats pour étudier cette insuffisante réforme, constate que les statuts et les règlements antérieurs étaient demeurés sans exécution. En fait, au temps de Molière et au mépris des statuts qui exigeaient au moins six mois d'immatriculation, aucun temps fixe n'était exigé des étudiants pour l'obtention des lettres de licence. Il leur suffisait de prouver leur capacité par la soutenance d'une thèse dont ils choisissaient eux-mêmes le sujet, et que parfois ils faisaient même soutenir par un tiers complaisant.

Comment tant de magistrats et d'avocats distingués qui ont fleuri sous le règne de Louis XIV ont-ils pu se former sous un pareil régime d'enseignement? La réponse est facile : c'est qu'ils étudiaient par eux-mêmes sous des maîtres particuliers.

L'ordonnance de Blois de 1579, se conformant à une bulle du pape Honorius III, en date du 25 novembre 1219, avait réservé l'enseignement du droit civil aux seules universités de Poitiers et d'Orléans et l'avait interdit à celle de Paris, dans le but principalement d'éviter l'agglomération des écoliers au sein de la capitale. C'était donc, au temps de Molière, à Poitiers ou à Orléans que les jeunes étudiants parisiens devaient aller prendre leurs licences, et c'était là aussi qu'ils auraient dû s'y préparer, en suivant, pendant au moins six mois, des cours de droit civil.

Mais la gêne et les frais occasionnés par ce déplacement avaient bien vite conduit le gouvernement royal et les professeurs en droit de Paris à chercher des moyens pour remédier à ces prohibitions. Henri IV, par l'article 5 de ses statuts, avait prescrit que les leçons de droit qui devaient durer cinq ans commenceraient par l'explication des Institutes et du Digeste et, de plus, nombre de professeurs donnaient des leçons de droit civil en dehors des écoles.

C'est ainsi que se formaient les jurisconsultes sérieux qui désiraient, sans sortir de Paris, s'initier à la connaissance du droit civil. Mais beaucoup d'autres jeunes gens, moins désireux de mériter par le travail les grades qu'ils ambitionnaient, usaient sans scrupule des facilités que leur laissait le relâchement de la discipline et la complaisance souvent intéressée des examinateurs.

Lorsque Charles Perrault vint prendre ses licences à Orléans, il ne savait de droit civil et canonique que le peu qu'il en avait appris sans maître, en commun avec un ami du nom de Beaurain, et nous verrons tout à l'heure le plaisant récit qu'il fait de sa soutenance de thèse. Il n'en fut pas moins reçu licencié avec éloges, le 23 mai 1651, et avocat quatre jours plus tard. C'est seulement après ces titres obtenus qu'il s'avisa que, pour plaider, il n'était pas mal de s'initier un peu plus profondément à la science du droit, et qu'il étudia et apprit, toujours sans maître (lui-même le déclare), les Institutes, avec le secours du Commentaire de Boskolten (1). « C'est un livre excellent, dit-il, et le seul que je voudrais qu'on conservât du droit romain. Car, hors ce livre, qui est très-bon pour fortifier le sens commun, hors les ordonnances et les coutumes qu'il serait utile de réduire à une seule pour toute la France, si cela se pouvait, de même que les poids et les mesures, je crois qu'il faudrait brûler tous les autres livres de jurisprudence, Digeste, Code avec tous leurs commentaires, et particulièrement tous les livres d'arrêts, n'y ayant point de meilleur moyen au monde pour diminuer le nombre des procès. »

Pour obtenir ses lettres de licence à Orléans, Molière n'en usa pas autrement que ne le fit Perrault après lui, s'il faut en croire l'auteur d'*Élomire hypocondre*, ce pamphlet dramatique que nous avons apprécié dans notre introduction, et qui fut imprimé du vivant même de l'auteur du *Misanthrope*.

Au quatrième acte de cette comédie, Le Boulanger de Chalussay en intercale une autre qui a pour titre:

---

(1) Voyez ses *Mémoires*, page 23.

le Divorce comique, et dont Molière, Madeleine Béjart et Bary sont les principaux personnages, et voici ce qu'il met dans la bouche du premier au sujet de son éducation :

...En quarante (1640) ou quelque peu devant
Je sortis du collége, et j'en sortis savant.
Puis, venu d'Orléans, où je pris mes licences,
Je me fis avocat au retour des vacances.
Je suivis le barreau pendant cinq ou six mois
Où j'appris à plein fond l'Ordonnance (1) et les lois.
Mais quelque temps après, me voyant sans pratique,
Je quittais là Cujas et je lui fis la nique.

Angélique, qui n'est autre que Madeleine Béjart, donne ensuite la contre-partie de ces vanteries :

En quarante ou fort peu de temps auparavant,
Il sortit du collége âne comme devant ;
Mais son père ayant su que, moyennant finance,
Dans Orléans un âne obtenoit sa licence,
Il y mena le sien, c'est-à-dire ce fieux
Que vous voyez ici, ce rogue audacieux.
Il l'*endoctora* donc moyennant sa pécune,
Et croyant qu'au barreau ce fils feroit fortune,
Il le fit avocat, ainsi qu'il vous a dit,
Et le para d'habits qu'il fit faire à crédit.
Mais, de grâce admirez l'étrange ingratitude,.

(1) Il y a ici un anachronisme évident, dit M. Paringault. En 1670, à l'époque où Le Boulanger de Chalussay écrivait, l'ordonnance sur la procédure civile existait à la vérité; mais elle ne datait que de 1667, et Molière n'avait pu l'apprendre en 1640.

Au lieu de se donner tout à fait à l'étude
Pour plaire à ce bon père et plaider doctement,
Il ne fut au Palais qu'une fois seulement.

Il y a, pour le moins, deux erreurs dans cette injurieuse diatribe. Ce n'est point en 1640 ou peu de temps auparavant, c'est-à-dire apparemment à la sortie des classes de l'année 1639, c'est en 1641 que Poquelin sortit du collége : nous croyons avoir établi ce fait d'une façon désormais inattaquable. De plus le libelliste ne se contente pas de faire du jeune étudiant un licencié en droit civil et canonique ; il lui confère le doctorat, assertion que lui-même ne prenait sans doute pas au pied de la lettre. Mais tout le reste est entouré de détails si précis et revêt un tel caractère de vraisemblance, que bien peu de biographes de Molière ont mis en doute les affirmations de Le Boulanger, corroborées d'ailleurs, en ce qu'elles ont d'essentiel, par la Notice si digne de foi que La Grange et Vinot ont mise en tête de leur édition de Molière, publiée en 1682 : « *Au sortir des écoles de droit*, disent ces premiers biographes du poëte, il choisit la profession de comédien. » On ne sort des écoles de droit qu'après avoir passé sa thèse, et cette thèse est le couronnement des études accomplies dans ces écoles.

Ajoutons, pour ne rien omettre, que, selon Grimarest, l'auteur du *Tartuffe* était avocat : cet écrivain déclare tenir le fait de la famille même de Molière, qui le lui a positivement affirmé. Recueillie de la bouche des parents du poëte, cette assertion est bien autrement digne d'attention que nombre d'anecdotes colligées on ne sait où par ce biographe, et qui expliquent la mince estime dans laquelle Boileau le tenait.

VIII

Devant des témoignages si concordants et émanant de sources si respectables, il n'est guère possible de nier que Molière ait été, nous ne dirons pas reçu avocat, ce qui exige un examen particulier, mais tout au moins bien près de le devenir et pourvu du titre de licencié. Ceux qui ont soutenu l'opinion contraire se sont appuyés seulement sur l'impossibilité prétendue de concilier l'obtention de l'un et l'autre titre avec le temps très-court que le jeune Poquelin aurait eu à employer pour s'en rendre digne. « Nous en doutons fort, écrit M. Bazin dans ses *Notes historiques sur la vie de Molière*, parce que le temps nous paraît manquer à ce résultat naturel de ses études, et nous n'aurions du reste aucune répugnance à compter un homme d'esprit de plus parmi les déserteurs du barreau, où il en reste toujours assez. » Et cependant M. Bazin ne fixait qu'à l'année 1645 l'entrée de Poquelin dans une troupe de comédiens. Qu'eût-il dit s'il avait su que, dès le milieu de l'année 1643, cette entreprise théâtrale était déjà fondée ?

L'explication, on vient de la lire. Pour qu'un écolier pût se présenter à la licence devant les docteurs régents des Universités de Poitiers ou d'Orléans, les seules auxquelles les édits eussent attribué l'enseignement complet du droit civil, une année au plus d'études préliminaires lui était imposée par les règlements; mais, en fait, il lui suffisait d'être en état de soutenir une thèse sur un sujet choisi par lui-même; et l'examen n'était pas des plus rigoureux, si l'on en croit Charles Perrault, qu'il convient encore d'invoquer ici :

Au mois de juillet de l'année 1651, j'allois prendre des licences à Orléans avec M. Varet, depuis grand vicaire de Mgr l'archevêque de Sens, et avec M. Monjot qui vit encore. On n'étoit pas en ce temps-là si difficile qu'aujourd'hui à donner des licences ni les autres degrés du droit civil et canonique. Dès le soir même que nous arrivâmes, il nous prit fantaisie de nous faire recevoir, et ayant heurté à la porte des écoles sur les dix heures du soir, un valet qui vint nous parler à la fenêtre ayant su ce que nous souhaitions nous demanda si notre argent était prêt. Sur quoi, ayant répondu que nous l'avions sur nous, il nous fit entrer et alla réveiller les docteurs qui vinrent, au nombre de trois, nous interroger avec leur bonnet de nuit sous leur bonnet carré. En regardant ces trois docteurs à la faible lueur d'une chandelle, dont la lumière alloit se perdre dans l'épaisse obscurité des voûtes du lieu où nous étions, je m'imaginois voir Minos, Æacus et Rhadamante qui venoient interroger des ombres.

Un de nous à qui l'on fit une question dont il ne me souvient pas, répondit hardiment : *Matrimonium est legitima maris et fœminæ conjunctio, individuam vitæ consuetudinem continens*, et dit sur ce sujet une infinité de belles choses qu'il avoit apprises par cœur. On lui fit encore une question sur laquelle il ne répondit rien qui vaille. Les deux autres furent ensuite interrogés et ne firent pas beaucoup mieux que le premier. Cependant ces trois docteurs nous dirent qu'il y avoit plus de deux ans qu'ils n'en avoient interrogé de si habiles et qui en sussent autant que nous. Je crois que le son de notre argent que l'on comptoit derrière nous, pendant que l'on nous interrogeoit, fit la bonté de nos réponses. Le lendemain, après avoir vu l'église de Sainte-Croix, la figure de bronze de la Pucelle qui est sur le pont, et un grand nombre de boiteux et de boiteuses parmi la ville, nous reprîmes le chemin de Paris. Le 27 du même mois, nous fûmes reçus tous trois avocats (1).

Que ce récit si plein d'enjouement soit légèrement tourné à la charge et empreint de quelque exagération, nous l'accorderons volontiers. L'auteur d'une histoire estimée de l'Université de lois d'Orléans, M. Eugène Bimbenet, dans une étude ingénieuse (2) où il discute ce passage de Perrault, a pris en main la défense des malheureux docteurs régents peints sous des couleurs si grotesques et voisines de la caricature. Il a retracé leur vie laborieuse et honorable, leurs mérites, leurs travaux scientifiques, toutes qualités qui, selon lui, les défendent contre l'accusation de complaisance intéressée que Perrault leur prête. Mais que peuvent l'honorabilité et le talent contre des abus passés à l'état chronique? L'homme le plus honnête les subit dans la pratique de la vie, tout en protestant au fond du cœur et pour l'honneur

(1) *Mémoires* de Charles Perrault, pages 20-23.

(2) Cette étude a été publiée au t. XVIII, 4ᵉ série, des *Mémoires de la Société des sciences et arts d'Orléans*.

des principes. Philippe de Buisine, lui aussi, était un homme laborieux et auteur d'ouvrages de droit estimables; on a vu pourtant quelle fut sa conduite comme doyen de la Faculté de Paris. L'extrême tolérance apportée dans les examens et l'oubli des vieux règlements étaient liés à la vénalité des offices, l'un des principes constitutifs de l'ancienne monarchie. Ce double abus, Louis XIV, malgré toute sa puissance, ne parvint pas à le déraciner et dut même composer avec lui.

Quand ce prince résolut de rendre à l'Université de Paris l'enseignement du droit civil qu'elle avait perdu depuis un siècle, il rétablit préliminairement, par un édit d'avril 1679, article 8, l'obligation, pour tout écolier qui voudrait prendre des licences, d'étudier pendant trois années dans une des Facultés du royaume. Mais la force des choses et la puissance de l'habitude l'amenèrent bientôt à revenir à la vieille tradition et à admettre des exceptions qui entamèrent singulièrement la règle. Il fut édicté, par exemple, qu'un étudiant pourrait prendre des degrés par bénéfice d'âge, au bout de six mois d'études seulement, et en gardant de courts interstices entre l'examen et les thèses. Puis le gouvernement en vint à faire remise de ces six mois d'études, en sorte qu'on vit certains personnages importants reçus licenciés sans avoir jamais mis le pied dans une Faculté. C'est ainsi que Massillon, nommé à l'évêché de Clermont, obtint du régent des lettres patentes qui l'autorisaient à prendre les degrés qui lui seraient nécessaires, « sans être obligé à aucun temps d'études ni à garder aucuns interstices entre l'examen et les thèses. » Dans la même journée et dans la même heure le nouvel évêque fut reçu bachelier et licencié *in utroque jure* (1). Ceux qui se refusent à croire que Molière ait pu conquérir les mêmes grades après quelques mois d'études feront bien de méditer cet exemple, et de réfléchir aussi sur ceux de Foucault et de Perrault, plus décisifs encore, puisqu'ils sont tirés d'étudiants qui ne profitaient d'aucune dispense et bénéficiaient simplement de l'usage commun.

(1) Ces lettres patentes portent la date du 24 novembre 1717, et sont transcrites au registre des examens de l'université d'Orléans; *Archives de la préfecture du Loiret.* La réception est du 11 décembre suivant.

IX

Ici s'interpose une difficulté considérable, celle que M. Édouard Fournier faisait valoir en 1873, dans sa conférence de la salle Ventadour : il n'y a pas trace de Molière à l'Université d'Orléans, dans les registres de ce corps savant.

Le fait est exact : ajoutons que le nom du grand écrivain ne figure pas davantage sur les registres de l'Université de Poitiers, que nous avons fait compulser, et nous rappellerons encore une fois ici que, depuis Charles IX jusqu'en 1679, il n'a existé en France que ces deux universités qui fussent régulièrement autorisées à conférer des grades pour le droit civil.

On va voir que l'objection est loin d'être aussi solide qu'il l'a semblé jusqu'à ce jour.

Des registres de l'Université d'Orléans, où le nom de Poquelin pourrait être inscrit, un seul subsiste aujourd'hui, c'est celui des *Suppliques ;* le registre des *Insinuations*, qui lui servirait de contrôle, est perdu.

A quelque nationalité qu'ils appartinssent, et l'on sait que les écoliers étaient divisés en quatre nations (française, picarde, normande et germanique), les étudiants étaient tenus, pour prendre des grades et passer leurs thèses, de présenter aux docteurs régents une requête qu'on inscrivait sur le registre dit des Suppliques. On comprendra mieux ce qu'était cette requête si nous en fournissons un exemple. Voici celle de La Bruyère ; nous la recommandons aux futurs éditeurs de ses œuvres (1) :

J'ay soubsigné, certifie que j'ay cejourd'huy présenté mes thèses de droit imprimées (2), du titre *De tutelis et donationibus*, à Messieurs les docteurs de l'Université d'Orléans, pour, icelles soustenues dans les escoles de droit, avoir mon degré de licencié ès deux droits. Fait le troiziesme jour de juin mil six cent soixante quatre.

« Joannes DE LA BRUYÈRE, parisinus.

Notons, en passant, que le futur auteur des *Caractères* se trompe ici sur le millésime, bien qu'il l'ait écrit en toutes lettres. Il faut lire 1665, comme le prouvent les dates des suppliques qui précèdent et suivent la sienne, ce qui tout d'abord donne lieu de supposer que l'employé préposé à la tenue du registre ne surveillait pas de bien près ces inscriptions.

(1) Cette supplique nous a été communiquée par M. Doinel, archiviste de la préfecture du Loiret, qui la croyait inédite, et c'est comme telle que nous l'avons publiée dans *le Temps* du 18 octobre 1876; mais M. Édouard Fournier nous a fait savoir qu'elle lui avait été révélée, il y a une dizaine d'années, par le prédécesseur de M. Doinel, et qu'il l'avait publiée au t. II, p. 430, note, de sa *Comédie de La Bruyère*.

(2) C'est ici une exception : la plupart des thèses étaient présentées manuscrites.

Poquelin avait commencé l'étude du droit le 1er octobre 1641 ; il dut quitter Paris vers la fin de mars 1642, pour rejoindre à Narbonne le roi Louis XIII, comme remplaçant son père près de ce prince en qualité de valet de chambre tapissier. C'est là un événement que nous étudierons de plus près tout à l'heure. Le service de Poquelin père commençait, nous croyons l'avoir dit déjà, le 1er avril, et finissait le 30 juin. L'itinéraire des courriers et des voitures qui mettaient hebdomadairement la cour en relation avec la capitale, passait par Montargis et Briare, villes peu éloignées d'Orléans. Il est donc naturel de supposer que notre apprenti légiste profita de ce déplacement nécessaire pour prendre ses licences à Orléans, et qu'après vingt-quatre heures de séjour dans cette ville, il rejoignit les voitures du service royal qui emmenaient ses compagnons en Roussillon.

Ce n'est là, bien entendu, qu'une hypothèse, car il se pourrait encore qu'après son retour à Paris, en juillet 1642, il eût repris l'étude du droit et l'eût continuée jusque vers le milieu de l'année suivante, moment où il paraît définitivement lancé dans la carrière théâtrale. Loin que le temps lui ait manqué pour arriver à la licence, comme le pensait M. Bazin, il en aurait eu ainsi plus qu'il ne lui en fallait d'après les règlements, plus que n'en employaient la plupart de ses condisciples, et il n'est pas nécessaire de supposer qu'il ait usé, pour atteindre ce résultat, de la facilité qu'il trouvait dans les usages du parlement de Paris, qui admettait au serment d'avocat les simples licenciés en droit canon (1).

Revenons au registre des suppliques et à l'objection tirée de l'absence du nom de Poquelin sur ses pages. Il se trouve que ce registre où, partout ailleurs, les requêtes des étudiants se pressent à des dates très-rapprochées, n'en présente aucune entre le 20 mars 1643 et le 3 avril suivant (2), ou, pour être tout à fait exact, n'en présente, dans cet intervalle, qu'une seule qui n'est ni terminée, ni datée, ni signée. Comme on y remarque un mot contenant deux fautes d'orthographe, nous n'admettrons pas que cette supplique puisse être attribuée à Molière ; nous nous bornerons à la reproduire en note, afin de mettre tout le monde à même de s'édifier sur ce point (3). L'écriture longue, maigre et un peu pen-

---

(1) M. Jourdain, *Hist. de l'Université de Paris*, p. 248. S'il en eût été autrement, la Faculté de droit de Paris n'aurait pu former d'avocats : ce fait était la conséquence de l'obligation que lui avait imposée Henri IV d'expliquer les Institutes au commencement de chaque leçon; il résulte d'ailleurs implicitement de la combinaison des premiers articles de l'édit de 1625.

(2) La lacune ne tient pas aux vacances de Pâques; cette fête, en 1642, ne tomba que le 20 avril.

(3) La voici : « Je soubsigne et certifie que je me suis aujourd'hui *pressanté* à MM. les Recteur et docteurs de l'Université d'Orléans pour avoir... » La requête s'arrête là.

Je soubsigne et certifie est une formule qu'on employait alors fréquemment : La Bruyère péchait contre les règles de la langue quand il écrivait dans la supplique qu'on a lue plus haut : « *J'ay* soubsigné, certifie. »

chée ne ressemble pas d'ailleurs parfaitement à celle de Molière à la même époque, si l'on en juge par la signature du poëte sur un acte notarié du 3 novembre 1643, que nous avons sous les yeux.

La seule indication que nous entendions tirer de ce qui précède, c'est que le registre contient des omissions, et cette conclusion se corrobore de deux autres observations absolument certaines. Ce Nicolas-Joseph Foucault dont il a été question et qui nous a laissé des Mémoires où les moindres événements de sa vie sont scrupuleusement enregistrés et datés, cet intendant qui prit ses licences à Orléans, le 30 septembre 1664, ne figure point au registre des suppliques, pas plus dans cette année-là que dans celles qui la précèdent ou qui la suivent.

Ce n'est pas tout : l'archiviste actuel du département du Loiret a constaté que plusieurs étudiants de la nation germanique, inscrits sur un registre particulier comme se présentant pour le doctorat, et, par conséquent, déjà reçus licenciés à Orléans, sont, eux aussi, omis sur le registre dont il s'agit.

L'autorité de ce document est donc des plus minces : très-significatif pour ce qui concerne les étudiants dont il porte les noms, il ne prouve pas grand' chose contre ceux qu'il omet de mentionner, alors que des témoignages contemporains et sérieux s'accordent à établir que ces derniers ont soutenu leurs thèses en l'Université d'Orléans. A l'égard de

Molière, ces témoignages gardent donc toute leur valeur.

Quant à savoir s'il se fit inscrire au tableau des avocats, c'est là une question fort accessoire. L'important était d'obtenir la licence ; le reste n'était qu'une affaire de forme : généralement on se présentait comme avocat aussitôt après la licence obtenue, et l'on était reçu sur la présentation d'un avocat déjà inscrit. Le délai fut de quatre jours pour Perrault et d'un peu moins de deux mois pour Foucault ; mais aucun temps fixe n'était imposé. Une fois licencié, Molière put se faire inscrire à l'époque qui lui convint.

Usa-t-il de cette faculté ? Grimarest l'affirme, comme on l'a vu, et Le Boulanger de Chalussay précise même la durée du stage :

> Je suivis le barreau pendant cinq ou six mois,

fait-il dire à *Élomire*. Il est vrai qu'il se hâte de réduire cette vaniteuse assertion à sa juste valeur, en plaçant cette rectification dans la bouche de Madeleine Béjart :

> Il ne fut au Palais qu'une fois seulement.

Toujours est-il que le biographe et le pamphlétaire sont d'accord sur ce point que Molière fut quelque temps avocat stagiaire.

Contre cette intrusion du poëte au barreau, un écrivain versé dans la connaissance de l'histoire du droit, a allégué l'incompatibilité existant, selon lui, entre la qualité d'avocat et celle de valet de chambre tapissier du roi : les avocats portaient très-haut le sentiment de la dignité de leur fonction ; ils n'auraient pas admis un valet de chambre dans leurs rangs.

Il se peut qu'il y ait du vrai dans cette opinion (1), et l'on devrait, pour peu qu'on l'admette, se demander si la renonciation que fit Molière, le 6 janvier 1643, à la survivance de la charge paternelle, au lieu d'être, comme c'est notre avis, motivée par ses prochains débuts dans la carrière dramatique, ne l'aurait pas été justement par son désir d'entrer alors au barreau. Quel qu'ait été le motif de cette renonciation, elle levait évidemment tout obstacle ; mais il est fort douteux qu'elle eût été une condition préliminaire et *sine qua non* de la réception. Quand un jeune homme sollicitait le titre d'avocat, on ne s'informait

---

(1) « La profession d'avocat, dit Joseph de Ferrière, étant toute noble et toute indépendante, elle est incompatible avec tous les postes qui dérogent ou qui rendent dépendant d'autrui. » Ainsi l'opinion soutenue par M. Bimbenet, dans l'étude citée plus haut et à laquelle nous faisons ici allusion, est juste en thèse générale. Mais on doit se demander si l'incompatibilité signalée par de Ferrière aurait pu être opposée aux officiers de la maison royale, anoblis par leur fonction même et dont la profession n'était pas considérée comme servile. Voyez *Dict.* de Jal, au mot *valet de chambre du roi*, p. 1217.

point de ses intentions ultérieures relativement à l'exercice de la profession ; on ne lui demandait point s'il n'embrasserait pas plus tard une autre carrière ; ce à quoi il eût été d'ailleurs le plus souvent fort embarrassé de répondre. L'avocat général se bornait à vérifier sa capacité par l'examen de ses lettres de licence. Mais s'il manifestait l'intention d'exercer et d'être inscrit au tableau, c'est alors, et alors seulement, que le bâtonnier de l'ordre avait à examiner les empêchements que l'exercice d'un état servile ou toute autre cause aurait pu opposer à l'obtention de la requête (1). Remarquons d'ailleurs que le fils du tapissier Poquelin ne se proposait pas, même au temps de sa jeunesse, de succéder à son père dans le métier de ce dernier, mais seulement dans sa charge près du roi, ce qui est tout différent, car le service corporel des princes n'avait rien de dégradant pour ceux qui s'y dévouaient.

Que Molière ait été ou non pourvu du titre d'avocat, l'important c'est qu'il fut en état d'y aspirer, c'est qu'il étudia le droit, et nous ajouterons même qu'il l'étudia avec assez de fruit pour être capable

---

(1) « Les avocats au Parlement, disent les almanachs royaux (voyez celui de 1719, page 129), ne sont point en nombre fixe ; il s'en reçoit tous les ans autant qu'il s'en présente, après que M. l'avocat général a examiné leurs certificats d'étude et leurs lettres de licence ; mais on ne reconnaît pour en faire profession que ceux dont les noms sont inscrits dans le tableau qui s'en fait tous les ans par les soins du Bâtonnier. »

de le comprendre et d'en raisonner. L'examen de quelques-unes de ses pièces va nous le prouver, et nous n'aurons ici qu'à abréger et condenser le curieux travail dont la langue du droit dans Molière a été l'objet.

X

Toutes les fois que Molière parle soit du droit civil ou pénal, soit de la procédure, il le fait avec une exactitude rigoureuse; il prouve, autant par les raisonnements juridiques qu'il emploie que par la propriété des termes dans lesquels il les énonce, que la justice et la chicane ne lui sont point étrangères. Pour les termes de médecine, on sait quel fut son inspirateur et son guide : c'était Mauvillain, ce médecin dont il disait un jour à Louis XIV : « Nous causons ensemble; il m'ordonne des remèdes, je ne les fais point, et je guéris. » Mais, pour la langue du droit, on n'indique personne qui lui soit venu en aide. Un secours étranger n'eût pas suffi d'ailleurs pour l'initier à cette langue si particulière, et, en même temps, si nette et si précise dans son obscurité. Quiconque essayerait de parler cet idiome sans l'avoir étudié trahirait presque aussitôt son ignorance. Or Molière l'emploie avec une sûreté qui décèle aussitôt le praticien.

Écoutez M. de Pourceaugnac expliquant à Sbrigani les voies judiciaires dont il usera pour échapper à l'accusation de bigamie et pour traîner la procédure en longueur : « Quand il y aurait information, ajournement, décret et jugement obtenu par surprise, défaut et contumace, j'ai la voie de conflit de juridiction pour temporiser et venir aux moyens de nullité qui seront dans les procédures. »

Ébahi de cette érudition, Sbrigani ne manque pas de remarquer que, pour parler ainsi, il faut que le gentilhomme limousin ait étudié la pratique : « Point, répond son interlocuteur. Ce n'est que le sens commun qui me fait juger que je serai toujours reçu à mes faits justificatifs, et qu'on ne saurait condamner sur une simple accusation sans un récolement et confrontation avec mes parties. »

Ce qu'il faut remarquer ici, ce n'est pas seulement la propriété du style, c'est l'exactitude du fond, c'est l'ordre et l'enchaînement des procédés judiciaires.

Écoutons ensuite Scapin traçant le tableau des actes de la procédure, tableau qu'un vieux juge du temps n'eût pas désavoué, tant il est complet, fidèle et brillant d'ordre et de méthode :

Mais, pour plaider, il vous faudra de l'argent. Il vous en faudra pour l'exploit ; il vous en faudra pour le contrôle ; il vous en faudra pour la procuration, pour la présentation, les conseils, productions et journées du procureur. Il vous en faudra pour les consultations et plaidoiries des avocats, pour le droit de retirer le sac et pour les grosses écritures ; il vous en faudra pour le rapport des substituts, pour les épices de conclusion, pour l'enregistrement du greffier, façon d'appointement, sentences et arrêts, contrôles, signatures et expéditions de leurs clercs, sans parler de tous les présents qu'il vous faudra faire.

Veut-on enfin la preuve que Molière ne raisonnait pas moins bien du droit écrit ou du droit coutumier que de la chicane? Qu'on lise d'abord dans l'*École des Femmes* la scène où le notaire disserte savamment devant Arnolphe sur le douaire et sur *le* dot, car ce mot était alors masculin :

Le douaire se règle au bien qu'on vous apporte.
. . . .
L'ordre est que le futur doit douer la future
Du tiers du dot qu'elle a ; mais cet ordre n'est rien,
Et l'on va plus avant lorsque l'on le veut bien.

ARNOLPHE

Si....

LE NOTAIRE

Pour le préciput, il les regarde ensemble.
Je dis que le futur peut, comme bon lui semble,
Douer la future.

ARNOLPHE

Euh !

LE NOTAIRE

Il peut l'avantager
Lorsqu'il l'aime beaucoup et qu'il veut l'obliger,
Et cela par douaire, ou *préfix* qu'on appelle,
Qui demeure perdu par le trépas d'icelle,
Ou sans retour, qui va de ladite à ses hoirs,
Ou coutumier, selon les différents vouloirs,
Ou par donation dans le contrat formelle,
Qu'on fait ou pure et simple ou qu'on fait mutuelle.

Molière exprime, dans ces six derniers vers, avec une précision et une clarté admirables, tout ce que les lois alors en vigueur autorisaient concernant les douaires et les donations entre époux. Ferrière ou Potier n'eussent rien trouvé à dire à ces exactes définitions. « Le *douaire préfix*, dit M. Auger, était celui qu'on avait réglé d'avance par une convention, suivant laquelle il devait revenir au mari en cas de mort de sa femme, autrement demeurer *perdu par le trépas d'icelle*, ou bien ne pas revenir au mari, ce qu'expriment les mots *sans retour*, et *aller de ladite à ses hoirs*, c'est-à-dire passer aux héritiers de la femme. Le *douaire coutumier* était celui qui était déterminé par la coutume à défaut de convention. La donation par contrat était *pure et simple* ou *mutuelle*, c'est-à-dire qu'elle n'était stipulée qu'en faveur d'un seul des deux époux, soit le mari, soit la femme, ou qu'elle l'était au profit de celui des deux, quel qu'il fût, qui survivait à l'autre. »

A l'époque où toutes ces dispositions légales étaient familières aux spectateurs, cette scène produisait bien plus d'effet qu'elle n'en produit aujourd'hui. Un détracteur de Molière, de Visé, dans sa *Lettre sur les affaires du théâtre*, lui attribue la vogue de l'*École des Femmes :* « Les grimaces d'Arnolphe, dit-il, le visage d'Alain et la judicieuse scène du notaire ont fait rire bien des gens ; et, sur le récit que l'on en a fait, tout Paris a voulu voir cette comédie. »

Après le notaire de l'*École des Femmes*, après celui des *Femmes savantes*, qui trouve son style fort bon et refuse à Belise d'y changer un seul mot, voici celui du *Malade imaginaire*. Argan, qui a deux enfants d'un premier lit, veut néanmoins laisser tout son bien à la doucereuse Beline, sa seconde femme : « La coutume y résiste, répond M. de Bonnefoi. Si vous étiez en pays de droit écrit, cela se pourroit faire ; mais à Paris et dans les pays coutumiers, au moins dans la plupart, c'est ce qui ne se peut, et la disposition seroit nulle. Tout l'avantage qu'homme et femme conjoints par le mariage se peuvent faire l'un à l'autre, c'est un don mutuel entre vifs ; encore faut-il qu'il n'y ait d'enfants, soit des deux conjoints ou de l'un d'eux, lors du décès du premier mourant. »

C'est l'exact résumé des articles 280 et 282 de la coutume de Paris, articles qu'il fallait bien posséder pour en donner une si fidèle analyse. Mais voici qui est plus significatif encore : M. de Bonnefoi va fournir à son client un moyen de tourner la loi et d'avantager sa femme au mépris des prohibitions de la coutume :

Comment vous pouvez faire? dit-il à Argan. Vous pouvez choisir doucement un ami intime de votre femme, auquel vous donnerez en bonne forme, par votre testament, tout ce que vous pourrez, et cet ami ensuite lui rendra tout. Vous pouvez encore contracter un grand nombre d'obligations non suspectes au profit de divers créanciers, qui prêteront leur nom à votre femme et entre les mains de laquelle ils mettront leur déclaration que ce qu'ils ont fait n'a été que pour lui faire plaisir. Vous pouvez aussi, pendant que vous êtes en vie, mettre entre ses mains de l'argent comptant ou des billets que vous pourrez avoir payables au porteur.

Les trois expédients que suggère ici M. de Bonnefoi, le fidéicommis, la souscription d'obligations au profit de feints créanciers et la remise d'argent ou de valeurs au porteur, sont, même de nos jours, les seuls moyens de tourner la loi qu'un homme marié en seconde noces et désireux d'avantager sa femme au-delà de la quotité permise, ait à sa disposition, et l'agent d'affaires le plus retors aurait peine à en découvrir un quatrième.

En voilà assez, nous le pensons, pour établir que Molière savait se guider dans les ténèbres du droit et de la chicane et parlait le langage du Palais en homme qui ne s'est pas borné à feuilleter, pour les besoins du moment, quelques livres spéciaux, mais qui les a étudiés avec une certaine suite. Certes, avec le modeste bagage de savoir juridique qu'il devait à ses études de droit, il n'eût fait ni un jurisconsulte ni un magistrat, et il ne faudrait pas qu'on exagérât ici notre pensée. Mais, sans avoir pénétré jusqu'au fond de ses dédales, le poëte connaissait, de la science de Cujas, ce qu'en savaient alors la plupart des hommes instruits qui, sans embrasser le barreau, avaient passé sur les bancs de la Faculté de droit. Avec cet acquit, sa prompte et facile compréhension et l'aide des livres où il avait étudié, il pouvait, quand besoin en était, faire parler ses personnages sur le point de droit qui s'appliquait à leur situation, sans avoir besoin de recourir à des secours étrangers. Ceux qui voudraient s'édifier sur cette aptitude de Molière à parler la langue du droit n'auront qu'à lire les judicieux articles que M. Paringault a consacrés à cette question, dans la *Revue historique du droit français et étranger* (1).

On s'est demandé pourquoi Molière, qui a tant berné les médecins de son temps, n'a pas joué les avocats (2), et l'on a supposé que ce silence était volontaire et s'expliquait par l'estime qui entourait la profession d'avocat sous le règne de Louis XIV. C'était le temps où brillait Patru, l'ami de Boileau, de Racine et de La Fontaine, le temps où la foule se pressait aux plaidoyers de Gautier, de Gillet et d'Érard.

Nous avons peine à admettre cette explication à laquelle les *Plaideurs* de Racine donnent un éclatant démenti, car les différents tons sur lesquels l'Intimé déclame sont autant de copies des différents tons de certains avocats de l'époque. Nous ne pensons pas davantage que les prétendus ménagements de Molière envers les gens de robe aient leur raison dans un

---

(1) Numéros de mai-juin et de juillet-août 1861.

(2) Voir dans la même Revue, t. Ier, 1855, un article de M. Truinet, plus connu sous l'anagramme de Nuitter, article qui a pour titre : *Pourquoi Molière n'a pas joué les avocats*.

sentiment confraternel. Dans *l'Étourdi*, dans *le Malade imaginaire*, dans *les Fourberies de Scapin*, les avocats sont assez maltraités. Scapin les peint même comme capables de se laisser gagner par la partie adverse, comme de méchants plaisants, comme gens qui disent *des raisons qui battent la campagne et ne vont pas au fait.*

Quoi qu'on en ait dit, le barreau n'offre pas beaucoup moins de travers professionnels que la médecine : l'art de plaider, comme l'art de guérir, a subi de tout temps l'influence de la mode. S'il y a des remèdes qui ne guérissent que tant qu'ils sont en vogue, il y a aussi des façons de plaider qui ne paraissent bonnes que lorsqu'elles reflètent la littérature, les façons de penser, de sentir et de s'exprimer du moment.

Si l'avocat n'a pas été peint en pied par Molière, c'est uniquement, à notre avis, parce que le sujet n'était plus à traiter, après le succès des *Plaideurs*, représentés en 1668. Il prenait volontiers, comme il aimait à le dire, son bien là où il le trouvait, mais c'était toutefois à la condition que ce bien n'eût pas été frappé déjà d'une estampille indélébile et qu'il lui fût possible, en y apposant son cachet particulier, d'en acquérir ou d'en recouvrer la propriété personnelle.

/ DEUXIÈME PARTIE

LES ANNÉES DE LUTTE

ET DE VIE NOMADE

DEUXIÈME PARTIE

LES ANNÉES DE LUTTE ET DE VIE NOMADE

I

Molière a terminé ses études ; il va tout à l'heure céder à sa vocation et entrer dans la carrière dramatique, qu'il n'abandonnera qu'à son dernier soupir. Nous avons admis qu'il quitta Orléans pour rejoindre les autres officiers de la maison du roi qui allaient en Roussillon prendre leur tour de service près de Louis XIII, alors à Narbonne. La plupart des biographes du poëte ont supposé qu'il suivit ce prince pendant toute la durée de son long voyage qui, commencé le 27 janvier 1642, ne se termina que le 23 juillet suivant. Cela eût été contraire aux usages. La guerre n'apportait aucun changement dans les époques du service, qui ne commençait et ne finissait qu'aux dates fixées par le règlement : autrement les frais de la maison royale eussent été quadruplés et les fourriers n'auraient su comment loger son nombreux personnel.

Ce premier voyage du jeune Poquelin dans le Languedoc a été fort contesté ; mais on sait aujourd'hui que son père ne quitta point Paris pendant le second trimestre de l'année 1642, époque où il aurait dû remplir sa charge près du roi : le 3 juillet, il vendait des marchandises à un sieur Lebel qui s'obligeait, par acte notarié, à lui en payer le prix et, son service ne finissant que le 1er juillet, il est impossible qu'il ait franchi en deux jours la distance qui sépare Lyon de Paris (Louis XIII était alors dans la première de ces deux villes). Cette circonstance suffirait à elle seule pour donner lieu de croire que Poquelin s'était fait remplacer par son fils aîné, pourvu de la survivance de sa charge.

Quant au motif de ce remplacement, il est impossible d'admettre, avec Grimarest et Voltaire, que ce fut « le grand âge et l'infirmité de Poquelin père. » Ce père infirme et caduc n'avait alors que quarante-six ans. Les vraies causes, selon toute vraisemblance, furent, d'une part, la nécessité de ne pas abandonner son industrie et sa maison, où se pressaient de nombreux enfants, dont plusieurs encore en bas âge, que personne autre que lui ne surveillait plus, puisque sa seconde femme était morte depuis six ans ; d'autre part, le désir qu'éprouvait son fils aîné de voir du pays et aussi peut-être, comme le dit Tallemant, de suivre Madeleine Béjart. Les autres tapissiers valets de chambre du roi, étant gens établis comme lui, Poquelin n'eût pas trouvé aisément un remplaçant parmi ses confrères, et le choix de son fils pour le suppléer était d'ailleurs tout indiqué par la survivance qu'il avait obtenue. Ajoutons cette considération, absolument neuve, que la façon dont était organisé le service des tapissiers valets de chambre ne permettait pas à Poquelin père de se dispenser des devoirs de sa charge pendant le voyage du monarque.

En effet, deux de ces officiers seulement suivaient le roi quand il marchait en campagne ou qu'il allait à l'armée, ce qui, dans le langage du temps, n'exprime nullement la même idée (1); mais, pendant les marches, un seul était près de la personne royale; l'autre prenait les devants pour faire les préparatifs au lieu où le roi se rendait.

« Quand la cour marche en campagne, dit l'*État de la France*, on fait suivre la première et la seconde chambre, qui sont deux chambres complètes, c'est-à-dire double fourniture de lit, doubles siéges, doubles tapisseries. Et la première étant partie la veille du départ de la cour, afin que le roi, arrivant le lendemain, trouve sa chambre tendue, la dernière chambre marche tout droit au second logement, et ainsi de suite.

---

(1) Voyez le *Dictionnaire de Littré*, au mot *campagne*. On disait alors : marcher en campagne, pour exprimer l'action d'aller se promener à la campagne, et non celle de suivre des opérations militaires.

Or, des deux tapissiers de quartier, il y en a toujours un qui suit la première chambre, et un qui accompagne la seconde. »

On voit que si Jean Poquelin n'eût pas eu recours à son fils pour le remplacer, le service de la chambre eût singulièrement périclité. On a d'ailleurs une autre preuve de la présence de Molière dans la suite du roi.

Le 21 avril 1642, Louis XIII vint passer un jour et une nuit à Sigean, petite ville située à vingt-cinq kilomètres au sud de Narbonne, dans le but de faire la revue des troupes qui, sous les ordres du maréchal de la Meilleraye, allaient se rendre au siége de Perpignan. A son retour de cette dernière ville, il séjourna encore à Sigean, le 10 juin 1642. Dans ces deux occasions, les gens de son service furent logés dans la maison d'un riche bourgeois, Martin-Melchior Dufort, entrepreneur des étapes pour les troupes en marche. Or nous verrons plus tard ce Dufort lié d'amitié avec Molière et lui rendant, quand il le rencontre de nouveau, des services pécuniaires, services qu'il est difficile d'expliquer autrement que par une première et ancienne liaison contractée lors du séjour du jeune valet de chambre à Sigean.

Nous tiendrons donc pour constant que Molière accompagna Louis XIII au siége de Perpignan et qu'il fut témoin d'un des événements les plus dramatiques du règne de ce prince : l'arrestation du grand-écuyer

Cinq-Mars, opérée à Narbonne le 13 juin 1642. Il se pourrait même qu'il ait été mêlé, pour une part honorable quoique bien petite, dans les circonstances de ce grave événement.

S'il faut en croire M. Léon Galibert, au moment des perquisitions dirigées dans l'intérieur du palais archiépiscopal de Narbonne où était logé le roi, ce fut *un jeune valet de chambre* qui fit cacher Cinq-Mars dans un cabinet obscur situé entre la chambre du roi et le salon d'attente.

« M. le Grand, ajoute le narrateur, demeura blotti dans cette cachette jusqu'à l'arrivée de la nuit; puis il sortit du palais et, en définitive, il ne fut arrêté que dans une maison particulière de la ville (1). » A l'appui de ces dires, M. Galibert invoque l'enquête des consuls de Narbonne, lors de l'arrestation du grand-écuyer, et le procès-verbal du baron des Yveteaux, chargé, dit-il, de se saisir de sa personne. Mais il ne donne point le texte de ces deux documents et n'indique pas davantage où ils se trouvent.

On aimerait à reconnaître Molière dans ce jeune valet de chambre coupable d'un tel acte de générosité; mais, outre que la désignation n'est pas assez précise pour qu'il soit possible d'affirmer que c'est bien à lui qu'elle s'applique, le fond du récit même soulève

---

(1) *Hist. des pérégrinations de Molière dans le Languedoc*, par Emmanuel Raymond (L. Galibert), *Paris, Dubuisson*, 1858, page 24.

des doutes assez sérieux. Cinq-Mars, dans un de ses interrogatoires, raconte qu'étant à souper chez le sieur de Beaumont, on vint l'avertir que le roi allait se retirer, ce qui l'obligea à partir sur-le-champ, sans flambeaux et sans domestiques, pour assister au coucher de son maître. Comme il arrivait près de l'archevêché, un inconnu lui glissa dans la main un billet qu'il ne lut qu'en entrant chez le roi et qui contenait ces mots. : « On en veut à votre personne. » Il sortit aussitôt et se retira chez le sieur de Siouzac.

Mais les observations du premier président du parlement de Dauphiné, qui dirigeait l'interrogatoire, établirent que l'accusé n'était point, comme il le disait, rentré au palais dans la soirée du 12 juin, et que, sans attendre l'ordre de son arrestation qui ne fut arraché au roi qu'à une heure déjà assez avancée, il était allé se cacher dans le lit de Mme de Siouzac, sa maîtresse, en l'absence du mari de cette dernière qui ne revint que le 13 au matin, et le livra, non pas au baron des Yveteaux, mais au sieur de la Ricardelle, lieutenant général de Narbonne (1).

Pour que la belle action attribuée à Molière pût trouver place dans ce récit, il faudrait admettre qu'en apprenant l'arrivée de Chauvigny, chargé par Richelieu de remettre à Louis XIII copie du traité conclu par Cinq-Mars et de Thou avec l'Espagne, arrivée qui

---

(1) *Hist. de Louis XIII*, par le P. Griffet, t. III, p. 465.

eut lieu dans la matinée du 12, le grand écuyer aurait un moment perdu la tête et se serait d'abord caché dans le palais, avant d'aller, après réflexion, chercher un refuge chez sa maîtresse ; ce qui, après tout, n'a rien d'invraisemblable. Mais on voit assez de combien de doutes et de points d'interrogation il convient d'entourer cette anecdote, et l'on doit malheureusement se montrer aussi réservé à l'égard d'un autre événement bien autrement important dans l'histoire intime de Molière : sa rencontre et sa liaison avec Madeleine Béjart pendant ce premier voyage de trois mois dans le midi de la France.

II

Il est vraisemblable que le jeune Poquelin n'avait pas attendu ce voyage pour lier connaissance avec la famille Béjart, et que leurs relations étaient antérieures à son entrée au collège de Clermont et remontaient à ses années d'apprentissage comme ouvrier tapissier, à ce temps où, vivant en liberté dans la maison paternelle, livré à des occupations manuelles qui ne prenaient pas tous ses instants et ne disaient rien à son esprit, il se délassait, en fréquentant les théâtres de la foire et les acteurs en vogue, des ennuyeuses corvées que cet apprentissage nécessaire lui imposait.

C'est à cette époque, en effet, que l'auteur d'*Élomire* paraît faire allusion, quand il prétend que le jeune ouvrier brigua un instant l'emploi de pitre dans la troupe de deux célèbres charlatans du Pont-Neuf, l'Orviétan et Bary, et qu'il se plaignit à Madeleine Béjart du refus qu'il éprouva.

ANGÉLIQUE

Cependant savez-vous ce que faisait le drôle :
Chez deux grands charlatans il apprenait un rolle,
Chez ces originaux, l'Orviétan et Bary,
Dont le fat se croyait déjà le favory.

ÉLOMIRE

Pour l'Orviétan, d'accord ; mais pour Bary, je nie
D'avoir jamais brigué place en sa compagnie.

ANGÉLIQUE

Tu briguas chez Bary le quatrième employ :
Bary t'en refusa, tu t'en plaignis à moi :
Et je m'en souviens bien qu'en ce temps-là mes frères
T'en gaussoient, t'appelant le *mangeur de vipères*.
Car tu fus si privé de sens et de raison
Et si persuadé de son contre-poison
Que tu t'offris à lui pour faire les épreuves,
Quoique dans le quartier nous connussions les veuves
De six fameux bouffons crevés dans cet employ.

Qu'on traite tant qu'on voudra ces allégations injurieuses d'un ennemi de grossières et ridicules exagérations, qu'on n'y voie, avec M. Louis Moland (1), que les indices d'une vocation impatiente, d'une curiosité pour les choses du théâtre tellement exceptionnelle qu'elle avait acquis une sorte de notoriété publique : on n'en devra pas moins retenir, comme très-vraisemblable, ce fait, le seul qui nous intéresse en ce moment, que, dès l'époque où il s'extasiait devant les parades des tréteaux et les facéties de la

---

(1) Dans l'étude aussi littéraire que judicieuse qu'il a placée en tête de sa remarquable édition des Œuvres de Molière : *Garnier frères*, 1863. Les découvertes faites depuis cette époque porteraient sans doute aujourd'hui M. Moland à modifier en bien des points ce travail, d'où il s'est d'ailleurs appliqué à bannir toute controverse.

Commedia dell' arte, Jean-Baptiste Poquelin était lié avec Madeleine Béjart et avec ses frères.

La passion du théâtre l'avait mené chez eux ; plus tard l'amour l'y retint, et les deux passions se fondirent à la longue et n'en firent plus qu'une. Soyons justes envers cette femme à qui Molière doit tant : sans doute que sans elle il n'en eût pas moins écrit des chefs-d'œuvre ; mais il ne les eût faits ni si tôt, ni si rapidement, ni si éblouissants de saillies, de verve et de libre esprit. C'est Madeleine qui a préparé les voies à Molière, qui lui a ouvert et tracé la carrière, qui a aidé à ses débuts, qui a déblayé le terrain devant lui, qui l'a dérobé pendant de longues années aux exigences de la vie matérielle, mortelles pour le génie. Elle avait quatre ans de plus que lui, ce qui n'était pas un désavantage aux yeux d'un tout jeune homme : il y eut toujours dans son amour quelque chose de tutélaire et comme un mélange d'affection maternelle.

Femme de tête et fille d'huissier, elle entendait à merveille les affaires, et prit en main celles de son amant qu'elle ne laissa jamais péricliter. Elle le poussait à y veiller lui-même, à défendre ses intérêts littéraires et pécuniaires, à poursuivre les contrefacteurs de ses œuvres, comme il le fit plusieurs fois (1). Deux ans après leur installation définitive à Paris,

---

(1) Voyez les pièces qu'a publiées M. Campardon.

elle était encore sa caissière. Il lui dut l'aisance et même la fortune, car, dans ses dernières années, il se faisait plus de vingt-cinq mille livres de rente, qui en représentent près de cent mille d'aujourd'hui. Or la fortune, c'était l'indépendance, c'était la liberté d'esprit, conditions indispensables pour un poëte nerveux, souvent maladif, sans cesse dans la fièvre de la création.

Ajoutons que, poëte elle-même, elle appréciait dignement les œuvres qu'elle voyait éclore sous ses yeux et à l'enfantement desquelles elle se mêla sans doute plus d'une fois. On connaît d'elle des vers adressés à Rotrou, sur sa tragédie d'*Hercule mourant*, imprimée en 1636, et la tradition du théâtre veut qu'elle ait fait représenter une ou deux comédies de sa composition, en province ou à Paris. Le registre de La Grange cite une pièce qu'elle avait raccommodée.

Les Béjart étaient d'une famille honorable, mais trop nombreuse et qui, par suite, vivait dans un état voisin de la gêne. Le père, Joseph, avait un frère prénommé Pierre et qui exerçait les fonctions de procureur au Châtelet; lui-même était huissier audiencier à la grande maîtrise des Eaux et Forêts, qui tenait ses séances à la table de marbre au Palais; il eut pour le moins onze enfants de son mariage avec Marie Hervé, mariage contracté le 6 octobre 1615. De ces onze enfants, cinq au moins se firent comédiens.

Tous reçurent une éducation assez soignée : l'aîné, Joseph, a laissé un ouvrage intitulé : *Recueil des titres, qualités, blasons et armoiries des prélats et barons des États du Languedoc tenus en 1654*, recueil imprimé à Lyon en 1655-57 et sur lequel nous reviendrons. Madeleine, baptisée le 8 janvier 1618, était la seconde.

« Les Béjart, écrit M. Jal, ne demeuraient pas loin de l'hôtel de Bourgogne, situé rue de Mauconseil, et du théâtre du Marais, établi dans la vieille rue du Temple : sans doute ils fréquentaient ces deux spectacles aimés de la bourgeoisie, qui y trouvait le gros rire avec Bruscambille et Turlupin, les grands sentiments et le beau langage avec Bellerose et Mlle Beaupré. Le succès obtenu par les comédiens, le bonheur de se montrer au public pour captiver son attention et le faire rire ou pleurer, ont, de tout temps, captivé les jeunes têtes. Madeleine Béjart fut probablement séduite par l'espoir d'obtenir les applaudissements, en débitant devant la foule les ouvrages des auteurs à la mode ; et puis son père avait une grande famille et une fortune petite ; il fallait soulager le pauvre homme et vivre d'un état qui nourrissait passablement ceux qui y réussissaient.

» Quoi qu'il en soit, elle débuta, et il paraît que ce fut avec l'agrément de ses parents, car elle garda le nom de son père, qui ne la renia point. Quand et où débuta-t-elle ? personne ne le sait ; peut-être dans un de ces théâtres forains qui se dressaient sur quelques tonneaux aux environs de Paris, et à Paris même certains jours de fête. Comédienne également propre au genre plaisant et au genre sérieux, elle obtint apparemment un assez grand succès, car elle attira l'attention des hommes de la cour. Un d'eux s'éprit de cette jeune fille, bien qu'elle fût « rousse et sentît le gousset, » selon l'auteur très-suspect de la comédie satirique intitulée *Élomire hypocondre*, et de cette liaison, dont la date remonte au moins à l'année 1637, naquit le 3 juillet 1638 une enfant baptisée sous le nom de Françoise (1). »

(1) *Dictionnaire critique de biographie et d'histoire*, par A. Jal, page 179. On ne saurait assez louer cet excellent ouvrage qui abonde en pièces authentiques et renseignements curieux qu'on chercherait en vain dans tous les dictionnaires analogues.

III

La fille dont il s'agit était née à Paris et son baptême avait eu lieu à Saint-Eustache. On ignore absolument quelle fut sa destinée, et nombre de biographes l'ont confondue avec Armande Béjart, de quatre ans et demi plus jeune qu'elle (1).

Son père était messire Esprit Raymond de Moirmoron, comte de Modène, chambellan du duc d'Orléans, Gaston, frère unique du roi Louis XIII. Il donna pour parrain à cette enfant son propre fils légitime, alors âgé de sept ans, lequel, étant absent de Paris, fut représenté à la cérémonie du baptême par Jean-Baptiste de l'Hermite, sieur de Souliers et de Vauselle, dont, vingt-huit ans après, le comte de Modène épousa la sœur. Mais la reconnaissance qu'il fit de cette fille naturelle,

---

(1) C'est M. le marquis Fortia d'Urban, qui le premier, a répandu cette étrange erreur, dans ses *Lettres sur la femme de Molière*, publiées en 1825 : elle a été reproduite par Jullien de Courcelles, au t. VI, p. 32, note, de son *Histoire généalogique et héraldique des pairs de France*; généalogie de *Raimond Modène*. Ni M. Fortia d'Urban ni de Courcelles n'ont songé à se demander comment Françoise Béjart, baptisée le 3 juillet 1638, avait pu laisser de côté son vrai prénom, en se mariant avec Molière, et prendre ceux d'Armande-Grésinde-Claire-Élisabeth ; ni comment ceux qui firent la déclaration de son décès, arrivé le 30 novembre 1700, purent ne lui donner, dans l'acte qui le constate, que 55 ans, au lieu de 62 qu'elle aurait dû avoir, si elle eût été la même personne que Françoise Béjart.

le soin qu'il prit de lui chercher un parrain parmi ses familiers, sont d'irrécusables témoignages de l'aveugle affection qu'il portait alors à la mère, bien qu'il fût encore, comme nous le prouverons plus tard, engagé dans les liens d'une première union. Madeleine, qui connaissait l'état maladif de madame de Modène et l'abandon où la laissait son volage époux, se berça longtemps de l'espoir d'épouser un jour l'homme qui le premier lui avait fait connaître les joies et les douleurs de la maternité, et cet espoir fut partagé par sa famille. Cela est si vrai que sa propre mère, Marie Hervé, consentit à être la marraine de la petite bâtarde. Et, de fait, si Modène n'épousa pas sa maîtresse, il n'en resta pas moins lié à elle et aux siens d'un attachement qui dura jusqu'à la mort. En 1665, il tenait avec elle une fille de Molière sur les fonts de baptême.

Engagé dans un grand complot formé contre Richelieu et dans la fameuse ligue « confédérée pour le repos de la chrétienté, » M. de Modène, en 1640, abandonna Paris et sa maîtresse, et suivit le duc de Guise pour se joindre à l'armée rebelle commandée par le comte de Soissons. Il leva à ses frais une compagnie de cavalerie, avec laquelle il prit part au combat de la Marfée, où le comte de Soissons fut mortellement frappé (6 juillet 1641); il se retira alors à Bruxelles avec le duc de Guise, et un arrêt du Parlement, en date du 6 septembre, le condamna à mort.

Contrainte d'user de ses talents pour vivre et élever son enfant, Madeleine se rejeta alors dans le tripot comique; mais jusqu'à ce jour aucun document n'établit avec certitude qu'elle fit partie de la troupe qui suivit Louis XIII pendant la conquête du Roussillon.

La seule pièce qui permette de le soupçonner est celle qu'a citée M. Jal. C'est un « estat des gages payés aux personnes appartenant à la maison du roy, » état arrêté pour l'année 1643 et dressé à la fin de l'année précédente (1). On y lit : « *Appointements des comédiens*. A la bande des comédiens de Belle-Roze (c'étaient les comédiens de l'hôtel de Bourgogne), douze cents livres; à la bande des petits comédiens, six cents livres; à la bande des comédiens italiens, douze cents livres. »

Il est difficile d'admettre que la bande des petits comédiens fût celle de l'*Illustre Théâtre*, qui, nous le verrons tout à l'heure, ne fut constitué qu'en juin 1643. Il se peut donc, mais ce n'est là qu'une présomption, que ce soit celle avec laquelle le roi avait fait connaissance quelques mois auparavant, pendant son long voyage.

Les troupes de comédiens ambulants s'étaient multipliées sous le règne de Louis XIII; le nombre n'en était pas limité; on en comptait douze ou quinze

---

(1) Bibliothèque nationale, Ms. 9474.

qui parcouraient les provinces, en donnant des représentations de ville en ville et de château en château (1). La suite nombreuse qui accompagnait le roi et les bonnes aubaines qui résultaient de l'affluence de cette riche clientèle devaient nécessairement les attirer dans les villes où la cour séjourna pendant les six mois que dura l'expédition, telles que Lyon, Vienne, Nimes, Pézenas, Béziers, Narbonne, toutes villes que Molière revit plus tard, et où il joua ses premières comédies. Le témoignage de Tallemant, disant que Molière quitta les cours de la Sorbonne pour rejoindre la Béjart, n'est donc point marqué au coin de l'invraisemblance.

L'auteur anonyme de *la Fameuse Comédienne* est moins précis ; mais il indique toutefois clairement que Molière et Madeleine se rencontrèrent dans le Languedoc. Parlant d'Armande Béjart que le poëte épousa le 20 février 1662, cet auteur écrit « qu'elle était fille de la défunte Béjart, comédienne de campagne qui faisait la bonne fortune de quantité de jeunes gens de Languedoc dans le temps de l'heureuse naissance de sa fille. C'est pourquoi, ajoute-t-il, il serait très-difficile, dans une galanterie si confuse, de dire qui en était le père. » Quelques lignes plus loin, le venimeux anonyme appuie sur l'insinuation contenue dans ces dernières lignes, en écrivant :

---

(1) Chappuzeau, *Théâtre français*, page 109.

« On l'a crue fille de Molière, quoiqu'il ait été depuis son mari ; cependant on n'en sait pas bien la vérité. »

L'auteur d'*Élomire hypocondre* et celui du *Mariage sans mariage* reproduisent avec moins de ménagements et de circonspection l'accusation contenue dans ce passage, et que l'acteur Montfleury, rival et ennemi de Molière, osa formuler nettement dans une requête adressée à Louis XIV, à la fin de l'année 1663.

Nous reviendrons sur ces allégations quand nous traiterons du mariage et du ménage de Molière. Contentons-nous de dire ici que l'origine et la naissance d'Armande Béjart sont, à cette heure encore, couvertes de ténèbres épaisses, et que les découvertes de Beffara et de M. Eudore Soulié n'ont point dissipées. Ajoutons, dès à présent, une remarque digne d'attention : l'époque où celle qui devait porter le nom du grand poëte fut conçue concorde, il est vrai, avec l'époque du premier voyage de Molière dans le Languedoc; mais il n'est nullement certain qu'il ait rencontré Madeleine pendant ce voyage, puisqu'on n'a sur ce point important que le témoignage de Tallemant, et les médisances de trois pamphlétaires ; il est moins sûr encore qu'il ait alors joui de ses faveurs. C'est là un mystère intime dont elle et lui possédaient seuls le secret, et si, comme nous nous flattons de le prouver, malgré l'autorité de plusieurs actes authentiques, Armande était la fille de Madeleine, Molière, dont la droiture est établie par tant de faits incontestables, prouva assez en l'épousant qu'il était assuré de n'avoir aucune part à cette paternité un peu confuse dont parle l'auteur de *la Fameuse Comédienne.*

IV

Ramenons maintenant Molière à Paris, et disons tout de suite qu'il est impossible de fixer la date exacte de son retour. Se sépara-t-il de la Cour aussitôt son service de valet de chambre fini, c'est-à-dire le 30 juin 1642 ; attendit-il quelques jours afin de revenir à la suite du monarque qui rentra à Fontainebleau le 23 juillet, ou bien resta-t-il un peu de temps dans le Midi et fit-il route avec quelque troupe de comédiens ambulants ? Toutes ces hypothèses sont au fond de médiocre intérêt. Le plus vraisemblable c'est que, dans le dernier mois de 1642, de retour à Paris et toujours partagé entre sa vocation et la carrière où son père l'avait poussé, il s'occupa de droit un peu et beaucoup de théâtre, et qu'il renoua des relations déjà commencées avec les acteurs italiens, dont il parvint à connaître à fond le répertoire. On prétend qu'il prit des leçons du plus célèbre d'entre eux, Tiberio Fiorelli, dit Scaramouche, pour qui La Fontaine composa ce quatrain :

> Cet illustre comédien
> De son art traça la carrière :
> Il fut le maître de Molière,
> Et la Nature fut le sien.

La gravure placée en tête d'*Élomire* nous montre en effet Scaramouche enseignant son illustre disciple. On sait tous les emprunts que ce dernier fit dans la suite au répertoire des acteurs italiens établis à Paris depuis le règne de Henri III, tirant d'*Il ritratto*, l'idée de *Sganarelle* ; de *Scaramouche interrompu dans ses amours*, celle des *Fâcheux* ; celle du *Dépit amoureux*, de l'*Interesse*, de Nicolo Secchi, et l'*Étourdi*, de l'*Inavvertito*, de Nicolo Barbieri, dit Beltrame.

Ce qui est plus vraisemblable encore, c'est que, dès la fin de décembre, le jeune étudiant, qui allait bientôt quitter le nom de son père pour prendre celui qu'il a rendu si célèbre, entrait définitivement dans la carrière dramatique. La preuve en est dans un acte, en date du 6 janvier 1643, par lequel Jean-Baptiste Poquelin reçoit de son père une somme de 630 livres, tant en avancement d'hoirie que sur ce qui lui revenait de la succession maternelle, et lui rétrocède ses droits à la charge de valet de chambre tapissier du roi, le priant d'en assurer la survivance à tel autre de ses enfants qu'il lui plairait choisir.

Le père, dont cet acte laisse assez deviner l'irritation, fit don de cette survivance à son fils cadet, prénommé Jean comme lui, ce qui n'empêcha pas Molière de continuer à se qualifier de valet de chambre du roi, comme on en a la preuve par plusieurs contrats et actes de l'état civil où il prend cette qualité, du vivant de son père et de son frère. Cette singularité a fort intrigué les biographes et en particulier M. Soulié; aucun jusqu'à ce jour n'en a fourni l'explication qui nous paraît pourtant assez simple.

La cession faite à Poquelin cadet ne fut qu'une simple convention de famille, arrêtée entre lui et son père et qu'on hésita longtemps à soumettre à l'agrément du premier gentilhomme de la chambre. Cette formalité eût été à la fois dangereuse et inutile; dangereuse, car elle eût éveillé l'attention sur des divisions qu'il valait mieux laisser dans l'ombre et sur le parti peu honorable aux yeux de la famille que venait de prendre l'aîné des enfants de Poquelin; inutile, puisque, tant que vivait le père, son survivancier n'avait point à exercer sa charge et pouvait attendre le moment opportun pour s'en faire transmettre la survivance.

Or cette opportunité fut longtemps à se faire sentir, car c'est seulement vers 1657, trois ans avant sa mort, arrivée le 6 avril 1660, que le frère cadet du comédien fut reçu en survivance de son père (1). Jusque-là et malgré la rétrocession, Molière resta investi d'un titre auquel il n'avait renoncé que par une convention à laquelle manquait la sanction in-

---

(1) Jal, *Dictionnaire*, page 875, d'après les états de la maison du roi, aux Archives de l'Empire, Z. 1342.

dispensable et dont il ne bénéficia du reste réellement qu'après le décès de son frère, moment où il reprit sa place sur l'État à côté de son père, et porta le titre d'écuyer, auquel ses fonctions lui donnaient droit, comme cela ressort de plusieurs actes de baptême où il prend cette qualification (1). Après la mort de son père, qui arriva le 25 février 1669, il fut porté seul sur l'État; il devint valet de chambre tapissier en titre, et quand il mourut lui-même, les tapissiers de Paris couvrirent son cercueil du poêle de leur corporation.

Tout imparfaite qu'elle est, la rétrocession du 6 janvier 1643 n'en décèle pas moins une rupture définitive avec les projets antérieurs et l'adoption d'une autre voie que celle du barreau. Cet acte décisif avait été précédé de ces luttes intérieures dont Perrault nous a conservé le souvenir, de ces efforts désespérés qui furent mis en œuvre par Jean Poquelin pour détourner son fils aîné du périlleux parti qu'il prenait. C'est le moment où l'ancien maître du jeune Jean-Baptiste, ce Georges Pinel qui avait des obligations envers Poquelin père, car il lui avait emprunté le 25 juin 1641 une somme de cent douze livres, c'est le moment, disons-nous, où Pinel est requis par ce père désolé de faire fléchir la détermination du fils insoumis, et, loin d'y réussir, se fait lui-même

(1) Baptistaires des 23 juin 1663 et 30 mars 1671.

l'auxiliaire de ses projets et se laisse enrôler dans la nouvelle troupe.

Les commencements de cette association avaient été des plus humbles : elle fut d'abord, selon le témoignage de La Grange, composée d'*enfants de famille* qui jouaient la comédie gratis. « C'étoit assez la coutume dans ce temps-là, écrit Grimarest, de représenter des pièces entre amis. Quelques bourgeois de Paris formèrent une troupe, dont Molière étoit ; ils jouèrent plusieurs fois pour se divertir. Mais ces bourgeois ayant suffisamment rempli leur plaisir et s'imaginant être de bons acteurs, s'avisèrent de tirer profit de leurs représentations. »

Pour y parvenir, il fallait se constituer en société régulière et que chacun des acteurs rompît avec ses occupations antérieures. La chose n'alla pas toute seule ; il y avait des hésitations à vaincre, des susceptibilités à calmer, des parents à convaincre, des difficultés de toute espèce à tourner. L'esprit entreprenant du jeune Poquelin vint à bout de tout. Écoutons encore Madeleine Béjart, racontant, dans *Élomire*, cette difficile gestation :

Ce fut là que chez nous on eut pitié de toy ;
Car mes frères voulant prévenir ta folie,
Dirent qu'il nous fallait faire la comédie ;
Et tu fus si ravy d'espérer cet honneur
Où, comme tu disois, gisoit tout ton bonheur,
Qu'en ce premier transport de ton âme ravie,
Tu les nommas cent fois ton salut et ta vie..

Bien qu'il fût le promoteur et le boute-en-train de l'entreprise, Jean-Baptiste avait encore trop peu d'âge et d'expérience pour que ses associés l'acceptassent comme chef et directeur : il fallait un *impresario* moins jeune et de sens plus rassis. On fit choix de Denis Beys qui, dans l'opinion de M. Eudore Soulié, serait certainement le même que Charles de Beys, poëte dramatique, auteur de plusieurs comédies, parmi lesquelles *l'Hôpital des Fous* et *le Jaloux sans sujet*, jouées en 1635, *Céline ou les Fous rivaux*, représentée l'année suivante, et *les Fous illustres*, qui virent le feu de la rampe en 1652. Charles de Beys était né à Paris en 1610 et mourut le 26 septembre 1659. Scarron lui a adressé une épître où il le compare à Malherbe, et, comme ce dernier écrivain, il avait composé un poëme à la louange de Louis XIII, qui parut, en 1649, dans *les Triomphes de Louis le Juste*. Dix ans auparavant il avait été enfermé à la Bastille comme auteur de la satire dirigée contre Richelieu et intitulée *la Miliade*.

Mais M. Soulié et tous ceux qui l'ont copié sont-ils assurés que Denis Beys et Charles de Beys soient un seul et même personnage? On a dit, pour le prouver, que Beys, le poëte, aimait les titres pompeux et que, de même que plusieurs autres auteurs du temps (1), il avait prouvé sa prédilection pour le quali-

(1) Nicolas Desfontaines, qu'on trouve adjoint à la troupe de Molière dès le mois de juin 1644, avait composé *Eurymédon ou*

ficatif *Illustre* (1). Il écrivit *les Fous illustres* et donna à son théâtre un titre analogue, en faisant des *Enfants de famille*, l'*Illustre Théâtre*. La preuve est légère assurément : il se pourrait fort bien que Denis et Charles Beys fussent simplement de la même famille. Dans tous les actes relatifs à l'*Illustre Théâtre*, la signature de Beys est toujours précédée d'un D seulement.

Outre Denis Beys et Jean-Baptiste Poquelin, la bande, comme on disait alors, comptait trois Béjart : Madeleine, son frère Joseph, sa sœur Geneviève ; puis George Pinel, le maître de pension, Germain Clérin, frère d'une comédienne dont les frères Parfait ont parlé ; Nicolas Bonenfant, jeune clerc de procureur encore en tutelle ; Madeleine Malingre et Catherine Désurlis ; en tout dix acteurs. Après les représentations gratuites qu'elle donna d'abord en divers lieux publics et auxquelles prirent part probablement des enfants de famille dont les noms ne nous sont point parvenus, cette petite troupe songea à s'assurer un local où elle pût se fixer et offrir au public des spectacles plus fructueux pour elle ; mais un deuil vint attrister les Béjart et retarder l'exécution de ces projets.

l'illustre Pirate, Perside ou la suite de l'illustre Bassa, Saint Alexis ou l'illustre Olympie, l'Illustre Comédien ou le martyr de Saint-Genest. Ces trois dernières tragi-comédies paraissent avoir fait partie du répertoire de l'Illustre Théâtre.

(1) M. E. Gosselin, *Molière à Rouen en* 1643, page 10.

Le chef de leur famille mourut, laissant des affaires fort embarrassées, car, le 10 mars 1643, peu de temps après son décès, sa veuve, Marie Hervé, se présentait devant le lieutenant civil pour être autorisée à renoncer à sa succession au nom de ses enfants, dont aucun, assurait-elle, n'avait encore atteint la majorité fixée par la loi du temps, et dont le dernier était une fille « non encore baptisée » et née par conséquent, selon toute vraisemblance, dans les deux premiers mois de l'année 1643. C'est cette enfant qui devint la femme de Molière, et dont la véritable origine est encore un sujet de doute et de controverses.

Il se peut que Joseph Béjart soit mort rue de la Perle, paroisse Saint-Gervais, dans une maison léguée à sa femme par un parent ; mais nous préférons supposer, avec M. Jal (1), qu'il trépassa à la campagne, dans quelque village voisin de Paris. C'est probablement au même domicile qu'avait été mis au monde l'enfant qui reçut, après la mort de Joseph Béjart, le prénom d'Armande. C'est là ce qui expliquerait pourquoi l'on n'a pu retrouver, sur les registres des paroisses de Paris, ni le baptistaire de cet enfant, ni l'acte de décès de celui que plusieurs pièces authentiques lui donnent pour père. Nous inclinons même à penser que ces deux événements, le décès

---

(1) *Dict. crit. de biographie et d'histoire*, page 185.

de Joseph et la naissance d'Armande, eurent pour théâtre une maisonnette entre cour et jardinet, sise au bourg Saint-Antoine-des-Champs, sur le chemin de Picpus. Nous fournirons dans les notes qui terminent ce volume (*voir Note XII*) des renseignements sur cette petite villa que la veuve Béjart dut quitter très-peu de temps après la mort de son mari, ce qui donnerait lieu de supposer qu'elle avait eu quelque motif grave pour s'y réfugier au cœur de l'hiver, au moment de la naissance d'Armande.

La mort de Joseph Béjart suspendit donc la constitution de la troupe qui prenait le nom de l'*Illustre Théâtre*; l'association ne fut définitivement fondée que par acte passé devant Fieffé, notaire à Paris, à la date du 30 juin 1643 (1).

Cet acte fut rédigé *en la maison de la veuve Béjart*, sise rue de la Perle, en sa présence et en celle de noble homme André Mareschal, avocat au Parlement, et de Françoise Lesguillon, femme d'Étienne Désurlis, mère ou tante d'une des comédiennes de la troupe. Aucun terme ne fut fixé à la durée de l'association ; on y stipule seulement que « aucun ne pourra se retirer de la troupe sans en avertir quatre mois auparavant : comme pareillement la troupe n'en

---

(1) Cet acte, dont la découverte est postérieure aux *Recherches sur Molière* de M. Soulié, a été par lui publié dans la *Correspondance littéraire* de M. Lud. Lalanne, à la date du 25 janvier 1865. Voir aux *Notes et pièces justificatives*.

pourra congédier aucun sans lui en donner avis les quatre mois auparavant. »

L'endroit choisi pour asseoir le nouveau Théâtre était le Jeu de Paume dit des Métayers, du nom de ses premiers propriétaires, Nicolas et Louis Métayer : il était situé dans les vieux fossés de la ville, proche la porte de Nesle, à peu près à l'endroit qu'occupe aujourd'hui la grande cour de l'Institut. C'était l'usage alors d'établir les jeux de paume dans les vieux fossés des villes. Le propriétaire de celui que la bande prenait à bail était alors Noël Gallois du Métayer, maître paumier, qui le lui afferma suivant acte reçu par Legay, notaire à Paris, le 12 septembre 1643. Il s'obligea concurremment avec un charpentier nommé Claude Michault, et un menuisier, Jean Duplessis, à le faire mettre en bon état pour la saison d'hiver.

La troupe constituée, le siége de l'association fixé, il restait à s'assurer des musiciens. Par acte passé devant Mᵉ Fieffé, le 31 octobre, Claude Godard, Michel Tisse, Adrien Lefebvre et Laurent Gaburet, maîtres joueurs d'instruments à Paris, engagèrent leurs services à la troupe pour trois ans, à raison de vingt sols par jour pour chacun (1).

Comme la salle ne devait être prête qu'à la fin de l'année et qu'il fallait vivre jusque-là, la troupe réso-

(1) Voir aux *Notes et pièces justificatives*.

lut d'aller s'essayer à Rouen, où elle n'était pas fâchée de présenter ses respects à l'illustre auteur du *Cid* et d'*Horace*. Ce fait, qu'un acte authentique confirme aujourd'hui, avait déjà été affirmé par Perrault, dans ses *Hommes illustres*. Il se trouva justement que la famille Métayer possédait aussi un jeu de paume dans la patrie de Corneille. Ce fut là que la troupe, augmentée de Catherine Bourgeois, alla s'établir. Le mardi 3 novembre 1643, elle signait chez M° Cavé, notaire royal à Rouen, un pouvoir pour contraindre Gallois du Métayer, Michault et Duplessis d'activer les réparations qu'ils avaient promis de faire au jeu de paume de Paris et de le mettre en tel état que les comédiens de l'*Illustre Théâtre* y pussent « *jouer à leur retour* (1). »

Le 28 décembre 1643, les réparations étaient sans doute terminées, car on les voit, ce jour-là, passer

---

(1) M. E. Soulié, qui a trouvé à Paris tant de pièces du plus haut intérêt pour l'histoire de Molière, n'a pas eu la bonne fortune de découvrir celle-là, lorsqu'en août 1863, en vertu d'une mission scientifique à lui confiée par le ministre de l'instruction publique, il fit des recherches dans les minutes des notaires de Rouen et de diverses autres villes où Molière a séjourné. C'est à M. Gosselin que revient l'honneur de cette découverte. Mais les mots *jouer à leur retour* que nous imprimons en italiques prouvent qu'il n'a pas bien compris la pièce importante qu'il a publiée. Il a cru qu'il s'agissait, dans cet acte, de réparations à faire au jeu de paume de Rouen : c'est évidemment celui de Paris que la pièce entend désigner. Il suffit, pour s'en convaincre, de la rapprocher de celle du 12 septembre 1643, que M. Gosselin, il est vrai, ne connaissait pas. Nous reproduisons l'acte du 3 novembre 1643 dans nos *Notes et pièces justificatives*.

un marché avec le paveur des bâtiments du roi, Léonard Aubry, chargé de paver les abords de la nouvelle salle de spectacle. Ce Léonard Aubry eut un fils prénommé Jean-Baptiste, qui fut auteur dramatique et devint le beau-frère de Molière, en épousant Geneviève Béjart, veuve, en premières noces, de Léonard de Loménie de la Villaubrun. Le pavage convenu n'exigea que trois jours et l'*Illustre Théâtre* put enfin ouvrir ses portes le 31 décembre.

V

En possession d'un théâtre dont il ne tarde pas à devenir le chef, Jean-Baptiste Poquelin change de nom et prend celui qu'il devait rendre immortel : sa signature, sous ce nouveau nom, paraît pour la première fois au bas de l'engagement d'un danseur de ballet, Daniel Mallet, engagement daté du 28 juin 1644 et que M. Soulié a publié. A ce moment aussi, Poquelin a succédé, dans la direction de la troupe, à Denis Beys, qui s'en sépara définitivement l'année suivante, antérieurement au mois d'août, car il ne figure pas dans l'obligation des comédiens envers Léonard Aubry, datée du treize de ce mois. Désormais la signature de Molière précède celle de ses associés dans les actes qu'ils souscrivent en commun.

L'engagement de Mallet nous fait connaître un nouvel associé, Nicolas Desfontaines, ce poëte dont nous avons déjà parlé. Un autre acte, en date du 1er juillet 1644 (1), nous signale à la fois l'introduction dans la troupe d'un nouveau comédien, Philippe Millot, et la modification de quelques-unes des clauses du contrat de société. Le nombre des associés ne

---

(1) Minutes de Me Biesta, notaire à Paris, successeur de Me Lentaigne. Voir aux *Notes et pièces justificatives*.

tarde pas à être porté à treize par l'introduction, dans leurs rangs, de Pierre Dubois, maître brodeur, adjonction constatée par un acte notarié du 9 septembre 1644 (1) et qui fait connaître le triste état des affaires de la compagnie et les dettes qui dès lors la grevaient.

Le Boulanger de Chalussay n'était donc pas si mal renseigné, quand il faisait dire à Molière, racontant la formation de sa troupe et ses pénibles débuts :

Je cherchay des acteurs qui fussent, comme moy,
Capables d'exceller dans un si grand employ ;
Mais, me voyant sifflé par les gens de mérite
Et ne pouvant former une troupe d'élite,
Je me vis obligé de prendre un tas de gueux
Dont le mieux fait estoit bègue, borgne ou boiteux.
Pour les femmes, j'eusse eu les plus belles du monde,
Mais le même refus de la brune et la blonde
Me jette sur la rousse, où, malgré le gousset,
Grâce aux poudres d'alun, je me vis satisfait...
Donc ma troupe ainsi faite, on me vit à sa teste,
Et, si je m'en souviens, ce fut un jour de feste,
Car jamais le parterre, avec tous ses échos,
Ne fit plus de *ah! ah!* ny plus mal à propos.
Les jours suivants n'étant ni festes ni dimanches,
L'argent de nos goussets ne blessa point nos hanches,
Car alors, excepté les exempts de payer,
Les parents de la troupe et quelque batelier,
Nul animal vivant n'entra dans notre salle.

(1) Minutes de M° Biesta. Cette pièce a été publiée dans la *Correspondance littéraire*; nous la reproduisons aux *Notes et pièces justificatives*.

La rousse est Madeleine Béjart, affligée d'un petit défaut dont Louis XIII tirait vanité, parce que ce défaut prouvait qu'il était bien le fils de Henri IV ; le bègue est Joseph Béjart ; quant au borgne, il est facile d'y reconnaître Louis Béjart, dit l'*Eguisé*, qui était en même temps légèrement boiteux. Celui-là prenait le titre d'ingénieur ordinaire du roi, et son acte de décès prouve qu'il fut un moment officier au régiment de la Ferté. A l'époque où se place l'auteur d'*Elomire*, il n'était point encore associé à la troupe, car il ne figure pas dans les actes qui viennent d'être analysés, et Joseph lui-même s'en était retiré momentanément en 1644 (1); mais l'un et l'autre se réunirent aux camarades de Molière peu de temps avant leur départ pour la province, et il est probable que dans l'intervalle ils jouèrent à titre de simples amateurs.

Ce qu'il faut surtout retenir des vers qui viennent d'être cités, ce qui est en harmonie avec les révélations contenues dans l'acte notarié du 9 septembre 1644, c'est l'état de détresse où se trouvait l'association quinze mois après sa formation. Madeleine pourtant s'était ingéniée pour lui trouver un puissant protecteur. Grâce aux relations qu'elle avait nouées auparavant avec les amis du comte de Modène, son amant, gentilhomme de Gaston d'Orléans, frère du roi

---

(1) M. E. Soulié, *Recherches,* page 32.

Louis XIII, elle avait obtenu pour la troupe la permission de se dire « entretenue par Son Altesse Royale. »

Ce haut patronage et la faible subvention qui en était la conséquence ne suffirent point à assurer la prospérité de l'entreprise. Le 19 décembre 1644, aux termes d'un acte reçu par Legay, Jean-Baptiste Poquelin, stipulant tant en son nom que comme se portant fort de la compagnie de l'*Illustre Théâtre* (1), se vit contraint de renoncer au bail que lui avait fait Noël Gallois et de transporter son matériel au jeu de paume de la Croix-Noire, situé près des Barrés, au port Saint-Paul. Il prit gîte à côté de son théâtre, dans une maison qu'habitait un mercier et qui subsiste encore, au coin de la rue des Jardins-Saint-Paul. Voisin de la place Royale, ce quartier, était alors celui des beaux esprits et des gens du bel air, et comme le centre de l'aristocratie. Ce n'était donc pas seulement, comme on l'a dit, sur les mariniers du port Saint-Paul, mais sur les gentilshommes qui se piquaient de littérature, que Molière avait compté pour remplir son théâtre. Et, de fait, il eut là tout d'abord de nobles protecteurs, parmi lesquels le grand-maître de l'artillerie, Charles de la Porte, duc de la Meilleraye, qui exerçait

---

(1) Etude de Mᵉ Lamy, notaire à Paris : pièce publiée par M. Soulié dans la *Correspondance littéraire*, 1865. Voir aux *Notes et pièces justificatives*.

une sorte de juridiction sur le quartier de l'arsenal (1).

La mauvaise chance le suivit dans ce nouvel asile, en dépit de ces protections et malgré ses efforts pour la conjurer. Les issues de la salle étaient fort étroites et l'aménagement intérieur laissait beaucoup à désirer. C'est là pourtant, dans ce jeu de paume reconstruit en 1728 et dont les murs, englobés dans de nouveaux bâtiments, ne laissent plus voir que leurs substructions, mises à nu par les démolitions auxquelles on travaille pour faire place au marché de l'Ave-Maria (2), c'est là que fut joué l'*Artaxerce* de Magnon, imprimé pour la première fois le 20 juillet 1645 et dont le titre indique que la pièce fut représentée sur l'*Illustre Théâtre*. M. Soulié a analysé la série d'actes d'emprunts et de reconnaissances souscrites au profit des fournisseurs qui indiquent la gêne où tomba l'association. Elle ne put faire face à ses engagements et, dans le commencement d'août, son chef était emprisonné au grand Châtelet, à la requête du marchand de chandelles chargé du modeste éclairage de la salle. Il avait perdu la protection du duc d'Orléans, car, dans une obligation du 1er août 1645 qu'ils souscrivent au profit de Léonard

---

(1) *Iconographie Moliéresque*, p. 220.

(2) Voyez l'opuscule intitulé : *La salle de théâtre de Molière au port Saint-Paul,* par M. Philéas Collardeau, p. 12, 26 et 27. Paris, Jules Bonnassies, 1876.

Aubry, ses camarades ne se disent plus entretenus par son Altesse Royale.

Et cependant, s'il faut en croire MM. Paul Lacroix et Edouard Fournier, le chef de la troupe avait fait tous ses efforts pour captiver la bienveillance de Son Altesse. Il aurait composé, dans cette intention, deux ballets : *la Fontaine de Jouvence* et *l'Oracle de la Sibylle de Pansoust*. Ce dernier ballet fut dansé en 1644 ou 1645 par les gentilshommes et les officiers du duc. Mais qui ne connaît le faible des bibliophiles et des collectionneurs, de ceux surtout qu'enflamme, à l'égard d'un écrivain célèbre, une passion de tous les instants? Ils n'hésitent pas à grossir le plus possible son bagage littéraire, en lui attribuant des œuvres d'origine suspecte, et qui souvent seraient plutôt propres à amoindrir qu'à augmenter sa réputation. Un excellent juge, M. Victor Fournel, a réimprimé le ballet de la Sibylle dans le second volume de ses *Contemporains de Molière*, mais il n'a pas songé à l'attribuer à l'auteur du *Misanthrope* (1).

---

(1) Ce ballet a été imprimé à Paris, chez J. Bessin, en 1645, in-4° de 12 pages. Après M. Victor Fournel, M. Paul Lacroix, qui incline à attribuer ce ballet à Molière, l'a réimprimé aussi au t. VI des *Ballets et Mascarades de cour sous Henri IV et Louis XIII*. Enfin, M. Ed. Fournier en a inséré des vers dans sa comédie intitulée : *la Valise de Molière*, représentée au Théâtre-Français le 15 janvier 1860.

VI

La suppression de la petite subvention accordée par le duc d'Orléans à l'*Illustre Théâtre* s'explique vraisemblablement de la façon la plus naturelle par par quelques réformes accomplies dans la maison de ce prince au moment de son entrée en campagne. Gaston venait en effet de retourner à l'armée qui s'assemblait à Abbeville, afin d'opérer de concert avec celle du prince d'Orange, et avait investi Mardyck, le 20 juin. Les plus grands seigneurs du royaume étaient accourus pour servir en volontaires sous ses ordres.

L'un d'eux, le duc de Guise, célèbre par son duel contre Coligny, par ses amours avec Anne de Gonzague et Mlle de Pons et par cette téméraire équipée de Naples dont celui qui écrit ces lignes vient d'imprimer l'histoire (1), Henri de Guise, disons-nous, avant de quitter Paris pour suivre Gaston d'Orléans, avait distribué ses habits aux comédiens des diverses troupes, présent que la magnificence bien connue du jeune duc rendait fort enviable. Ceux qui y prirent part étaient Floridor, de la troupe du Marais ; le Ca-

---

(1) L'*Expédition du duc de Guise à Naples, documents inédits*. Paris, Didier.

pitan, de la troupe italienne du Petit-Bourbon ; Beauchâteau, de l'hôtel de Bourgogne, et enfin la Béjart, Beys et Molière, représentants de l'*Illustre Théâtre.*

C'est ce qu'atteste un *Recueil de diverses poésies*, où se lisent des « *Stances adressées au duc de Guise sur les présents qu'il avoit faits aux comédiens de toutes les troupes* ». Oublié sans doute dans la répartition de l'illustre défroque, le poëte en réclamait sa part en ces termes :

> Déjà, dans la troupe royale,
> Beauchâteau devenu plus vain,
> S'impatiente s'il n'étale
> Le présent qu'il a de ta main.
> *La Béjart, Beys et Molière,*
> Brillants de pareille lumière,
> M'en paroissent plus orgueilleux ;
> Et depuis cette gloire extrême,
> Je n'ose plus m'approcher d'eux
> Si ta rare bonté ne me pare de même.

Ces stances, dont l'auteur est demeuré inconnu, furent imprimées en 1646, dans l'année qui suivit l'événement qu'elles font connaître, et cette date a trompé M. Bazin et, après lui, M. Moland et bien d'autres. L'auteur de l'*Histoire de Louis XIII* place dans cette année 1646 la distribution faite par le duc de Guise, par cette raison surtout que ce prince, parti pour Rome dès le mois d'octobre de cette année, ne revint en France, après avoir été chef de la république de Naples et prisonnier de l'Espagne, qu'à la fin de 1652.

M. Bazin oublie que le duc de Guise, avant ce départ de 1646 dont les suites furent, en effet, de la plus haute gravité historique, avait déjà quitté Paris l'année précédente, afin de suivre le duc d'Orléans, et l'avait même probablement quitté aussi en 1644, dans le but de prendre part à la campagne où ce prince s'empara de Gravelines. Et comme Denis Beys, désigné dans les strophes qu'on vient de lire, ne faisait plus partie de l'*Illustre Théâtre* en août 1645, il s'ensuit évidemment que la distribution à laquelle il prit part n'eut point lieu en 1646, avant le départ du duc de Guise pour Rome, mais antérieurement, avant son départ pour l'armée.

Les beaux habits du duc ne suffirent point pour attirer la foule au jeu de paume de la Croix-Noire. Vers la fin de l'année (1645), Molière, un moment tiré d'embarras par Léonard Aubry, retourne dans le faubourg Saint-Germain : il s'établit au jeu de paume de la Croix-Blanche, situé rue de Buci, sur l'emplacement occupé depuis par le café connu longtemps sous le nom de café de France, dont la façade est en retrait sur la rue de Buci, près de celle de Grégoire-de-Tours (1). La rive gauche de la Seine ne lui est pas plus favorable que la rive droite ; il y

---

(1) M. Collardeau : *La salle de théâtre de Molière*.

reste pourtant, se débattant contre la malechance, jusqu'à la fin de 1646, époque où il se détermine à tenter la fortune en province.

Il touche alors à sa vingt-cinquième année. L'odyssée qu'il commence et dont, après de longs froissements et de dures épreuves, il reviendra fortement trempé pour la lutte contre les ridicules et les travers humains, cette odyssée durera douze ans, et ne sera coupée que par quelques voyages à Paris motivés surtout par la nécessité de recruter sa troupe; mais c'est seulement à la fin de l'année 1658 qu'il viendra se fixer définitivement dans cette grande ville et lui demander la consécration de sa gloire naissante.

Il s'en faut, sans doute, qu'on soit encore pleinement édifié sur les nombreuses stations que fit la troupe nomade pendant ses excursions en province; les archives des préfectures, des municipalités, des hospices, des paroisses n'ont point livré tous leurs secrets. On peut cependant, dès à présent, dessiner au moins les grandes lignes de ce long exode et en indiquer les principales étapes.

Bien des découvertes ont été faites sur ce sujet depuis 1863, époque où M. Louis Moland écrivait : « On voudrait vainement suivre Molière dans ses pérégrinations vagabondes, pendant le cours de ces années qui resteront toujours à peu près inconnues. Au commencement surtout, elles échappent à l'histoire. Dans un grand nombre de villes on trouve de vagues souvenirs de son passage ; mais presque nulle part on ne trouve des témoignages positifs et dignes de foi. » Aidé de pièces découvertes depuis que ces lignes furent imprimées, nous allons essayer de tracer cet itinéraire, non pas au moyen de légendes et d'anecdotes contestables, mais en nous appuyant sur les documents, et en distinguant avec soin les événements que ces documents établissent de ceux qui ne sont connus que par des témoignages plus ou moins douteux, en séparant en un mot le certain du vraisemblable.

VII

La troupe qui, guidée par l'étoile de Molière, allait tenter fortune en province différait assez notablement de celle qui venait d'éprouver à Paris les effets de l'inconstance populaire. Nicolas Bonenfant et Georges Pinel s'en étaient éloignés les premiers : Nicolas Desfontaines, Catherine Désurlis, Madeleine Malingre, Denis Beys lui-même n'avaient pas tardé à suivre cet exemple.

Aux premiers fondateurs de l'*Illustre Théâtre* qui tenaient encore tête aux rigueurs du sort et qui étaient Molière, Joseph Béjart, Madeleine et Geneviève, sœurs de ce dernier, Germain Clérin et Catherine Bourgeois, on parvint à adjoindre successivement, et en les liant simplement par un engagement renouvelable chaque année, Germain Rabel ; le cadet des frères Béjart, Louis qu'on appelait l'*Eguisé;* puis Charles Du Fresne, fils d'un peintre du roi, autrefois chef d'une troupe de province qui avait donné des représentations à Lyon en 1643 et dont Desfontaines faisait alors partie ; Pierre Reveillon, qui n'entra dans la compagnie qu'en 1648, à Nantes (1) ; et René

---

(1) Brouchoud, les *Origines du théâtre de Lyon*, p. 27 et 33. Lyon, Scheuring, 1865. Du Fresne, Desfontaines et Reveillon

Berthelot, dit Du Parc, qui fut surnommé Gros-René, parce qu'il créa le rôle de Gros-René dans le *Dépit amoureux*, où Molière lui fait dire, scène première :

Je suis homme fort rond de toutes les manières.

« Les troupes de province, dit Chappuzeau dans son *Théâtre François*, ont si peu de fermeté que, dès qu'il s'en est fait une, elle parle de se désunir (1). » La troupe de Molière subit la loi commune : sa composition varia souvent pendant le cours de cette longue odyssée, et l'on ne saurait fixer exactement la date des pertes et des adjonctions qu'elle éprouva. Il y a doute, par exemple, sur l'époque où Du Fresne entra dans l'association et en devint le directeur. Le premier document qui lui donne ce titre porte la date du 23 avril 1648; mais nous supposons que, dès le départ de Paris en 1646, il fut mis à la tête de la troupe, dont il devint à la fois l'administrateur, le metteur en scène et même le peintre décorateur. Molière dut renoncer à l'honneur de diriger la compagnie, soit à cause de son jeune âge et des tristes résultats qu'avait eus sa gestion, soit par crainte des créanciers que l'*Illustre Théâtre* laissait à Paris, et qui auraient pu faire main basse sur les recettes.

jouaient à Lyon ensemble en février 1643 et signèrent alors l'acte de mariage de Madeleine Du Fresne, fille ou sœur de Charles Du Fresne. Voyez le même ouvrage, p. 49.

(1) *Théâtre François*, édition de Bruxelles de 1867, p. 81.

Mais cette suprématie de Du Fresne fut purement nominale, et personne ne s'y trompa : la troupe, cela est prouvé par les Mémoires de Daniel de Cosnac, était connue sous le nom de troupe de Molière et de la Béjart. Madeleine en était l'âme. Femme de tête, esprit plein de ressources, Madeleine calculait tout, prévoyait tout, veillait aux intérêts communs aussi bien qu'à ses propres intérêts, et parfois les défendait en justice. Grâce à elle, cette compagnie nomade se distinguait de celles dont le roman de Scarron nous a peint le type le plus commun, étant la mieux pourvue, la plus magnifique en habits qu'il y eût en province. C'était par elle encore, par son esprit d'ordre et d'économie, que l'abondance régnait dans l'association, quand tant d'autres manquaient du nécessaire.

Madeleine et Joseph Béjart jouaient les premiers rôles tragiques. Ce dernier restait bègue, bien qu'un médecin d'Angers, Alexandre Sorin, se fût obligé à le guérir « de la difficulté de parler » dans l'espace de vingt jours, moyennant la somme de deux cents livres(1). Mais un vers de Le Boulanger de Chalussay, qui sera cité plus loin, prouve que l'opération n'avait pas réussi. Geneviève Béjart, qui s'appela au théâtre Mlle Hervé, tenait l'emploi des soubrettes ; Du Parc celui des valets, et Du Fresne abordait en second les

---

(1) Par acte passé devant Bourdin et Delagranche, le 14 avril 1644 (minutes de M° Biesta, notaire à Paris). Cet acte a été publié dans la *Correspondance littéraire*, n° du 25 janvier 1869.

grands rôles tragiques. Quant à Molière, il cumulait divers emplois dans les deux genres.

La troupe reconstituée, abandonnant le nom fastueux qu'elle avait porté jusque-là, mit d'abord le cap sur l'ouest de la France ; mais il est fort douteux qu'il faille compter le Maine au nombre de ses premières escales ; et c'est ici le lieu de combattre une sorte de légende aujourd'hui fort accréditée.

Que de fois, depuis une vingtaine d'années, n'a-t-on pas répété que la troupe des Béjart est le type qui a posé devant Scarron quand il écrivit son *Roman comique!* D'abord émise avec réserve par M. Paul Lacroix, cette opinion n'a pas tardé à acquérir droit de cité dans l'histoire de Molière. « Ce fut en 1646 ou 47, écrit l'illustre doyen des bibliophiles, que Scarron, après avoir pris possession de son bénéfice, forma le projet de son roman. « Des comédiens étaient alors au Mans, dit l'auteur de sa vie, et il n'en fallut pas davantage pour mettre son imagination en train. » Scarron, qui ne s'était encore fait connaître que par des poésies, prit le goût du théâtre et s'essaya bientôt dans la comédie. N'est-il pas très-probable que la troupe de Molière lui donna l'idée et les principaux éléments de son *Roman comique* qui ne parut qu'en 1654 ? Ne pourrait-on pas retrouver parmi les personnages de ce roman quelques-uns des comédiens de cette troupe ?...

» Le *Roman comique* a tous les caractères d'un

tableau fait d'après nature ; ce ne sont pas des portraits de fantaisie, et il ne serait pas impossible de découvrir dans la troupe de Molière les types de Destin, de la Rancune et de l'Olive, ainsi que ceux des demoiselles de l'Étoile et de la Caverne (1). »

M. Victor Fournel, qui partage ce sentiment et reproduit ce passage, en appuie les conclusions : « Il suit de là, dit-il, que Molière pouvait parfaitement, entre 1646 et 1648, être dans la ville du Mans qui se trouve justement en un point intermédiaire sur le chemin de Paris à Nantes. Du reste, les troupes qui couraient alors la province, en dehors de celles des opérateurs, auxquelles on ne peut songer ici, étaient assez peu nombreuses pour que cette hypothèse acquière un degré de vraisemblance de plus (2). »

Les troupes qui parcouraient la province à la fin du règne de Louis XIII et sous les ministères successifs de Richelieu et de Mazarin étaient au contraire assez nombreuses, et M. Paul Lacroix en porte le nombre à douze ou quinze. Elles se partageaient le pays et, tout en se faisant parfois concurrence, ne limitaient pas moins leurs excursions habituelles dans une sorte de circonscription. Presque toutes se réclamaient d'un patronage illustre. Beaucoup de princes et de grands

---

(1) *La Jeunesse de Molière*, 1858, p. 83.

(2) *La Littérature indépendante et les Écrivains oubliés*, p. 268.

seigneurs, à l'imitation du roi et de Monsieur, protégeaient ces troupes comiques : il y avait les comédiens de M. le Prince, de Mademoiselle, du prince d'Orange, du duc de Savoie, du duc d'Épernon, du maréchal de Villeroi.

Le goût, disons mieux, la passion du théâtre était alors si générale en France que nombre de hobereaux, la plupart nécessiteux, il est vrai, n'hésitaient pas à chercher réputation et fortune sur les planches. L'entraînement à cet égard fut encore favorisé par une déclaration royale en date du 16 avril 1641. Après avoir reconnu que les actions représentées sur le théâtre, quand elles sont exemptes d'impuretés, peuvent innocemment divertir les peuples de nombre d'occupations mauvaises, le roi défendait que l'exercice de leur profession pût être imputée à blâme aux comédiens, ni préjudicier à leur réputation dans le commerce public (1). C'est par la vertu de cette déclaration que Molière put concilier sa profession d'acteur avec son titre d'officier de la maison royale. De ce jour, en effet, le métier de comédien ne fut plus considéré comme ignominieux et cessa d'être frappé, au moins dans une certaine mesure, du discrédit et même de l'application rigoureuse des censures ecclésiastiques qui jusque-là pesaient sur lui. Voilà pourquoi l'on voit figurer dans les troupes de

---

(1) *Recueil d'Isambert*, t. XIV, p. 537.

cette époque tant de noms précédés de la particule, qui, du reste, décelait plutôt l'affectation de la noblesse qu'un droit véritable à s'en prévaloir : cette particule, beaucoup d'acteurs y avaient un droit réel, et ceux qui s'en paraient sans titre ne le faisaient que parce que la déclaration royale, dont bénéficiaient leurs nobles confrères, rendait cette usurpation moins apparente.

Scarron n'en fut donc pas réduit à chercher ses types dans l'unique troupe des Béjart. M. Henri Chardon, dans un livre riche de faits neufs et d'observations ingénieuses (1), a montré par des preuves concluantes qu'il faut remonter bien plus haut que l'année 1647, à une période comprise entre 1634 et 1641, pour trouver les véritables origines du *Roman comique*. C'est d'ailleurs en 1636, et non en 1646, que Scarron prit possession de son canonicat, et il avait, dès 1645 et même antérieurement, le goût de la comédie, puisqu'il publiait, dans cette dernière année, *Jodelet ou le maître valet*.

La véritable troupe qui lui a servi de modèle n'a rien de commun avec celle des Béjart : c'est la troupe d'un gentilhomme comédien, Jean Baptiste, sieur de Monchaingre, seigneur de la Brosse en Anjou, et dont le nom de théâtre était *Filandre*. Filandre et sa

---

(1) *La Troupe du Roman comique dévoilée et les Comédiens de Campagne au XVII*e *siècle.* Champion, 1876.

femme Angélique sont les vrais types du Léandre et de l'Angélique du *Roman comique*. Quoi qu'en ait pensé M. Victor Fournel, Molière, s'il est vrai qu'il se soit fait comédien par amour pour Madeleine Béjart, n'a rien de commun avec Destin, que sa passion pour Mlle de L'Etoile pousse à une résolution semblable. Rien absolument n'établit la vérité de cette hypothèse de M. Paul Lacroix, reproduite par MM. Sainte-Beuve, Ed. Fournier, Fournel, Moland et plusieurs autres, que Scarron, du temps qu'il était au Mans, s'y soit trouvé en contact avec la troupe des Béjart ; car il est tout à fait douteux que cette troupe y ait jamais joué, et, répétons-le, le *Roman comique*, dont la première partie parut, non en 1654, mais en 1651, était déjà composé depuis cinq ans au moins quand Molière et ses camarades entreprirent de courir la campagne.

Au début de cette odyssée, le premier point de relâche où il soit jusqu'ici possible de les saisir est Bordeaux, qui paraît les avoir accueillis avec faveur, car ils y obtinrent la protection du duc d'Epernon, Bernard de Nogaret, gouverneur de la Guyenne.

Au témoignage d'un manuscrit de Nicolas de Trallage, maintes fois cité par les frères Parfaict et aujourd'hui conservé à la bibliothèque de l'Arsenal (1),

---

(1) Mss. *Mélanges littéraires et hist.*, B. L. F., et *Iconographie Moliéresque*, p. 87. Voyez aussi les détails biographiques joints par M. Frédéric Hillemacher, l'habile aqua-fortiste,

les Béjart jouèrent en effet à Bordeaux, en 1647, devant le duc d'Epernon. S'il faut en croire une tradition à laquelle Montesquieu paraît avoir attaché pleine confiance, Molière aurait fait représenter dans cette ville une tragédie de sa façon, ayant pour titre la *Thébaïde*. Cette assertion, selon Taschereau, « offre assez de vraisemblance, pour peu qu'on réfléchisse à la passion malheureuse que Molière eut longtemps pour le genre sérieux, passion dont le *Prince jaloux* et ses excursions comme acteur dans le grand emploi tragique sont les tristes témoignages. »

C'est ici une allusion à une petite mésaventure dont le comédien poëte aurait été l'objet : M. P. Lacroix en a trouvé le récit dans une ancienne clef des *Caractères* de La Bruyère. La première fois que Molière parut dans la tragédie d'*Héraclius*, où il faisait le principal personnage, il réussit si mal qu'il fut obligé de quitter la scène, non sans avoir préalablement reçu quelques pommes cuites qui se vendaient à la porte (1). Presque tous les poëtes comiques, avant de trouver leur voie, ont débuté par la tragédie, qui est le faible des jeunes écrivains, et il en faut dire autant des acteurs comiques : témoin Arnal et bien d'autres.

à sa précieuse *Galerie historique des Portraits des Comédiens de la troupe de Molière.*

(1) *Iconographie*, p. 343, d'après le mss. de la Bibl. de l'Arsenal, S. A. n° 7.

L'année suivante, la caravane est à Nantes, qui devient pour quelque temps son quartier général. Un registre municipal dont M. Moland a, le premier, publié un extrait correct, nous révèle qu'à la date du 23 avril 1648, le sieur Morlierre (*sic*), comédien de la troupe du sieur Du Fresne, venait solliciter du corps de ville la permission, pour lui et ses camarades, « de monter sur le théâtre pour représenter leurs comédies. »

L'accueil qu'il reçut ne fut rien moins qu'empressé. Défense lui fut faite de jouer jusqu'à ce qu'on fût pleinement rassuré sur la santé du maréchal de La Meilleraye. Le 17 mai, permission de monter sur les tréteaux fut enfin accordée à la compagnie, mais sous la condition que le produit de la première représentation reviendrait à l'hôpital de Nantes, selon un usage déjà ancien et alors à peu près général.

Le succès fut des plus minces ; la mauvaise chance s'acharnait sur les pauvres comédiens. Un Vénitien, nommé Ségale, fut autorisé, par arrêté du 24 mai, à organiser des jeux de marionnettes et des représentations de machines, et Molière eut peine à soutenir la concurrence des marionnettes. Cette fois, il tint tête à la fortune et entreprit de ramener à lui les Nantais : il faut croire qu'il y réussit, car il resta deux ans dans leur ville, la quittant toutefois par intervalles, soit pour venir recruter de nouveaux acteurs à Paris, soit pour des excursions assez lointaines. Le 9 juin 1648, il était en représentation à Fontenay-le-Comte, en Vendée, où Du Fresne adressait une requête au lieutenant particulier de la ville : il s'agissait d'un jeu de paume loué pour vingt et un jours et qu'on tardait à mettre à la disposition des acteurs (1).

Au printemps de l'année suivante, ils émigrèrent de l'ouest de la France et se dirigèrent vers Toulouse, en s'arrêtant à Limoges et Angoulême peut-être, et certainement à Agen. Leur séjour dans la patrie de d'Aguesseau n'est attesté que par la tradition : l'accueil aurait été plus hostile encore qu'à Nantes. Outrageusement sifflé par le public limousin, Molière en aurait gardé au cœur une longue rancune, qui se serait, vingt ans plus tard, épanchée dans la création de ce type ridicule de Pourceaugnac, personnage qu'il eût dû, pour être logique, appeler Pourceaugnaud, car les terminaisons en *aud* sont limousines, tandis que les terminaisons en *gnac* sont purement gasconnes. Cette observation doit être juste, car nous l'empruntons à un enfant du pays, M. Jules Claretie (2), cet improvisateur rapide et charmant qui donne un si rude démenti à l'auteur de M. de Pourceaugnac.

---

(1) Pièce publiée par M. Benjamin Fillon, dans ses *Recherches sur le séjour de Molière dans l'ouest de la France*, p. 1.

(2) *Molière, sa vie et ses œuvres*. Lemerre, 1871, p. 48.

Les preuves du séjour à Angoulême ne sont pas beaucoup plus certaines et sont tirées encore du nom d'un personnage de Molière. M. Benjamin Fillon suppose que le nom de la comtesse d'Escarbagnas est né de l'assemblage de deux noms angoumois, et que l'original s'appelait Sarah de Peyrusse, fille du comte d'Escars et femme du comte de Baignac. Escars et Baignac réunis auraient formé le nom de la fière comtesse. *Se non e vero...*

Quant au séjour dans le pays des belles prunes, ce qu'on en sait aujourd'hui repose sur des données moins ingénieuses, mais plus certaines. Un registre de l'hôtel de ville, découvert par M. Adolphe Magen, atteste que le 13 février 1649, Du Fresne, appelé à Agen par ordre du gouverneur, vint rendre ses devoirs aux officiers municipaux qui lui firent construire un théâtre dans un jeu de paume (1).

Le 10 mai suivant, les comédiens sont à Toulouse et reçoivent des capitouls 75 livres pour une représentation donnée à l'occasion de l'arrivée du comte du Roure, lieutenant général du roi en cette ville (2). Le 10 janvier 1650, Molière est présent à Narbonne, où il tient sur les fonts de baptême l'enfant d'une demoi-

(1) *La Troupe de Molière à Agen,* brochure de 8 pages. Agen, Noubel, 1874.

(2) Pièce publiée par M. Galibert, dans le *Journal de Toulouse,* du 6 mars 1864, et par M. P. Lacroix : *Iconographie,* p. 227.

selle Anne et d'un père inconnu (1). Cette pièce est une de celles où le comédien, qui signe Jean-Baptiste Poquelin, ajoute à son nom la qualification de valet de chambre du roi. Elle fait connaître, outre la demoiselle Anne, qui sans doute faisait partie de la troupe, deux autres acteurs nouvellement introduits dans ses rangs : Catherine du Rosc et Julien Melindre de Roc Hessanne.

Voilà, à ce qu'il semble, une série de documents authentiques qui sont autant de points de repère certains pour l'itinéraire de la bande nomade dont l'horizon va bientôt s'éclaircir, et la résidence, quoique toujours mobile, tendre pourtant à se fixer.

---

(1) M. Moland a publié cette pièce, *Œuvres de Molière*, t. I, p. 59.

VIII

Les troupes de province renouvelaient presque chaque année leur personnel dont l'engagement expirait d'ordinaire au commencement du carême. De là, pour elles, la nécessité de revenir à Paris à cette époque, non pour y donner des représentations, mais pour se recruter à nouveau, avant de repartir pour de nouvelles excursions : Chappuzeau l'atteste dans son *Théâtre François*, livre imprimé pour la première fois à Lyon en 1674.

« C'est dans ces troupes, dit-il, que se fait l'apprentissage de la comédie ; c'est d'où l'on tire, au besoin, des acteurs et des actrices pour remplir les théâtres de Paris, et elles y viennent souvent passer le carême, pendant lequel on ne va guère à la comédie dans les provinces, tant pour y prendre de bonnes leçons auprès des maîtres de l'art que pour de nouveaux traités et pour des changements à quoi elles sont sujettes (1). »

La troupe de Molière suivit l'usage commun ; son directeur, pendant les douze ans que dura sa vie nomade, revint plusieurs fois à Paris pour remplir les vides qui s'y faisaient. M. Taschereau, le premier, a

---

(1) *Théâtre François*, édit. de Bruxelles de 1867, p. 109.

signalé un de ces retours dans la grande ville, sous la date de 1650 ; et, en effet, ainsi que l'a remarqué M. Edouard Fournier, le comte de Modène fut mis en liberté par les Espagnols le 6 avril de cette année, et se dirigea vers Paris où Madeleine Béjart, son ancienne maîtresse, n'était pas fâchée de renouer avec lui des relations anciennes et toujours regrettées.

Molière était encore dans la capitale l'année suivante, comme le prouve un acte notarié du 14 avril 1651, par lequel il reconnaît devoir à son père une somme de 1,975 livres, tant pour avances à lui faites que pour dettes payées en son acquit : c'était probablement la liquidation du passif laissé par l'*Illustre Théâtre*.

M. Eudore Soulié n'avait certes pas connaissance du passage de Chappuzeau qu'on vient de citer quand il supposait, dans ses *Recherches sur Molière,* que le poëte n'était apparu que cette seule fois à Paris pendant les douze ou treize ans que durèrent ses pérégrinations. Il changea d'avis du tout au tout, à la suite des recherches qu'il fit dans diverses villes de France de pièces relatives à Molière, en conséquence d'une mission que M. Duruy, ministre de l'instruction publique, lui confia en 1863, recherches qui, du reste, n'amenèrent que des résultats à peu près négatifs. Mais, comme il arrive souvent, il alla trop loin cette fois encore en supposant que Molière, pendant son long exode, était revenu *régulièrement* à Paris à l'époque du carême (1).

Chappuzeau se borne à dire que les troupes de province revenaient *souvent* passer le carême dans la capitale ; il n'affirme point que ce fût là une habitude régulière et à laquelle elles ne manquassent jamais. Le besoin de se renouveler était d'ailleurs moins pressant pour la troupe de Molière que pour la plupart de ses congénères, parce qu'elle avait un noyau immuable composé de la famille Béjart, et que la bonne façon dont elle était administrée transformait bien vite les associés en amis.

Il y a plus ; à partir du moment où la bande de Molière fut installée à Lyon, nous doutons fort qu'elle ait suivi, sauf une fois ou deux peut-être, la pratique des autres compagnies ses rivales. De ce moment et pendant plusieurs années, cette ville fut sa principale résidence, le point central où Molière ramenait ses camarades après leurs tournées dans les environs et jusqu'aux bords de la Méditerranée. C'est ce qu'on peut induire encore du langage de Chappuzeau, dans son livre intitulé : *Lyon dans son lustre*, publié dans cette ville en 1656 : « La comédie, dit-il, pour n'être plus fixe comme à Paris, ne laisse pas de se jouer ici à toutes les saisons qui le demandent; et par une troupe qui, toute ambulatrice qu'elle est, vaut

---

(1) *Archives des missions scientifiques et littéraires*, 1865, 2ᵉ série, t. 1ᵉʳ, 3ᵉ livraison.

celle de l'Hôtel (de Bourgogne), qui demeure en place. »

Or Lyon était, pour les troupes qui parcouraient le midi de la France, ce qu'était Paris pour celles qui exploitaient les régions du Nord, un centre où elles trouvaient à se recruter. Nous en aurons la preuve tout à l'heure par ce qui arriva à la troupe de Molière après le succès de *l'Etourdi*. Plusieurs associations dramatiques y donnaient des représentations, et il s'établissait entre elles de perpétuels échanges d'acteurs. La plus importante, celle dont Abraham Mitalla ou Mitarat était le chef, résidait dans cette ville depuis 1644 (1), et ses membres se disaient comédiens de Son Altesse Royale, c'est-à-dire de Gaston duc d'Orléans (2).

Il semble résulter du langage de Chappuzeau que cette troupe, avant sa dispersion en 1653, restait à Lyon à demeure, tandis que celle des Béjart, qui lui succéda dans l'estime des habitants, continua de battre la campagne, tout en revenant à certaines époques déterminées. Il en est ainsi, à notre époque encore, de

---

(1) *Origines du théâtre de Lyon*, par M. Brouchoud, p. 29.

(2) Rapport de M. Soulié, déjà cité. En décembre 1863, quand ce rapport fut écrit, M. Brouchoud n'avait point encore publié son livre, et c'est pourquoi M. Soulié, voyant les acteurs de Mitalla entretenus par le duc d'Orléans, se demanda s'ils n'appartenaient pas à la troupe de Molière, autrefois subventionnée par ce prince.

beaucoup de troupes de province qui passent l'hiver au chef-lieu du département et vont, l'été, en représentation dans les villes voisines : seulement les excursions de Molière, qu'aucun traité n'entravait, se faisaient dans un rayon beaucoup plus étendu que n'est le leur. Le 15 octobre 1653, un comédien de sa troupe, Cyprien Ragueneau de l'Estang, autrefois pâtissier à Paris, rue Saint-Honoré, prenait à bail, pour trois ans, un appartement dans une maison située près de celle des Jésuites de Saint-Joseph de Lyon (1). Voilà qui indique bien des idées de résidence et de retours périodiques dans un domicile légal.

Un critique ingénieux, qui a beaucoup écrit sur Molière, affirme qu'à la fin de l'année 1651, le jeune directeur conduisit ses camarades à Poitiers, où la reine Anne d'Autriche vint s'établir, afin d'y recevoir Mazarin qui revenait d'exil (2). La réunion de la reine et de son ancien ministre eut lieu le 28 janvier 1652, et fut l'occasion de grande fêtes auxquelles il n'est pas invraisemblable, en effet, que la troupe des Béjart ait prêté son concours. Il se pourrait, dans ce cas, que son excursion à Angoulême, au lieu de se

---

(1) Rapport de M. Soulié. C'est M. Paul Lacroix qui nous apprend que Ragueneau entra dans la troupe de Molière à Lyon, en 1653. Voir la *Jeunesse de Molière*, p. 66. Ce livre remonte malheureusement à l'année 1859.

(2) M. Ed. Fournier, *Roman de Molière*, p. 54.

placer dans l'année 1649, dût être reportée à l'époque où nous sommes parvenus. Mais nous avons promis de négliger le plus possible les conjectures et de ne chercher nos points de repère que dans des faits bien établis.

Nous conduirons donc de suite la compagnie ambulante à Lyon, où nous savons, de science certaine, qu'elle était installée dès avant la date du 9 décembre 1652 (1). C'est à partir de ce moment que cette grande ville devint, et pour longtemps, sa principale résidence et le chef-lieu de son exploitation. Molière y trouva le goût du théâtre italien qu'y avaient répandu les *Gelosi*, acteurs dont le plus célèbre, Niccolo Barbieri, dit Beltrame, fit représenter à Paris, devant Louis XIII et vers 1624, sa célèbre comédie intitulée *l'Inavertito*. Poquelin subit l'influence des tendances littéraires qui régnaient alors dans le grand centre qu'il venait habiter; il y trouva des inspirations plus élevées que celles qui avaient présidé à la composition de ses premières farces, telles que *la Jalousie du Barbouillé* et *le Médecin volant* ; il étudia et tenta de s'approprier les œuvres italiennes que le public lyonnais avait l'habitude d'applaudir, celles de Fabricio de Fornaris, de Luigi Grotto, de Niccolo Secchi et surtout de Beltrame. Déjà, du reste, ces pièces lui

---

(1) M. Brouchoud, *Lectures faites à la Sorbonne* en 1865, p. 253.

étaient familières par le commerce amical qu'il avait entretenu à Paris avec les acteurs italiens ; mais le contact de Lyon stimula son génie et lui montra la voie à suivre.

C'est dans cette ville en effet qu'au mois de janvier 1653, il donna la première représentation de *l'Étourdi*, pièce tirée de l'*Inavertito*, et son début dans la comédie sérieuse.

Que cette pièce ait été jouée en janvier, nous le prouverons tout à l'heure, ce que personne, à notre connaissance du moins, n'a fait encore ; et, pour ce qui est de l'année, celle de 1653, qu'on s'ingénie à contester aujourd'hui, est indiquée par La Grange, dans la préface biographique mise en tête de l'édition de 1682. Il est vrai que ce même La Grange, dans une note qu'on lit à la seconde page de son fameux *Registre*, assigne à la représentation de *l'Étourdi* la date de 1655. Mais, outre que la première date est la seule qui s'accorde avec les faits subséquents et avec le récit de d'Assoucy, qu'on lira plus loin (1), il faut remarquer que l'allégation contenue dans une préface dont La Grange dut reviser les épreuves et qui est d'ailleurs postérieure à la rédaction de son

---

(1) Arrivé à Lyon vers juillet 1655, d'Assoucy, comme on le verra plus loin, y passa trois mois dans l'intimité des Béjart, avant de les accompagner à Avignon. Cependant il ne dit pas un mot des représentations de *l'Étourdi*, qu'il n'eût pas manqué de signaler, s'il eût été témoin du grand succès qu'elles obtinrent.

journal, mérite plus de foi qu'une note non destinée à l'impression et où l'auteur se bornait à résumer sommairement les événements antérieurs à ceux qu'il commençait à consigner quotidiennement.

IX

Le succès de *l'Etourdi* fut tel, que la troupe dirigée par Mitalla (et peut-être une autre encore dont le chef n'est pas connu), vit sa salle abandonnée du public et fut contrainte de plier bagage. Attirés par le succès, séduction si puissante pour les gens de théâtre, plusieurs acteurs de la compagnie en déroute offrirent leurs services à Du Fresne, qui les accepta.

Parmi eux se trouvaient Edme Villequin, sieur De Brie ; sa femme Catherine Leclerc du Rozet, dite Mlle De Brie ; et enfin Mlle de Gorla, dont le prénom était Marquise, ce qui, jusqu'à ce jour, a trompé tous les écrivains qui se sont occupés d'elle et qui n'ont pas manqué de voir là un surnom. Son père, Jacques de Gorla, originaire du pays des Grisons, s'était fixé à Lyon vers l'année 1635 (1) et se disait premier opérateur du roi en cette ville. Marquise avait pour amant le gros Du Parc, qui l'attira dans sa troupe après l'avoir épousée. Mlle De Brie, de son côté, entraîna à sa suite sa femme de chambre, Mariette Ragueneau de l'Estang, qui depuis épousa La Grange et dont le père était le fameux pâtissier-poëte de la

---

(1) Voir au *Notes et Pièces justificatives*.

rue Saint-Honoré, lequel, déjà mêlé aux camarades de Molière, jouait les comparses et mouchait les chandelles.

Enfin la troupe, grossie par les succès de son directeur, compta encore dans ses rangs, peu après la dissolution de celle de Mitalla, une demoiselle Magdelon, un comédien poëte, Chasteauneuf, auteur d'une farce imprimée en 1663 : *la Feinte Mort de Pancrace ;* un autre poëte, Jean-Baptiste L'Hermite Souliers, sieur de Vauselle, et une demoiselle de Vauselle, sa femme ou sa maîtresse. Ce Vauselle était depuis longtemps familier des Béjart ; nous l'avons vu, en 1638, au baptême de la fille que Madeleine Béjart avait eue du comte de Modène, représenter le jeune fils de ce dernier, choisi pour parrain à l'enfant. Frère de l'auteur dramatique connu sous le nom de Tristan l'Hermite et né, comme lui, au château de Souliers, dans la Marche, il s'occupait à la fois d'art héraldique et de théâtre : on lui doit, entre autres compilations généalogiques assez médiocres, *les Éloges de tous les premiers présidents de Paris*, et il avait fait jouer une tragédie, *la Chute de Phaéton*, dédiée au comte de Modène, avec lequel il était intimement lié, et qui, dans les dernières années de sa vie, trompant l'espérance longtemps caressée par Madeleine, épousa la sœur de ce poëte-comédien.

Dans le catalogue de la bibliothèque dramatique de M. de Soleinne, rédigé en 1843 par le bibliophile

Jacob, figure, sous le numéro 1147, un exemplaire d'*Andromède*, tragédie de Corneille, imprimée à Rouen en 1651. Cet exemplaire, qui a appartenu à Pont-de-Vesle, offre les noms des acteurs écrits à la plume vis-à-vis des noms des personnages, et la main qui les a tracés est celle de Molière : M. Paul Lacroix n'en fait aucun doute. Dans cette distribution de rôles, outre Molière et les quatre Béjart, on voit figurer Du Parc, De Brie et sa femme, Du Fresne, Chasteauneuf, de Vauselle et Mlle de Vauselle, Ragueneau de l'Estang, et enfin les demoiselles Magdelon et Menou.

La représentation d'*Andromède*, constatée par ce précieux autographe, est antérieure, à notre avis, au 18 août 1654, jour où Ragueneau mourut à Lyon, et même au 23 février 1653, date du mariage de Du Parc avec Marquise de Gorla ; car, d'une part, Ragueneau y fait un rôle, et, d'autre côté, Marquise ne prend pas part à la représentation qui, cependant, exigeait le concours de tout le personnel féminin de la troupe.

Mais quelle est cette demoiselle Menou dont le nom termine la liste? La question, comme on va le voir, n'est pas sans intérêt pour l'histoire intime de Molière. C'était vraisemblablement une enfant de quelque actrice de la troupe, car elle était chargée d'un petit rôle de Néréide, celui d'Éphyre, et n'avait que quatre vers à réciter (acte III, scène IV). On a la liste exacte des dix acteurs que Molière ramena de

Rouen à Paris, lorsqu'il s'installa définitivement dans cette dernière ville, en octobre 1658. Mlle Menou n'y figure point, et cependant il est prouvé, par une lettre de Chapelle qui sera citée plus tard, qu'elle était alors près de Molière. Chapelle donne clairement à entendre qu'elle éprouvait comme un commencement de tendre inclination pour le poëte qui, de son côté, se sentait attiré vers ce fruit encore vert. A tous ces traits, comment ne pas soupçonner que ce nom de Menou, qui n'était sans doute qu'un sobriquet enfantin, cache celui d'Armande Béjart, future épouse du poëte, et qui avait quinze ans en 1658 ?

De Brie jouait les utilités, et il est probable qu'en 1653 Molière n'adhéra à son engagement qu'à cause de sa femme, qui remplissait les premiers rôles dans le tragique et le comique. Un contemporain, Beauchamps, nous apprend qu'elle était jolie et bien faite, bonne actrice dans les deux genres, dansant et chantant à merveille (1).

« Vous faites, lui dit Molière dans *l'Impromptu de Versailles*, écrit à un moment où il essayait de se détacher d'elle, vous faites une de ces femmes qui pensent être les plus vertueuses personnes du monde pourvu qu'elles sauvent les apparences ; de ces femmes qui croient que le péché n'est que dans

(1) *Recherches sur les théâtres de France*, vers la fin.

le scandale ; qui veulent conduire doucement les affaires qu'elles ont sur le pied d'attachement honnête, et appellent amis ce que les autres nomment galants. » Son mari ne la gênait guère : bien que brutal et querelleur avec ses camarades, il était, dans son ménage, l'homme le plus accommodant du monde. Douce et naturelle, Mlle De Brie avait le cœur bien placé et resta toujours une excellente amie pour Molière, amie indulgente et de complexion tendre comme lui-même, mais éclectique et beaucoup moins tourmentée de la soif de l'idéal qu'il ne l'était.

Quant à Marquise de Gorla, c'était tout le contraire de Mlle De Brie. Sa beauté apprêtée et un peu froide était relevée par de grands airs discrets et par une coquetterie savante. « Il n'y a point de personne qui soit moins façonnière que moi », lui fait dire Molière dans la pièce qui vient d'être citée, et il la loue de bien représenter un personnage si contraire à son humeur. L'auteur des *Lettres sur la vie de Molière et des comédiens de son temps* (1) nous apprend qu'elle brillait aux ballets du roi dans les danses hautes. « Elle faisoit certaines cabrioles remarquables, car on voyoit ses jambes et partie de ses cuisses par le moyen de sa jupe fendue des deux

---

(1) Ces lettres sont attribuées à Mlle Poisson. *Mercure de France*, n{sup}os{/sup} de mai et juin 1740.

côtés, avec des bas de soye attachés au haut d'une petite culotte. » C'est la première forme du maillot. Cinq des plus beaux génies du dix-septième siècle s'éprirent d'elle successivement : Molière à Lyon en 1653 ; les deux Corneille à Rouen en 1658 ; La Fontaine et Racine à Paris vers 1664 (1). C'est à Mlle Du Parc que le grand Corneille, rebuté à cause de ses cheveux gris, adressa les belles strophes où, opposant les charmes éternels du génie aux charmes fugitifs de la beauté, il lui disait :

> Vous en avez qu'on adore ;
> Mais ceux que vous méprisez
> Pourraient bien durer encore
> Quand ceux-là seront usés ;
>
> Ils pourront sauver la gloire
> Des yeux qui me semblent doux,
> Et dans mille ans faire croire
> Ce qu'il me plaira de vous.
>
> Chez cette race nouvelle
> Où j'aurai quelque crédit,
> Vous ne passerez pour belle
> Qu'autant que je l'aurai dit.

Molière ne fut pas, auprès de Mlle Du Parc, plus heureux que Corneille. Trouvant chez elle une ré-

---

(1) C'est Racine qui la détermina, à Pâques de l'année 1667 à quitter la troupe de Molière pour entrer à l'Hôtel de Bourgogne et y créer le rôle d'Andromaque. Le 27 janvier 1663, Molière et sa femme avaient tenu un de ses enfants sur les fonts de baptême.

sistance qui l'offensa, il se retourna vers Mlle de Brie qui le plaignit et trouva aisément le secret de le consoler. L'autre, piquée au jeu, se repentit de ses rigueurs, et la vanité opéra ce que la passion n'avait pu faire ; mais Molière, à son tour, repoussa dédaigneusement ses avances.

Tel est, du moins, le récit très-vraisemblable que l'auteur de *la Fameuse Comédienne* nous fait de cette aventure, et il est certain que Mlle de Brie continua, tant que vécut Molière, à être son recours et sa consolation dans les humiliations semblables à celle que Mlle Du Parc lui infligea. Madeleine Béjart, qui jouait là le rôle d'une épouse légitime, ne manqua pas de s'apercevoir de cette intrigue ; mais, en femme de caractère qu'elle était, elle paraît avoir fermé les yeux et accepté la lutte, comptant sur la puissance de l'habitude pour lui ramener le cœur qui lui échappait.

Cette situation embarrassante, je parle de celle de Molière, le poëte l'a peinte au début des *Femmes savantes*, dans le rôle de Clitandre, contraint d'opter entre Henriette et Armande et rendant courtoisement à cette dernière les rebuffades qu'il en a reçues ; mais, du moins, Clitandre n'est-il pas marié avec Philaminte, et c'est Armande seule qu'il doit conjurer

De ne vouloir tenter nul effort sur sa flamme.

X

Le mariage de Du Parc avec Marquise de Gorla se fit à Lyon le 23 février 1653. Molière, Du Fresne, Joseph Béjart et Pierre Réveillon signèrent au contrat, qui porte la date du 19 du même mois et où la future ne prend d'autre prénom que *Marquise* (1) ; et comme ce mariage dut suivre ou accompagner l'entrée de cette actrice dans la troupe des Béjart, entrée postérieure au succès de *l'Etourdi*, il s'ensuit que la première représentation de cette pièce se place au mois de janvier. C'est là un fait que personne, à notre connaissance du moins, n'avait encore établi.

(1) Voir le *fac-simile* de ce contrat dans l'ouvrage de M. Brouchoud. Tous les éditeurs de Corneille, si l'on excepte M. Marty-Laveaux qui a donné la belle édition Hachette, ont ignoré ce fait, et supposé que la Du Parc était connue sous le surnom de *la Marquise*. M. Ed. Fournier, qui a encadré les belles strophes citées plus haut dans une agréable anecdote, a même imaginé qu'elles avaient été composées pour Mme de Motteville, en réponse aux railleries d'une jeune marquise. *Marquise* est l'ancien prénom Marquèse qui se rencontre souvent dans les vieux titres des anciennes grandes familles gasconnes. Voir, à ce sujet, dans la *Revue critique* du 28 octobre 1876, une note d'un juge fort compétent, M. Tamizey de Larroque.

La Du Parc reçut les prénoms de Marquise-Thérèse dans l'acte de baptême de son fils que nous citons dans la note qui précède ; elle les prit elle-même quand, le 15 juillet 1663, elle fut marraine, à Saint-Eustache, d'une fille de La Thorillière, et enfin son acte d'inhumation, qui est du 13 décembre 1668, lui donne aussi ces deux prénoms.

Les villes voisines de Lyon voulurent faire connaissance avec cette œuvre, qui inaugurait en France la comédie de mœurs et de caractères. La troupe alla la jouer à Vienne, qui n'est qu'à huit lieues de Lyon, et où Molière se lia d'amitié avec un écrivain bien peu connu aujourd'hui, quoiqu'il fût de l'Académie française, Pierre de Boissat, vice-bailli de Vienne. Charmé par la belle humeur, par l'esprit alerte et fécond en saillies du poëte, Boissat, bien que de près de vingt ans plus âgé que lui, recherchait beaucoup sa société. « Il voulait, dit Nicolas Chorier, son biographe, que Molière prît place à sa table ; il lui donnait d'excellents repas et ne faisait point comme font certains fanatiques, ne le mettait pas au rang des impies et des scélérats, quoiqu'il fût excommunié.

» Cette affection pour Molière, cette passion pour le spectacle finirent par susciter une grave querelle à Boissat. Il avait fait retenir plusieurs places, parce qu'il devait conduire des femmes de distinction et des jeunes personnes *à une comédie que Molière avait composée*. Deux ou trois de ces places avaient été par hasard louées à Jérôme Vachier de Robillas. Boissat néanmoins les obtint toutes sans difficulté, à cause de son mérite, de son crédit et de la distinction des femmes qu'il devait amener. Vachier se plaignit qu'on lui eût fait cette injure, et il pensait qu'il y avait là préméditation. »

Pour abréger le récit, disons en deux mots que ce Vachier de Robillas, ancien familier du duc Henri de Montmorency, dont Boissat avait été le favori, et qui gardait une vieille dent contre ce dernier, le provoqua en combat singulier. Des amis communs s'interposèrent, et la querelle s'apaisa. L'aventure en elle-même n'a rien de bien curieux ; mais elle a ce mérite, inaperçu jusqu'ici, qu'elle donne une date au séjour de la troupe des Béjart dans cette ville du Dauphiné où elle se passa. Cette comédie, que Molière avait composée, et à laquelle Boissat avait tant à cœur d'assister, ne peut être que *l'Etourdi*. L'académicien n'eût pas témoigné tant d'empressement, il n'eût pas mené à sa suite des femmes de distinction et surtout des jeunes personnes s'il se fût agi d'une de ces farces à l'italienne, assaisonnées de gros sel et de plaisanteries épicées, telles que *le Docteur amoureux, les Trois Docteurs rivaux, le Maître d'école, le Médecin volant, la Jalousie du Barbouillé*.

L'œuvre dramatique que Boissat tenait tant à montrer à ses compagnes, et que Chorier appelle expressément une comédie, était évidemment préparée avec plus de soin et faite pour des palais délicats. L'anecdote qui est fort mal datée dans le texte de Nicolas Chorier (1), texte écrit en latin, ne peut trouver

---

(1) Il la place en effet en 1641, date impossible, puisque Molière à cette époque était sur les bancs de l'école de droit et n'était encore connu ni comme auteur ni comme acteur.

place avant la composition de *l'Etourdi*, et si on la suppose de beaucoup postérieure, on arrive à une époque où Boissat, qui avait déjà cinquante ans en 1653, aurait singulièrement dépassé l'âge des querelles et des duels.

Cette année où Molière représentait successivement *l'Etourdi* à Lyon, à Vienne en Dauphiné, et sans doute dans d'autres villes voisines (1), fut, à notre avis, marquée pour lui par un autre événement de grande conséquence : il renoua connaissance avec son ancien condisciple, le prince de Conti, conquit non sans difficulté ses bonnes grâces et prépara ainsi les débuts de sa troupe devant la Cour.

(1) C'est aussi pendant ce premier séjour à Lyon que Molière joua la tragédie d'*Irène*, de l'avocat Claude Basset. *Mémoires lus à la Sorbonne en* 1865, p. 258.

XI

Armand de Bourbon n'était encore, à cette époque, ni gouverneur du Languedoc, ni vice-roi de Catalogne, comme tant de biographes de Molière l'ont affirmé : il n'obtint le premier de ces titres qu'en 1660, après la mort de Gaston d'Orléans, à un moment où l'auteur de *l'Etourdi* était depuis plus d'un an définitivement installé à Paris; jusque là il n'en eut que la commission, jointe au titre de gouverneur de Guyenne. Depuis l'époque où nous l'avons perdu de vue, ce prince avait eu bien des aventures. Toujours léger et fantasque, toujours passionné pour sa sœur, la duchesse de Longueville, et bien que destiné au cardinalat, il s'était mis, en janvier 1649, à la tête des Parisiens révoltés, avait guerroyé contre les troupes royales commandées par son frère, le prince de Condé, s'était vu, en janvier 1650, arrêté avec ce dernier et le duc de Longueville, son beau-frère, et n'était sorti de sa prison du Havre que le 13 février 1651.

Lorsque, le 21 octobre suivant, le jeune roi Louis XIV fut rentré dans Paris pacifié et que la Fronde se vit contrainte de se réfugier dans les provinces, Conti songea, comme son frère aîné, à se venger d'un long emprisonnement, et se mit à la tête des révoltés de Bordeaux, jusqu'au jour où, las de la guerre civile qui troublait son amour inné de la tranquillité et du plaisir, il prêta l'oreille aux conseils de l'abbé Daniel de Cosnac, premier gentilhomme de sa chambre, et conclut, le 24 juillet 1653, un traité de paix avec les généraux de l'armée royale.

Dans les premiers jours d'août, il quitta Bordeaux pour se rendre dans une de ses terres, au château de la Grange, près de Pézenas, en Languedoc, où Mme de Calvimont, sa maîtresse, obtint, grâce aux intrigues de Sarrazin, secrétaire du prince, la permission de résider près de lui. Cette autorisation était un acte de haute imprudence, car Conti négociait alors son mariage avec Marie-Anne Martinozzi, nièce du cardinal Mazarin. Il quitta même la terre de la Grange vers le mois de novembre 1653, afin d'aller à Paris activer les préparatifs de cette union, qui eut lieu le 22 février suivant. Et si nous relatons ces faits, c'est afin de préciser l'époque du séjour de Molière dans la résidence du prince, séjour qui se place, comme on voit, entre le mois d'août et le mois d'octobre 1653.

Ce fut Cosnac qui, apprenant que la troupe de Molière et de la Béjart était en Languedoc, prit sur lui de la mander à la Grange, et lui-même nous a transmis dans ses Mémoires, publiés seulement en 1852, le récit des difficultés que son projet rencontra.

Au moment où cette troupe se disposait à obéir aux sollicitations de Cosnac, il en arriva une autre à Pézenas, laquelle avait pour directeur un ancien opérateur du Pont Neuf, nommé Cormier.

L'impatience naturelle du prince et les présents que fit Cormier à Mme de Calvimont engagèrent à les retenir. En vain Cosnac fit-il des représentations, disant qu'il s'était engagé envers Molière par ordre du prince : ce dernier répondit que lui aussi s'était engagé envers Cormier, et qu'il était plus juste que ce fût son gentilhomme qui manquât à sa parole que lui à la sienne.

Laissons ici la parole à Cosnac lui-même :

« Cependant Molière arriva et, ayant demandé qu'on lui payât au moins les frais qu'on lui avait fait faire pour venir, je ne pus jamais l'obtenir, quoiqu'il y eût beaucoup de justice ; mais M. le prince de Conti avait trouvé bon de s'opiniâtrer à cette bagatelle. Ce mauvais procédé me touchant de dépit, je résolus de les faire monter sur le théâtre à Pézenas, et de leur donner *mille écus* de mon argent plutôt que de leur manquer de parole. »

Que le lecteur veuille bien retenir ce petit détail : il vient à l'appui de ce que nous dirons plus loin du prix qu'on attachait alors au divertissement si rare que procuraient les comédiens ambulants, ceux surtout qui, comme la troupe de Molière, jouissaient d'une certaine célébrité, et de l'erreur qui consiste à se les figurer, sur la foi du *Roman comique*, comme des bohèmes jeûnant un jour sur deux. Cosnac continue :

« Comme ils étaient prêts à jouer à la ville, M. le prince de Conti, un peu piqué d'honneur par ma manière d'agir, et pressé par Sarrazin, que j'avais intéressé à me servir, accorda qu'ils viendraient jouer une fois sur le théâtre de la Grange. Cette troupe ne réussit pas dans sa première représentation au gré de Mme de Calvimont, ni par conséquent au gré de M. le prince de Conti, quoique, au jugement de tout le reste des auditeurs, elle surpassât infiniment la troupe de Cormier, soit par la bonté des acteurs, *soit par la magnificence des habits*. Peu de jours après, ils représentèrent encore, et Sarrazin, à force de prôner leurs louanges, fit avouer à M. le prince de Conti qu'il fallait retenir la troupe de Molière, à l'exclusion de celle de Cormier. Il (Sarrazin) les avait suivis et soutenus dans le commencement à cause de moi ; mais alors, étant devenu amoureux de la Du Parc, il songea à se servir lui-même. Il gagna Mme de Calvimont, et non-seulement il fit congédier la troupe de Cormier, mais *il fit donner pension à celle de Molière.* » (1)

« On se sent pénétrer d'une amère pitié », disait Sainte-Beuve en citant ce passage. Et en effet, si

---

(1) *Mém. de Cosnac*, t. 1, p. 127, 128.

Sarrazin, au lieu d'être amoureux de la Du Parc, l'était aussi bien devenu d'une des comédiennes de la troupe de Cormier, tout le développement ultérieur du génie et du succès de Molière en était entravé, ou pour le moins retardé.

Les événements que Cosnac raconte ainsi avec détails ne sont point restés inconnus des premiers biographes de Molière, et il importe de reproduire ici textuellement la façon dont La Grange et Vinot en ont parlé :

« Il (Molière) vint à Lyon en 1653 (1), et ce fut là qu'il exposa au public sa première comédie ; c'est celle de *l'Etourdi*. S'étant trouvé quelque temps après en Languedoc, il alla offrir ses services à feu M. le prince de Conty, gouverneur de cette province et vice-roi de Catalogne (2). Ce prince, qui l'estimoit et qui alors n'aimoit rien tant que la comédie, le reçut avec des marques de bonté très-obligeantes, donna des appointements à sa troupe et l'engagea à son service,

---

(1) Il y a ici une légère erreur ; on a vu plus haut qu'il y était déjà installé au 9 décembre 1652. La pièce qui le prouve est un acte de baptême signé ce jour-là par Pierre Réveillon, l'un des acteurs de la troupe, et il serait bien étrange qu'il eût assisté à ce baptême le jour même de son arrivée. La troupe était donc à Lyon dès avant cette date.

(2) Comme on l'a vu plus haut, il y a ici deux erreurs, légères il est vrai : le prince n'était pas encore vice-roi de Catalogne, et il avait la commission et non le titre de gouverneur du Languedoc ; mais pour La Grange, c'était tout un.

tant auprès de sa personne que pour les États de Languedoc. »

Nous le demandons à quiconque lit les textes sans parti pris ni idée préconçue : Est-il rien de plus clair que celui-là, surtout quand on le rapproche du récit de Cosnac? Et cependant de combien d'interprétations diverses n'a-t-il pas été l'objet ! Pour M. Despois, par exemple, écrivain si judicieux pourtant, la phrase initiale ne signifie qu'une chose : c'est que la première représentation de *l'Etourdi* eut lieu à Lyon après 1652 ; mais, ajoute M. Despois, elle n'en précise pas la date, et cela par la raison que Molière fut au moins deux fois appelé en Languedoc pour le service du prince de Conti : une première fois en 1653 ; une seconde à la fin de 1655 (1).

Il est clair pourtant que, dans les lignes de La Grange, c'est à la première visite, celle de 1653, qu'il est fait allusion, puisque Cosnac place cette visite avant le mariage du prince, qui eut lieu en février 1654, et bien antérieurement à la mort de Sarrasin, arrivée au mois de décembre de la même année.

Mêmes incertitudes sur la question de savoir si Molière fut appelé à Montpellier lors de la session des États de Languedoc, ouverte en cette ville le 7 dé-

---

(1) Notice en tête de l'*Etourdi*, t. Ier p. 80 des *Œuvres de Molière*, publiées par la maison Hachette. Sans se prononcer nettement, M. Despois incline toutefois à assigner à la première représentation de cette pièce la date de 1655 ; p. 85.

cembre 1654 et close le 12 mai suivant. « M. Moland le dit, écrit M. Despois ; mais nous ne savons sur quelle preuve repose cette certitude (1). » Cette preuve, à notre avis, est dans la dernière phrase du passage de La Grange cité plus haut. Du moment où il est prouvé que la première visite de Molière au château qu'habitait le prince de Conti se place en 1653, il devient évident que tous les faits relatés par La Grange, la bonne réception du prince, les appointements accordés à la troupe et l'engagement à son service, tant auprès de sa personne que pour les États, sont la conséquence immédiate de cette visite. Il y a là une suite et un ensemble d'événements connexes et enchaînés se déduisant les uns des autres.

(1) Même Notice, p. 83.

XII

La présence de Molière et de sa troupe aux États de Languedoc, tenus en 1654 à Montpellier, ne saurait donc être sérieusement révoquée en doute ; mais il est plus difficile de décider si, comme l'affirme Grimarest, le prince de Conti, à cette époque, offrit au jeune poëte de devenir le secrétaire de ses commandements.

Les Mémoires de Cosnac semblent donner un démenti à cette assertion. Le prince, dès le lendemain de la mort de Sarrazin, son secrétaire (décembre 1654), destina la place de ce dernier à Guilleragues, alors retiré à Bordeaux, auquel il manda de revenir sur-le-champ (1). Mais l'aventure pourrait bien se placer avant la mort de Sarrazin, que son maître n'aimait pas, puisque après avoir écrit, sur sa demande, pour le faire nommer second homme du roi aux États de Languedoc, il donna contre-ordre dans une lettre secrète. Segrais affirme même, dans ses Mémoires, que le malheureux secrétaire mourut, à quarante-trois ans, d'une fièvre chaude, conséquence d'un coup de pincettes que Conti lui porta à la tempe. Si le fait est vrai, il dut donner à réfléchir à Molière. Sans

---

(1) *Mém.*, t. 1er, p. 191.

qu'il soit besoin de recourir aux beaux motifs de dévouement à l'intérêt de ses camarades allégués par son biographe, on comprend qu'il n'ait pas été tenté de sacrifier son indépendance pour se lier à un maître qui traitait ainsi ses serviteurs.

Le 26 décembre, le prince s'achemina, par Montpellier, Vienne et Lyon, vers Paris, où l'appelait son prochain mariage. Molière n'avait plus rien à faire au château de la Grange, et nous supposons qu'il suivit Conti jusqu'à Lyon, son quartier central habituel, comme on l'a vu par le passage de Chappuzeau précédemment cité.

Au cours de l'été suivant (1654), la troupe reprit ses tournées dans le Midi et se dirigea enfin vers Montpellier pour la session des États, qui était une occasion de fêtes et de divertissements. C'est pendant la durée de cette session, ouverte le 7 décembre, que fut représenté le ballet des *Incompatibles*, imprimé en 1655 à Montpellier, chez Daniel Pech, et dansé en cette ville devant le prince et la princesse de Conti (1). Les personnages en furent remplis par des gentilshommes des États ou de la maison du prince et par des comédiens de la troupe des Béjart.

Les ballets de Cour étaient un mélange de danse et de récits débités ou chantés. Des vers imprimés ou

---

(1) M. P. Lacroix a reproduit ce ballet à la suite de sa *Jeunesse de Molière*, et M. Despois au t. 1er de son édition déjà citée.

distribués aux spectateurs expliquaient l'action et présentaient des rapprochements piquants ou flatteurs entre le danseur auquel ils se rapportaient et le rôle qu'il était chargé d'interpréter. Voici le sixain qui s'appliquait à Molière, lequel faisait un poëte dans la première partie du ballet, et une harengère dans la seconde.

Pour le sieur MOLIERE, représentant une *Harengère :*

Je fais d'aussi beaux vers que ceux que je récite,
    Et souvent leur style m'excite
A donner à ma muse un glorieux emploi.
Mon esprit de mes pas ne suit pas la cadence :
Loin d'être incompatible avec cette Eloquence
Tout ce qui n'en a pas l'est toujours avec moi.

Il faut dire, pour rendre ce phébus un peu moins obscur, que la partenaire de la harengère, dans cette entrée ou Molière figurait, était l'Eloquence, représentée par le baron de Ferrals, et considérée comme l'*incompatible* ou, si on l'aime mieux, l'opposée d'une marchande de marée.

On a conclu de ce sixain que Molière était l'auteur du ballet des *Incompatibles ;* M. Moland a remarqué qu'il faudrait en inférer tout le contraire. « On ne s'adresse pas des louanges si lourdes et si mal tournées et on n'écrit pas des vers si pitoyables quand on a déjà fait l'*Etourdi*. » Et le judicieux éditeur conclut que Molière put en effet dessiner et composer le divertissement, mais qu'il ne se chargea point de rédiger les couplets du programme. Selon lui, le véritable auteur de ces couplets pourrait bien être Joseph Béjart, qui s'occupait en ce moment de publier le *Recueil des titres, qualités, blasons et armoiries des prélats et barons des États de Languedoc, tenus en* 1654, recueil par lui offert l'année suivante au prince de Conti qui en accepta la dédicace.

M. Paul Lacroix ne s'est rangé ni à ces raisons ni à cette opinion. Il a fait remarquer qu'à cette époque le programme en vers des ballets de Cour, qui faisait allusion aux danseurs, était toujours l'œuvre du poëte d'occasion à qui appartenait l'idée. Or, à Pézenas, Molière était le seul impresario de la troupe des Béjart. « Il composait, dit le savant bibliophile, les vers de ballet comme les vers de comédie, et ces vers ont le cachet de son style, ce cachet qu'on reconnaît entre tous, car Molière avait le style précieux comme s'il était sorti d'une académie de précieuses. Voilà comment deux autres ballets, dansés chez Gaston d'Orléans, ont été reconnus, par Edouard Fournier et par moi, comme étant bien de l'estoc moliéresque. Il est à peu près certain que les prologues et divertissements ajoutés par Molière à ses pièces pour les représentations de la Cour sont remplis de vers qu'il avait dès longtemps composés en province, soit pour les représentations chez le prince de Conti, soit pour d'autres représentations dans les châteaux du Languedoc (1). »

Ces raisons, il faut l'avouer, sont loin d'être convaincantes. Comment croire que Molière, parlant de lui-même et faisant allusion aux œuvres de Corneille et de Rotrou qu'il représentait, ait eu assez peu de tact et de modestie pour écrire :

Je fais d'aussi beaux vers que ceux que je récite.

Cette vanterie outrecuidante ne l'eût-elle pas exposé aux sourires railleurs de tous ses nobles auditeurs ? On remarque toutefois, par-ci par-là, dans les *Incompatibles*, des couplets qui ne sont point indignes de lui, en particulier les strophes du prologue placées dans la bouche de la Nuit. Nous proposerons donc une transaction : l'auteur de l'*Etourdi* a écrit quelques-uns des morceaux du programme ; mais un autre que lui, le premier venu, de Vauselle, Chasteauneuf ou Ragueneau, poëtes tous les trois, a rédigé le reste et accepté la paternité de l'œuvre. Il y a même, dans le sixain de la Harengère, quelques mots qui donneraient lieu de supposer que les strophes du prologue sont bien de Molière. Souvent, est-

---

(1) Lettre à M. Claretie, dans *Molière, sa vie et ses œuvres*, p. 248. Les ballets auxquels cette lettre fait allusion sont ceux de la *Fontaine de Jouvence* et de la *Sibylle*, dont il a été question précédemment.

il dit, le style des ouvrages dramatiques que je représente m'excite

A donner à ma muse *un glorieux emploi*.

On trouve justement, dans la seconde strophe de ce prologue, une allusion très-marquée à la première campagne du prince de Conti en Catalogne et à la prise de Puycerda qui la termina honorablement (21 octobre 1654). C'est là cette *illustre victoire*

Dont l'orgueil de l'Espagne a poussé des soupirs ;

et voilà le glorieux emploi que la fréquentation habituelle des œuvres de Corneille engageait Molière à donner à sa muse.

Notons, en terminant sur ce point et sans prétendre tirer de ce rapprochement plus de conséquences qu'il n'en comporte, que, dans l'*Amphitryon*, c'est la *Nuit* aussi qui, de concert cette fois avec Mercure, est chargée de l'exposition du sujet.

XIII

La session des États du Languedoc de 1654-55 dura près de cinq mois, et la troupe de Molière resta presque tout ce temps à Montpellier, mais en faisant par échappées des excursions dans les villes voisines.

Le 18 février 1655, Madeleine Béjart, toujours soigneuse de ses intérêts, se faisait souscrire devant François Vaudrot, notaire royal-delphinal héréditaire de Montélimart, une obligation de 3,200 livres par Antoine Baralier, receveur des tailles en l'élection de cette ville. Ce prêt se rapportait sans doute à des affaires de théâtre, puisque la femme de ce Baralier, nommée Françoise Le Noir, était parente de la Thorillière qui devint plus tard un des comédiens de la troupe de Molière (1). Quatre jours après, Madeleine était de retour à Montpellier où le sieur de Rochesauve se portait caution envers elle de la dette contractée par Antoine Baralier.

Vers la fin de la session, le prince de Conti donna

---

(1) M. Soulié, *Recherches sur Molière*, p. 49, et *Iconographie moliéresque*, p. 231. La créance due par Baralier fut payée, après le décès de Madeleine, entre les mains d'un mandataire de Molière, véritable escroc qui garda l'argent. *Nouvelles pièces* publiées par M. Campardon, p. 113.

à ses comédiens une assignation de 5,000 livres sur les fonds des étapes de la province, lesquelles étaient administrées à l'entreprise par les sieurs Dufort et Cassaignes. Dufort était ce riche bourgeois de Sigean qui, l'on s'en souvient peut-être, avait offert l'hospitalité au jeune Poquelin en 1642, lorsque les gens du service de Louis XIII étaient logés dans sa maison. Il prouva d'abord, par la façon dont il chercha à obliger Molière au sujet de cette assignation sur les fonds des étapes, qu'il avait gardé bon souvenir de cette première rencontre ; mais, quand l'affaire s'embrouilla, il se montra aussi récalcitrant qu'il avait été serviable dans le principe.

Elle est bien obscure cette affaire, et M. Galibert lui-même, qui le premier en a parlé, ne paraît pas y avoir compris grand'chose. Nous allons dire comment nous l'expliquons, après long examen, et chercher à la rendre claire, même pour le lecteur le moins initié à la comptabilité et à l'administration.

Les États de Languedoc se réunissaient chaque année, en un lieu variable, sur lettres patentes du roi remises à un grand personnage, son principal commissaire, qui les convoquait. Leur but le plus important était le vote du don gratuit au roi, qui varia longtemps selon les besoins du gouvernement, mais qui, à partir de 1690, fut constamment de trois millions. Ils votaient de plus les divers impôts destinés à subvenir aux besoins réguliers du trésor public et de la province. On appelait *deniers royaux* tous ceux qui se levaient sur le Languedoc pour être versés directement dans les caisses royales, ou pour acquitter, dans la province même, à la décharge du roi, les diverses dépenses ordonnées par le gouvernement (1).

Les frais de logement et de nourriture des militaires en passage faisaient partie de ces dépenses. La province entretenait des étapiers qui se chargeaient de fournir les vivres sur le passage des troupes, au lieu et place des habitants, et qui se faisaient rembourser leurs avances et leurs émoluments sur les fonds votés *ad hoc* par les États et sur quittances et pièces présentées à leur trésorier, qu'on appelait le trésorier de la bourse. Ces entrepreneurs, à l'époque où nous nous plaçons, étaient Dufort et Cassaignes, et il fallait, pour la régularité de l'assignation accordée à Molière par le prince de Conti, que cette assignation fût d'abord acceptée par eux et qu'ils se fissent fort de la faire accepter ensuite par le trésorier de la bourse, en la comprenant parmi les pièces constatant les frais par eux faits pour les troupes en passage.

C'est à quoi ils consentirent, comptant sur l'influence du prince pour couvrir cette flagrante irrégularité. Mais M. Le Secq, trésorier de la bourse, éleva

---

(1) *Essai historique sur les états généraux de la province du Languedoc*, par le baron Trouvé, 1818, in-4°; t. 1er, p. 469.

des objections, disant que des dépenses faites pour des comédiens n'avaient aucun rapport avec celles que les États payaient en l'acquit du roi pour les militaires. Les deux entrepreneurs reculèrent alors devant la promesse qu'ils avaient faite à Molière et refusèrent de s'exécuter, au moins jusqu'au moment où M. Le Secq, sur l'intervention du prince, aurait consenti à régulariser l'affaire. C'est seulement le 3 mai 1656, après la clôture de la session tenue à Pézenas, dont il sera question tout à l'heure, qu'en présence du juge royal de Narbonne intervint un accord entre les étapiers, d'une part, Molière et Madeleine Béjart, de l'autre, par lequel les premiers, tout en déclarant nettement qu'ils prenaient l'assignation délivrée par le prince à leurs risques et périls, ce qui prouve qu'à cette date elle n'était point encore acceptée par le trésorier, en fournissaient le montant aux deux acteurs de la manière suivante : 1,250 livres en espèces, et 3,750 en une lettre de change tirée par Cassaignes sur Dufort, acceptée par ce dernier et payable à un an de date. L'échéance arriva sans que la traite fût acquittée, et c'est seulement à Grenoble, dans les premiers mois de 1658, que Molière, grâce à l'énergie et à la persistance de Madeleine, finit enfin par en toucher le montant, accru des frais et des intérêts.

Telle est, à notre avis, l'explication de cette affaire qui a tant embarrassé jusqu'ici tous ceux qui en ont parlé. La plupart ont compliqué leurs vicieuses explications d'une erreur. Ils ont cru, sur la foi de M. Galibert, que les 5,000 livres, montant de l'assignation sur les étapes, avaient été accordées à Molière, pour le service de sa troupe pendant la session de 1655-56, tenue à Pézenas. Mais on sait aujourd'hui qu'une somme, non pas de 5,000, mais de 6,000 livres, lui fut concédée par le bureau des comptes pour cette session; en sorte que l'assignation acceptée par Dufort ne peut se rapporter qu'à la session précédente, celle de 1654-55 tenue à Montpellier, nouvelle preuve de la présence de Molière dans cette ville pendant cette session.

XIV

Sans attendre que les députés eussent quitté Montpellier, Molière, nanti de cette assignation qu'il devait avoir tant de peine à négocier, avait repris le chemin de Lyon, sa résidence normale, où il signa l'acte de mariage de deux nouveaux camarades, qualifiés, dans l'acte, comédiens de M. le prince de Conti (1), Foulle-Martin et Anne Reynis (29 avril 1655), et où, deux ou trois mois après, il reçut la visite de d'Assoucy.

C'était un singulier original, ce Charles Coipeau d'Assoucy qui s'intitulait lui-même l'*Empereur du Burlesque*, à la fois poëte et musicien, parcourant la France un luth à la main, comme les anciens trouvères, toujours suivi de deux pages, qui, selon les uns, étaient de jeunes garçons, selon les autres, des jeunes filles, écrivain bouffon, qu'on surnommait le *singe de Scarron*, grand joueur surtout et joueur malheureux, mais incorrigible : dès qu'il arrivait dans une ville, son premier soin était de courir au tripot, à l'académie, comme on disait alors, quoiqu'il sût d'avance qu'il y laisserait ses chausses.

---

(1) M. Brouchoud a donné le *fac simile* de cet acte, *Origines*, etc., p. 29.

Racontant dans ses *Aventures* (1) son séjour à Lyon en 1655 : « Ce qui me charma le plus, dit-il, ce fut la rencontre de Molière et de MM. les Béjart. Comme la comédie a des charmes, je ne pus quitter sitôt ces charmants amis : je demeurai trois mois à Lyon parmi les jeux, la comédie et le festin, quoique j'eusse bien mieux fait de ne m'y pas arrêter un jour ; car, au milieu de tant de caresses, je ne laissai pas d'y essuyer de mauvaises rencontres. (Il perdit son argent au jeu, et un de ses pages l'abandonna.) Ayant ouï dire qu'il y avait à Avignon une excellente voix de dessus dont je pourrais facilement disposer, je m'embarquai avec Molière sur le Rhône qui mène à Avignon, où étant arrivé avec quarante pistoles de reste des débris de mon naufrage, comme un joueur ne saurait vivre sans cartes, non plus qu'un matelot sans tabac, la première chose que je fis, ce fut d'aller à l'académie. J'avais déjà ouï parler du mérite de ce lieu et de la capacité de plusieurs galants hommes qui divertissaient les bienheureux passants qui aiment à jouer à trois dés. »

Il trouva tant de séductions dans ce tripot qu'il y resta tout un mois, laissant chaque jour aux mains des juifs, ses partenaires, quelques parties de sa garde-robe et jusqu'aux vêtements les plus indispensables, en sorte qu'il le quitta aussi nu qu'Adam

(1) T. I, p. 309.

à la sortie du paradis terrestre. « Mais, dit-il, comme un homme n'est jamais pauvre tant qu'il a des amis, ayant Molière pour estimateur et toute la maison des Béjart pour amie, en dépit du diable, de la fortune et de tout ce peuple hébraïque, je me vis plus riche et plus content que jamais ; car ces généreuses personnes ne se contentèrent pas de m'assister comme ami, elles me voulurent traiter comme parent. *Etant commandés pour aller aux Etats*, ils me menèrent avec eux à Pézenas, où je ne saurais dire combien de grâces je reçus ensuite de toute la maison. On dit que le meilleur frère est las, au bout d'un mois, de donner à son frère; mais ceux-ci, plus généreux que tous les frères qu'on puisse avoir, ne se lassèrent point de m'avoir à leur table tout un hiver. »

On vivait grassement dans la maison de Molière, où Madeleine, en bonne ménagère, maintenait l'ordre et l'abondance. Peu habitué à cette vie confortable et facile, le musicien profite largement de cette douce hospitalité et s'en félicite en vers agréables :

> Qu'en cette douce compagnie
> Que je repaissais d'harmonie,
> Au milieu de sept ou huit plats,
> Exempt de soins et d'embarras,
> Je passais doucement la vie !
> Jamais plus gueux ne fut plus gras,
> Et quoi qu'on chante et quoi qu'on die

> De ces beaux messieurs des Etats
> Qui tous les jours ont six ducats,
> La musique et la comédie,
> A cette table bien garnie,
> Parmi les plus friands muscats,
> C'est moi qui soufflais la rôtie
> Et qui buvais plus d'hypocras.

Voilà, on l'avouera, un train de vie bien différent de celui de ces misérables saltimbanques que Scarron nous a dépeints et auxquels on a si souvent assimilé les camarades de Molière. La maison à laquelle présidait la Béjart ne ressemblait en rien au *tripot de la Biche*. Ce n'était pas pourtant que le prix des places fût bien rémunérateur :

> On ne prenait alors que cinq sols par personne,

dit Le Boulanger de Chalussay, dans *Elomire*. Cela n'est vrai que des places du parterre, où l'on était debout; le prix était du double pour les loges et bien plus élevé pour les places de banquettes placées sur la scène...

Une ordonnance de police de l'an 1609 avait en effet défendu aux comédiens de prendre plus de cinq sous au parterre et dix sous aux loges et galeries, sauf les cas où, ayant à représenter des pièces pour lesquelles il conviendrait de faire plus de frais, il y serait pourvu exceptionnellement sur leur requête. Les comédiens ne se faisaient pas faute de profiter de cette latitude, et, dès qu'une pièce était supposée devoir attirer la foule, ils jouaient à l'*extraordinaire*, c'est-à-dire qu'ils doublaient le prix de certaines places. L'ordonnance de 1609 ne s'appliquait d'ailleurs qu'à Paris, où elle était tombée en désuétude dès le milieu du XVIIe siècle; en province, les prix variaient selon l'importance des villes et le plus ou moins de vogue des acteurs et des pièces qu'ils représentaient, et pour ce qui est de la capitale, ces prix s'élevèrent singulièrement pendant l'époque où Molière parcourait le midi de la France. De Villiers écrivait en 1652 :

> Venez apporter votre trogne
> Dedans notre hôtel de Bourgogne ;
> Venez en foule ; apportez-nous,
> Dans le parterre, quinze sous (1),
> Cent dix sous dans les galeries.

Or cent dix sous représentent près de vingt francs de nos jours : il est vrai que le prix des places des galeries n'était pas doublé (2).

---

(1) Ce prix était le même encore en 1663, au moment des représentations de l'*Attila* de Corneille.

> Un clerc pour, quinze sous, sans craindre le holà
> Peut aller au parterre y siffler *Attila*.

(2) A Paris, quand on jouait à l'extraordinaire, on portait le prix des billets de parterre de 15 à 30 sous, celui d'une loge du troisième rang de une livre à deux; des loges hautes (secondes) de

Ajoutons qu'en province les magistrats municipaux accordaient, pour les représentations données en présence de personnages considérables, des subventions assez élevées. Enfin Molière, tant qu'il fut au service du prince de Conti, toucha à raison de ce fait une indemnité qui, pour deux ans, s'éleva à 11,000 livres. Voilà qui explique cette abondance où sa troupe vivait et dont d'Assoucy se félicite; et il ne faut pas oublier qu'elle séjournait dans un pays où l'on vivait grassement à l'hôtel, moyennant quinze sous par jour.

Notons encore ici un détail intéressant révélé par les vers que nous venons de citer. Chacun de messieurs les députés aux États recevait par jour six ducats. Si l'on tient compte de la valeur et du pouvoir de l'argent, si différents à cette époque de ce qu'ils sont aujourd'hui, cette somme représenterait à cette heure quatre fois environ celle qui est allouée à nos députés. Le ducat d'or valait à peu près dix francs et celui d'argent moitié. En admettant qu'il s'agisse de ce dernier dans les vers de d'Assoucy, chaque député aurait reçu quotidiennement trente francs, c'est-à-dire

---

1 livre 10 sous à 3 livres; de l'amphithéâtre, de 3 livres à 5 livres 10 sous; les places de théâtre et de premières loges restaient à ce dernier prix, comme on le voit par le registre du compte tenu par Hubert pour l'année 1671. C'est de la sorte qu'on en agit, au dire de La Grange, pour la seconde représentation des *Précieuses ridicules,* donnée le 2 décembre 1659.

plus de cent francs en valeur actuelle. On comprend avec quelle ardeur les hobereaux languedociens, dont bon nombre étaient réduits aux expédients, recherchaient une si belle occasion de se remplumer, et pourquoi ils prolongeaient pendant cinq et six mois la durée des sessions qui, d'après les anciens édits, n'aurait dû être que de quarante jours.

XV

Revenons à d'Assoucy et à cette large hospitalité que lui offraient les Béjart à Pézenas.

« Quoique je fusse chez eux, dit-il en terminant sur ce point, je pouvais bien dire que j'étais chez moi. Je ne vis jamais tant de bonté, ni tant de franchise, ni tant d'honnêteté que parmi ces gens-là, bien dignes de représenter dans le monde les personnages des princes qu'ils représentent tous les jours sur le théâtre. Après donc avoir passé *six bons mois* dans cette Cocagne et avoir reçu de M. le prince de Conti, de Guilleragues et de plusieurs personnes de cette cour des présents considérables, je commençai à regarder du côté des monts ; mais comme il me fâchait fort de retourner en Piémont sans y amener encore un page de musique, et que je me trouvais tout porté dans la province de France qui produit les plus belles voix aussi bien que les plus beaux fruits, je résolus de faire encore une tentative et, pour cet effet, comme la comédie avait assez d'appas pour s'accommoder à mes désirs, je suivis encore Molière à Narbonne. »

Il suit de ce récit que la troupe ambulante, après

avoir résidé trois mois à Lyon et un mois à Avignon, arriva à Pézenas en novembre 1655, c'est-à-dire dès le commencement de la seconde session des États, qui dura du 4 de ce mois jusqu'au 22 février 1656, et n'en repartit qu'au mois de mai pour se rendre à Narbonne.

On peut fournir deux preuves authentiques de ce long séjour de Molière dans cette vieille cité de Pézenas qui n'est plus qu'un chef-lieu de canton du département de l'Hérault, et où le poëte retrouva le prince de Conti qui revenait de sa seconde campagne en Catalogne, laquelle avait été pour lui beaucoup moins brillante que la première.

Le 9 novembre, ce prince que les efforts de l'évêque d'Alet n'avait point encore tout à fait détaché de sa passion pour le théâtre, faisait faire les préparatifs d'une représentation dans l'hôtel qu'il occupait à Pézenas, lorsqu'on vint le prévenir qu'une députation des États arrivait pour le complimenter. « Les évêques de Béziers, d'Uzès et de Saint-Pons, en rochet et camail ; les barons de Castries, de Villeneuve et de Lanta, députés par les États pour complimenter S. A. R., se rendirent en l'hôtel de M. d'Alfonce, où logeait ledit seigneur. Le prince de Conti les reçut à la porte du vestibule qui regarde la cour, et, après les avoir fait entrer, leur dit qu'il était forcé de les recevoir en cet endroit, parce que sa chambre était en un extrême désordre *à cause de la comédie* : sur ce les compliments furent faits (1). »

Instruit par l'expérience, Molière, à la fin de cette session de 1655-56, s'adressa en bon lieu pour obtenir et faire régulariser le crédit destiné à rémunérer les services de sa troupe. Une somme de six mille livres lui fut accordée à cet effet par le bureau des comptes, à la recommandation sans doute du prince de Conti. M. de la Pijardière, archiviste de l'Hérault, qui, sous le nom de Louis Lacour, reproduit en ce moment l'édition originale des pièces de Molière, a trouvé, en avril 1873, dans les archives des États du Languedoc, la quittance qui constate le payement de cette allocation. De tous les autographes de Molière découverts jusqu'à ce jour, celui-là est le plus important par son étendue, et cependant il n'a que six lignes !

Avant de le reproduire, qu'on nous permette une réflexion sur cette extrême rareté des autographes d'un homme qui a tant écrit. On s'est ingénié pour expliquer la disparition de ses manuscrits, qu'on sait seulement avoir été remis entre les mains de La Grange, après le décès duquel ils furent vendus par la veuve de ce dernier (2) ; on a donné de cette

---

(1) Extrait des procès-verbaux de la session des États à Pézenas, publié par M. Galibert, p. 59 de sa brochure déjà citée.

(2) L'acteur Grandmesnil, mort en 1816, affirmait qu'en 1799 la

disparition des explications plus ou moins plausibles. Mais ses lettres ! Mais les mille billets qu'il adressait à ses nombreux amis et qui n'étaient pas, comme ses manuscrits, réunis en une seule main, mais disséminés entre tant de mains différentes, qui toutes n'étaient pas hostiles, comment comprendre qu'aucun ne nous soit parvenu ? Faut-il supposer que quelque fanatique, ennemi de l'auteur du *Tartuffe*, les a sournoisement collectionnés et brûlés ? Faut-il aller plus loin encore, et croire, avec un bibliophile célèbre, à une vaste et savante entreprise de destruction organisée contre les écrits des auteurs suspects aux esprits orthodoxes, par les soins d'une mystérieuse confrérie dont l'occulte puissance n'aurait cessé qu'à l'époque de la révolution de 1789 (1) ?

Comédie-Française possédait encore quelques papiers de Molière, lesquels auraient été détruits dans l'incendie qui consuma sa salle, actuellement celle de l'Odéon, le 18 mars de cette dernière année. — V. Taschereau, 3º édit., p. 240.

(1) Voyez l'avertissement placé en tête de l'édition publiée par M. Paul Lacroix de l'*Histoire comique des états et empires de la Lune et du Soleil*, de Cyrano de Bergerac (*Delahays*, 1858, p. V et VI). Les instruments les plus actifs de cette confrérie auraient été les confesseurs *in extremis* et les syndics de la Librairie. Les uns et les autres auraient reçu ordre de circonvenir les malades connus par des opinions hardies en matière de religion et d'obtenir la remise des livres défendus qu'ils pouvaient posséder, des papiers et des correspondances émanés d'écrivains suspects. En cas de résistance de la part du malade, c'était sur ses héritiers qu'on agissait après sa mort. « C'est ainsi, dit l'éditeur de Cyrano, que s'épuraient les collections de livres qui ne pouvaient être mises en vente sans avoir subi le contrôle rigoureux de deux experts du

L'autographe découvert en 1873 est ainsi conçu..

J'ai receu de Monsieur le Secq thrésorier de la *bource* des Estats du Languedoc la somme de six mille liures à nous *accordez* par MM. du bureau des comptes, de laquelle somme ie le quitte. Faict à Pezenas ce quatrième iour de feburier 1656.

MOLIERE.

Quittance de six mille liures.

Bien des lecteurs croiront sans doute apercevoir deux fautes d'orthographe dans ces lignes de Molière ; aussi n'est-il pas inutile de le disculper ici du reproche d'ignorance. *Bource*, par un *c*, est un archaïsme : ce mot se trouve écrit de la sorte, dans Ambroise Paré et dans d'autres écrivains de son temps. Il en faut dire autant du participe *accordez* au masculin, bien que se rapportant à *livres*. On n'en

---

syndicat de la Librairie..... Voilà comment nous avons perdu non-seulement tous les autographes de Molière, mais encore toutes les lettres qui lui avaient été adressées, toutes celles aussi où son nom se trouvait mentionné. » Cette explication, tout ingénieuse qu'elle soit, aurait besoin qu'on l'appuie de quelques documents ou de quelques exemples précis. Elle n'est pas, en effet, sans soulever plusieurs objections. Comment cette inquisition occulte eut-elle assez d'influence et de persistante autorité pour s'étendre à un si grand nombre de détenteurs des lettres de Molière, sans avoir jamais rencontré une triomphante résistance de la part de quelques-uns de ces détenteurs ou de leurs héritiers ? Et comment se fait-il qu'elle ait échoué contre Voltaire qui devait la préoccuper bien autrement que Molière, et dont on a retrouvé depuis un demi-siècle, dont on retrouve encore chaque jour tant de lettres inédites ? Il y a là un mystère plus obscur encore que tous ceux que nous cherchons à éclaircir dans cette étude.

usait pas autrement aux XIIIe et XIVe siècles pour les mots provenant de certains participes latins dont les désinences étaient *atus, atos, atas :* le *z* représentait la contraction du *t* et de l'*s*, quel que fût le genre du mot. Des traces de cette forme archaïque ont survécu dans des mots nombreux tirés des participes dont on vient de parler : *amez* et féaux, *Plessis-lez-Tours*, etc. Elle se conserva plus longtemps qu'ailleurs dans le midi de la France, surtout dans le style administratif.

Remarquons encore que, dans cette précieuse quittance, Molière agit comme chef de sa troupe, ce qui prouve qu'à l'époque où cette pièce fut signée, Du Fresne avait perdu ses fonctions de directeur, lesquelles du reste ne furent jamais que nominales.

Pendant l'hiver qu'elle passa à Pézenas, cette troupe fit de fréquentes excursions dans les petites villes voisines, telles que Montagnac, Agde, Marseillan, Méze, Gignac, humbles localités dont la population variait entre mille et trois mille habitants. Ces excursions ne devaient pas être bien fructueuses pour les comédiens : mais on a la preuve qu'elles furent parfois défrayées par des impôts que le prince de Conti, volontiers prodigue de l'argent des autres, faisait lever sur les habitants, dont les chevaux et les voitures étaient mis en réquisition pour le transport des acteurs et des décors. On jouait aussi dans les châteaux, et ce fut le principe de ces *visites* dont parle souvent le registre de La Grange. La troupe était dite *aller en visite* quand elle se rendait chez un grand seigneur pour jouer la comédie.

C'est pendant un de ces courts voyages que Molière, passant à cheval entre les villages de Bélarga et de Saint-Pons-de-Mauchiens, laissa tomber sa valise. Une paysanne, qui travaillait dans un champ voisin, aperçut l'objet perdu et le cacha aussitôt dans ses amples jupons. Le comédien, revenu sur ses pas, l'interrogea; mais elle répondit avec tant de sang-froid et de naturel que, sans soupçonner la ruse, il se remit en route. Ses compagnons, devinant la vérité, le pressèrent de recommencer ses recherches. « A quoi bon? répondit-il; je viens de Chignac; je suis à Lavagnac, j'aperçois le clocher de Montagnac : au milieu de tous ces *gnac*, ma valise est perdue. »

Montagnac n'est qu'à une lieue de Pézenas.

Une autre fois, comme il traversait Gignac, Molière aperçut les naturels de l'endroit attroupés autour d'un réservoir dans lequel le consul de Laurès avait réuni les eaux de deux ruisseaux. La nouvelle fontaine était ornée de ce pentamètre d'une élégante concision :

Quæ fuit ante fugax, arte perennis erit.

Comme un de ses compagnons, peu initié à la langue de Virgile, lui demandait le sens de l'inscription, le poëte la traduisit aussitôt à sa façon :

> Avide observateur, qui voulez tout savoir,
> Des ânes de Gignac c'est ici l'abreuvoir.

L'illustre comique a semé beaucoup de souvenirs analogues dans les environs de Pézenas, et M. Galibert cite encore d'autres anecdotes qui sont autant de traces des pérégrinations du grand écrivain dans ces contrées, et qu'il avait, dit-il, recueillies dans sa tendre jeunesse de la bouche de Cailhava (1), ce fanatique de Molière, mort en 1813, au moment où il se préparait à publier ces souvenirs déjà légendaires. Mais toutes ces historiettes sont trop suspectes pour qu'il soit nécessaire de les consigner ici. On nous pardonnera pourtant d'en citer encore une : celle-là eut pour théâtre la boutique du barbier Gély, personnage trop mêlé à l'histoire du séjour de Molière à Pézenas pour qu'il soit permis de ne pas lui consacrer quelques lignes.

(1) *Histoire des pérégrinations de Molière dans le Languedoc*, p. 81.

XVI

Pour un observateur tel que Molière, il y avait une ample moisson à faire dans cette petite ville de Pézenas où il passa tout un hiver, et où la tenue des États attirait quantité d'originaux de toute espèce, solliciteurs, désœuvrés, nobles campagnards, célébrités de clocher étalant leurs prétentions et leurs ridicules. C'était, comme chacun sait, dans la boutique du barbier Gély que le peintre futur des Pourceaugnac et des d'Escarbagnas avait établi son principal observatoire. Les jours de marché, dans l'après-dînée, il se rendait là et s'installait dans un grand fauteuil de bois placé dans un angle, saisissant à la volée les traits de mœurs et de caractère, et les notant à la dérobée sur des tablettes, qu'à cet effet il portait ordinairement dans sa poche, usage qu'il conserva toute sa vie (1). Parfois même il prenait part aux

---

(1) « Je l'ai trouvé, dit Argimont, dans *Zélinde*, appuyé sur ma boutique, dans la posture d'un homme qui rêve. Il avait les yeux collés sur trois ou quatre personnes de qualité qui marchandoient des dentelles ; il paraissoit attentif à leurs discours, et il sembloit, par le mouvement de ses lèvres, qu'il regardoit jusqu'au fond de leurs âmes pour y voir ce qu'elles ne disoient pas : je crois même qu'il avoit des tablettes, et qu'à la faveur de son manteau, il a écrit, sans être aperçu, ce qu'elles ont dit de plus remarquable. » *Zélinde, comédie,* ou *la véritable critique de l'École des Femmes*

scènes grotesques qui se déroulaient sous ses yeux et servait aux assistants quelque plat de son métier.

Une jeune fille de Pézenas entre un jour, toute rougissante, dans la boutique : elle a reçu une lettre de son amant, qui est au service, et vient prier un des habitués de maître Gély de la lui lire. Molière parcourt l'épître de l'œil, une de ces missives vulgaires comme les Dumanet de tous les temps en écrivent à leurs payses. Le texte qu'il improvise et substitue au véritable est des plus émouvants. Le milicien vient d'assister à une sanglante bataille; une balle lui a fracassé le bras. Pleurs et sanglots de la pauvre enfant. Mais l'ingénieux lecteur la calme aussitôt : le soldat a été admis à l'hôpital où l'habileté d'un chirurgien a triomphé de la blessure ; il est en pleine convalescence. Le visage de la jeune fille s'éclaire d'un rayon de joie. Mais l'héroïsme du fils de Mars lui a valu la visite de plusieurs dames ; l'une d'elles s'est éprise de lui et pense à l'épouser.

---

et la critique de la critique, 1663, in-12, scène VI. M. Despois (Œuvres de Molière, t. III, note de la p. 112), a restitué cette pièce à de Visé, ainsi que la *Lettre sur les affaires du théâtre* et les *Nouvelles Nouvelles*, contrairement au sentiment de M. Victor Fournel, dans les *Contemporains de Molière*, t. Ier, p. 299. Il attribue même à de Visé la pièce intitulée *la Vengeance des marquis*, tout en admettant que l'auteur de Villiers put y avoir part; mais il lui refuse, et par des raisons fort plausibles, la paternité des autres ouvrages qui viennent d'être cités.

A ces mots, ce n'est plus un sanglot, c'est un cri de désespoir et d'indignation qui sort de la bouche de la triste délaissée. Elle pleure, elle s'emporte; la lecture est interrompue. Attendez pourtant : il y a un *post-scriptum*. Le milicien a repoussé les offres brillantes de la séductrice ; il s'est rappelé les témoignages d'amour que sa payse lui a tant de fois prodigués, et il s'occupe d'obtenir un congé de convalescence pour venir l'épouser. Ici la jeune Languedocienne saute au cou du lecteur, qui lui rend la lettre en lui recommandant de ne plus la montrer à personne, parce que sa fin contient des choses intimes qu'elle a intérêt à ne point apprendre aux indiscrets (1).

Le fauteuil où Molière improvisa ce petit drame existe encore, comme l'atteste une lettre du 7 ventôse an VII qu'un habitant de Pézenas, Poitevin de Saint-Cristol, écrivit à Cailhava, lorsque celui-ci publiait ses *Études sur Molière*. « Il est certain, dit Saint-Cristol, qu'il existe dans cette commune un grand fauteuil de bois auquel une tradition a conservé le nom de fauteuil de Molière. Sa forme atteste son antiquité ; l'espèce de vénération attachée à son nom l'a suivi chez les divers propriétaires qui en ont

---

(1) Depuis que cette anecdote a été par nous racontée dans le journal *le Temps*, elle a fourni le sujet d'une jolie pièce de MM. Emile Blémont et Valade, intitulée *le Barbier de Pézenas*, et jouée à l'Odéon, en janvier 1877, à l'occasion de l'anniversaire de la naissance de Molière.

fait l'acquisition ; il est en ce moment chez le citoyen Astruc, officier de santé dans cette commune. »

Ce respectable meuble est resté dans la famille Astruc (1) et a figuré au *Musée Molière*, lors de l'exposition, organisée à Paris en 1873, à propos du second centenaire de la mort du poëte : son siége forme une sorte de coffre-fort et est percé de deux trous qui laissaient passer, l'un les pièces de cuivre, l'autre la monnaie d'argent ; c'était la caisse de maître Gély.

La Comédie-Française possède un autre relique analogue : c'est le fauteuil où Molière était assis le 16 février 1673, le jour où, dans la cérémonie finale du *Malade imaginaire*, il fut pris d'une convulsion, symptôme précurseur de sa mort prochaine (2).

Dans sa réponse à Cailhava, Poitevin donne sur les

---

(1) C'est ce qu'atteste une délibération du conseil municipal de Pézenas, en date du 18 mars 1836. Cette singulière délibération a été publiée par M. Taschereau, au tome VI, seconde série, p. 155 et suiv. de sa *Revue rétrospective*. Cette pièce est précédée d'une courte introduction où sont relatés quelques doutes touchant l'authenticité de l'autre fauteuil de Molière, celui que possède la Comédie-Française.

(2) Telle est, en effet, l'opinion de M. Regnier, de la Comédie-Française, opinion relatée par M. Ed. Fournier : *le Roman de Molière*, pages 177 et suivantes, et contraire à celle qu'on trouve exprimée dans l'en-tête de M. Taschereau, cité dans la note qui précède. Une feuille dramatique (*le Courrier des Théâtres*), prétendait tenir d'acteurs de l'ancienne Comédie que ce fauteuil était apocryphe, et que le véritable avait été réduit en cendres dans le premier incendie de l'Odéon ; mais elle n'administrait aucune preuve solide à l'appui de cette assertion.

procédés économiques employés par le prince de Conti pour le transport de la troupe de Molière en voyage, quelques renseignements intéressants :

« La lettre du prince de Conti aux consuls de Pézenas, dont on vous a parlé, ne contient rien de bien remarquable. Elle leur ordonne d'envoyer des charrettes à Marseillan, pour transporter de là à la Grange-des-Prés Molière et sa troupe. Je n'ai pu m'en procurer la lecture ; elle a été enlevée, dans ces derniers temps, des archives de la commune, et l'on ne sait ce qu'elle est devenue. La seule chose relative à Molière, consignée dans les archives de Marseillan, c'est qu'il fut établi une imposition sur les habitants de ce bourg pour indemniser Molière, qui était allé avec sa troupe y jouer la comédie. »

Voilà qui explique comment cette troupe, la plus célèbre de toutes celles qui parcouraient alors le midi de la France, consentait à aller jouer dans des bourgades si peu importantes. Le prince de Conti l'indemnisait sans façon sur le modeste budget de ces communes, et leurs habitants auraient pu dire de lui ce que Casimir Delavigne met dans la bouche des paysans de Plessis-lez-Tours :

..... *Il n'entend pas d'excuse*
Le bon seigneur Conti *quand il veut qu'on s'amuse.*

XVII

Après avoir passé l'hiver de 1655-56 à Pézenas, la troupe des Béjart se rendit, en mai, à Narbonne, comme d'Assoucy nous l'a appris, et c'est là que ce pauvre sire se sépara d'elle, pour aller chercher à Montpellier la fâcheuse aventure qui flétrit sa mémoire. C'était la troisième fois que Molière séjournait dans cette vieille cité des comtes de Foix, où il avait suivi Louis XIII en 1642, et où nous l'avons vu, le 10 janvier 1650, servir de parrain à la fille d'une de ses camarades. Cette fois, particularité curieuse, il prit gîte à l'auberge des Trois-Nourrices, dans laquelle, vers 1540, avait aussi logé Rabelais, ce génie libre et prime-sautier, qui a tant d'analogie avec celui de Molière.

Les États de Languedoc, pour la session de 1656-57, devaient se tenir à Béziers, et il se peut que la troupe, après quelque temps de résidence à Narbonne, ait été faire acte de présence à Lyon, son lieu de recrutement, avant de se rendre aux États, qui ne furent ouverts que le 17 novembre. C'est à Béziers, soit à la fin de ce mois, soit dans le cours du suivant, qu'elle donna la première représentation du *Dépit amoureux*, comme l'atteste cette note du registre de

La Grange : « Cette pièce de théastre a été représentée pour première fois aux Estats de Languedoc, à Béziers, l'an 1656, Monsieur le comte de Bioule, lieutenant du Roy, président aux Estats. » M. Paul Lacroix a très-vraisemblablement fait erreur, quand il place ce séjour de Molière à Béziers avant son troisième voyage à Narbonne (1). Le récit de d'Assoucy ne laisse aucun doute sur l'itinéraire que nous établissons ici : ce n'est point à Béziers, mais à Pézenas que ce musicien passa l'hiver dans la compagnie des Béjart, et c'est de Pézenas qu'il partit pour les suivre à Narbonne.

Remarquons de plus que le comte de Bioule, ou plutôt *de Bieule*, ne présidait pas les États de 1656, comme le dit La Grange ; il les surveillait et les dirigeait en dehors de l'assemblée, en qualité de commissaire du roi. Le président, à cette date, fut l'évêque de Viviers.

Le *Dépit amoureux* eut à Béziers le même succès qu'il devait rencontrer deux ans après à Paris, sur le théâtre du Petit-Bourbon.

...Quand du gros René l'on aperçut la taille,
Quand on vit sa dondon rompre avec lui la paille,
Quand on m'eut vu sonner mes grelots de mulets,
Mon bègue dédaigneux déchirer ses poulets

(1) *Iconog. Moliéresque*, p. 232.

Et ramener chez soi la belle désolée,
Ce ne fut que *Ah ! Ah !* dans toute l'assemblée.

Le Boulanger de Chalussay, dans ces vers, désigne successivement Du Parc, Molière qui jouait le rôle d'Albert et sonnait aux oreilles de Métaphraste les grelots qui mettent ce pédant en fuite (acte II, sc. VI), et enfin Béjart aîné, resté bègue, à ce qu'il paraît, malgré l'opération que nous lui avons vu faire, en 1643, par Sorin, médecin de la Faculté d'Angers.

Dans le refus que fait Eraste d'accepter les services d'un spadassin, les spectateurs s'accordèrent à voir une allusion aux efforts que le prince de Conti avait tentés moins de deux ans auparavant, aux États de Montpellier, pour obliger la noblesse de Provence à souscrire la promesse d'observer les édits du roi contre les duels. Comme le remarque Loret, dans sa *Muze historique* (Lettre du 6 février 1655), cette disposition pacifique contrariait singulièrement les gentilshommes faméliques qui se faisaient un revenu de leur assistance dans les rencontres meurtrières, et la scène III de l'acte V pourrait bien regarder ces breteurs récalcitrants (1).

Rœderer, qui avait entrepris la réhabilitation des

---

(1) Bazin, *Notes historiques sur la vie de Molière*, 2ᵉ édit., page 26.

Précieuses dans son *Mémoire sur la société polie*, et qui a eu tant d'imitateurs, Rœderer a soutenu que la pièce de Molière, où les *Précieuses* sont si bien tournées en ridicule, avait été jouée à Béziers, devant le prince de Conti, avant d'être livrée à la malignité du public parisien. A l'appui de cette assertion, il a cité Grimarest, qui affirme le fait et dont l'opinion a été embrassée par Joly, dans l'édition de Molière de 1734, par le P. Niceron et par Voltaire.

Le but de Rœderer était surtout de mettre hors de cause les véritables précieuses, qu'il jugeait dignes de toute estime. Molière, à son avis, n'eût pas osé traduire sur le théâtre, pour les bafouer, des personnes aussi respectables par le rang et le mérite que l'étaient les habituées de l'hôtel de Rambouillet. Et, en effet, le poëte comique, dans sa préface, a soin de séparer le bon grain de l'ivraie, et de déclarer que « les véritables précieuses auraient tort de se piquer lorsqu'on joue les ridicules qui les imitent mal », déclaration qu'il ne faut pas prendre au pied de la lettre, et trop commandée par la situation pour qu'il ne soit pas permis d'en suspecter la sincérité.

Les filles de Gorgibus sont, il est vrai, deux *pecques* de province nouvellement débarquées à Paris, comme Madelon le dit elle-même dans la scène quatrième. Mais la satire vise plus haut, et les traits lancés contre ces précieuses de petite ville s'appliquent en même temps à leurs illustres modèles, à celles dont elles exagèrent les ridicules. « L'air précieux n'a pas seulement infecté tout Paris », dit l'auteur dans la pièce même. Si la marquise de Rambouillet eut le bon goût de ne pas vouloir paraître atteinte, ni le public, ni les beaux esprits admis dans sa familiarité ne se trompèrent sur la véritable portée de l'œuvre, et Somaize n'hésita pas à imprimer que l'auteur avait mis sur le théâtre une satire qui, quoique sous des images grotesques, atteignait indifféremment tout ce qui portait le nom livré au ridicule.

Sans entrer plus avant dans le fond du débat, disons que Somaize avait raison sur ce point. Ajoutons malgré l'autorité de Grimarest, de Joly, du P. Niceron et de Voltaire, que la pièce ne fut point jouée d'abord à Béziers, mais bien à Paris, seul lieu où, sous le grossissement nécessaire de la scène, les fines épigrammes qu'elle contenait pouvaient être saisies et aller à leur but. Renvoyons enfin ceux qui voudraient s'édifier plus complétement sur cette question, à la savante dissertation que M. Despois lui a consacrée en tête du second volume de son édition des œuvres de Molière.

A tous les arguments qu'il a si bien fait valoir, nous en ajouterons ici pourtant un nouveau, purement historique et qui touche de près à notre sujet. Les *Précieuses ridicules* ne furent point jouées devant le prince de Conti à Béziers, par la bonne raison que, dès le printemps de 1656, ce prince avait quitté la province pour se rendre à la cour et ne reparut plus de longtemps en Languedoc. Il cédait alors de plus en plus aux obsessions de l'évêque d'Alet et se détachait des comédiens, contre lesquels, plus tard, il écrivit un livre, le *Traité de la comédie et des spectacles selon la tradition de l'Église.*

XVIII

Privé de l'appui du prince de Conti près des États, Molière s'ingénia pour y suppléer par ses propres ressources. La gratification de 6,000 livres allouée l'année précédente par le bureau des comptes n'avait pas été sans soulever quelques critiques. Le chef de la tribu errante ne l'ignorait pas; mais il comptait sur le *Dépit amoureux*, et il espérait bien que le bruit des applaudissements que cette pièce allait soulever couvrirait la voix des opposants. Aussi, le grand jour de la première représentation arrivé, fit-il distribuer gratuitement des billets d'entrée aux députés, espérant par là les engager à ne pas demeurer en reste de générosité avec lui. On convint de plus que Joseph Béjart leur ferait hommage de son *Armorial*, augmenté d'un supplément comprenant les gentilshommes qu'on appelait *les barons de tour*, parce que chacun d'eux, à son tour, avait droit de siéger aux États. L'ouvrage avait été imprimé à Lyon par Jasserme et contenait des planches fort coûteuses.

Or voici comment l'assemblée des États répondit à ces procédés et à l'attente des comédiens. Elle leur fit notifier par l'archer des gardes du roi, en la prévôté de l'hôtel, « d'avoir à retirer les billets distribués et faire payer, s'il leur semblait bon, les députés qui iraient à la comédie, défendant expressément à messieurs du bureau des comptes de, directement ou indirectement, accorder aucune somme aux comédiens, et au trésorier de la Bourse de payer, à peine de pure perte et d'en répondre à son propre et privé nom. »

La date de cette délibération, qui est du 6 décembre 1656, fixe probablement celle de la première représentation du *Dépit amoureux*.

Les États évidemment voulaient en finir une bonne fois avec les onéreuses complaisances des entrepreneurs de l'étape et de messieurs du bureau des comptes : la source des gratifications princières était tarie.

La réponse de l'assemblée à l'offre de Joseph Béjart se fit attendre plus longtemps. C'est seulement par un vote du 16 avril 1657, qu'en acceptant son *Armorial*, elle lui alloua une rémunération de 500 livres, mais en déclarant qu'à l'avenir « elle n'accorderait aucune gratification pour de pareils ouvrages, à moins qu'ils ne fussent expressément commandés. » Et c'est pourquoi Béjart en resta là de son ouvrage et n'y comprit pas le *Tiers-État héraldique* qui devait le compléter.

Molière n'attendit point cette mince réparation, accordée d'une façon si rechignée et qui, d'ailleurs, n'intéressait directement qu'un de ses acteurs. Peu après le vote qui rejetait le don gratuit de ses billets, il plia bagage et partit pour Lyon, désireux de soumettre sa nouvelle œuvre au jugement de cette grande ville, que sa clientèle princière l'avait trop forcé de négliger.

On lit en effet dans les registres de l'Hôtel-Dieu de Lyon que, le 19 février 1657, fut jouée au profit des pauvres une comédie qui rapporta 234 livres 2 sols et 3 deniers à l'hospice, et qu'il fut prélevé sur la recette 14 louis d'or pour les acteurs. S'il est permis de douter que ce fut le *Dépit amoureux* qui motiva cette grosse recette, au moins est-on fondé à croire qu'elle fut due au talent alors reconnu des camarades de Molière. (1)

A ce moment le poëte était rentré en possession de son indépendance : plus de prince fantasque, plus de députés chicaniers à ménager. Ce n'était plus que pour la forme qu'il conservait encore à ses cama-

---

(1) J'adopte ici l'opinion de M. Péricaud (*Molière à Lyon*) et celle de M. E. Soulié (*Rapport déjà cité*). Tous deux s'accordent à croire que la représentation du 19 février 1657 fut donnée par la troupe de Molière. Quant à celle du 4 juin suivant, qu'ils attribuent aussi à cette troupe, j'ai quelque peine à partager leur sentiment. Molière, qui ne quittait pas Madeleine, était à Nimes depuis le mois d'avril, comme on va le voir. Cependant il est possible que la troupe se soit arrêtée un moment à Lyon, au commencement de juin, en se rendant à Dijon. Le registre de l'Hôtel-Dieu de Lyon ne fait pas connaître le nom du directeur de la troupe qui donna les deux représentations dont on vient de parler.

rades le titre de *Comédiens de M. le prince de Conti ;* en réalité il était pour le moment affranchi de toute protection princière. L'argent ne lui manquait pas, grâce à l'esprit entendu, à la bonne administration de Madeleine qui, tout en défrayant la troupe, trouvait moyen de faire encore des économies, puisqu'elle plaçait de l'argent, en son nom, il est vrai. Il avait trente-cinq ans ; le mal qu'il couva de bonne heure dans sa poitrine lui laissait encore tout répit, conjuré par le ciel clément du Midi. Son entourage était gai, bienveillant, franchement dévoué à sa personne : sa maison pleine de joie et de rires. Il y trouvait ce qu'il lui fallait avant tout pour la libre expansion de son génie, l'aisance, la gaieté communicative, les propos vifs et un peu salés, de jolis visages, des amours faciles. Menou, la petite Ephyre d'*Andromède*, dont il se plaisait à cultiver les heureuses dispositions et le naissant attachement, était un rayon perpétuel au sein de ces pénates errants, l'éclat de voix argentin qui suffisait à dissiper tous les ennuis.

Des ennuis ! le comédien poëte en avait parfois cependant, grâce aux trois femmes entre lesquelles il partageait son cœur : car il n'avait pas tenu longtemps rigueur aux larmes de Mlle Du Parc et s'était laissé aller à panser ses blessures, sans s'éloigner toutefois de Mlle de Bric, sa consolatrice par occasion, ni de Madeleine, sa providence durable. Dans cette vie si libre et si mêlée des comédiens de campagne, où l'exemple étoit un encouragement et une excuse, cela ne tirait pas autant à conséquence qu'on serait porté à le croire. Une telle existence comportait bien des compromis et des tolérances. Il en fut autrement plus tard, quand l'introduction d'une femme légitime dans la maison du poëte vint compliquer et aggraver la situation. Mais en Provence, sous ce ciel brûlant, au milieu de cet intérieur si disposé à l'indulgence, le directeur de l'association rencontrait bien des libertés et des excuses.

Comment n'eût-il pas été heureux! Sa voie était trouvée; il entrait dans la pleine possession de son talent : ces ébauches, ces farces à l'italienne qu'il avait improvisées et semées à tous les vents sans en faire grand compte, il méditait alors d'y revenir, d'en introduire les types agrandis et perfectionnés dans des créations plus dignes de son génie. O la belle année! Et qu'il dut souvent y songer plus tard, dans sa vie fiévreuse de Paris et de Versailles, harcelé par l'envie, torturé par la jalousie, et si malheureux dans son intérieur!

Ce bonheur intime, cette plénitude de vie, de force et de talent, il voulut en jouir complétement et à loisir ; à cette félicité fugitive, il donna pour cadre le pays le mieux fait pour la faire valoir : un charme secret le rappelait vers la Provence et les Comtats, la contrée des souvenirs éternels et des ruines toujours jeunes. Il conduisit donc ses camarades à Nimes où la présence de Madeleine Béjart, à la date du 12 avril 1657, est prouvée par une commission qu'elle obtint du juge en la cour de cette ville pour l'obligation que lui avait, deux ans auparavant, souscrite Antoine Baralier, et dont elle poursuivait le remboursement.

De Nimes, la caravane fit route pour Orange et Avignon où Molière retrouva son ancien camarade Chapelle, qui voyageait en compagnie de Bachaumont. C'est aussi dans la vieille cité papale qu'il rencontra Mignard avec lequel il contracta une amitié solide. Mignard, revenant d'Italie, s'était arrêté dans le Comtat, pour dessiner l'arc de triomphe d'Orange et les antiques de Saint-Remy et aussi pour faire le portrait de la fameuse marquise de Gange. L'affection réciproque de ces deux hommes illustres dura jusqu'à la mort de Molière, et Mignard la reporta sur les héritiers du poëte, car il accepta d'être nommé, par Madeleine Béjart, tuteur à la substitution qu'elle fit par son testament en faveur des enfants de Molière.

Après tant d'années de rude apprentissage, l'auteur de l'*Etourdi* se sentait assez riche d'observations, assez formé par l'expérience du monde pour aborder enfin un théâtre mieux fait pour son talent. Il avait recueilli une ample collection de types et de caractères : costumes, mœurs, usages, langage des provinces, il connaissait tout cela et pouvait en tirer parti dans les créations qu'il rêvait. Il éprouvait donc le besoin de revoir Paris et d'y recevoir la consécration des succès obtenus en province. Ce ne fut pas toutefois sans hésitation qu'il prit ce grand parti. On le voit au commencement de l'été de 1657, chassé sans doute du Midi par les grandes chaleurs, remonter le cours du Rhône et venir solliciter des magistrats municipaux de Dijon la permission de donner des représentations au tripot de la Poissonnerie, permission qui lui est accordée le 15 juin, à la charge de verser 90 livres pour les pauvres de l'hôpital, et de subir un tarif pour le prix des places ; ce qui prouve que les municipalités croyaient devoir mettre un frein aux exigences croissantes des comédiens, sur les maigres bénéfices desquels elles ne se faisaient pas faute pourtant d'opérer d'assez larges prélèvements, abus dont on connaît assez la lamentable histoire (1).

Il revint selon son habitude achever l'année à Lyon, comme le prouve une pièce inédite que M. Brouchoud a bien voulu nous communiquer.

C'est une délibération de l'aumône générale de

---

(1) Ces faits jusqu'ici inconnus nous sont révélés par le livre curieux et savant que nous avons déjà cité : *La troupe du Roman comique dévoilée et les comédiens de campagne au dix-septième siècle*, par M. Henri Chardon, conseiller général de la Sarthe. — Paris, Champion.

cette ville (aujourd'hui l'hospice de la Charité), délibération en date du 6 janvier 1658.

Ce jour-là les administrateurs de l'aumône prélevèrent sur la boîte du bureau dix-huit livres tournois, pour être donnés à la veuve du Sr Vérand, contrôleur de la douane, recommandée, est-il dit, par la damoiselle Béjarre (sic), comédienne.

Ce fait curieux prouve le crédit dont la directrice de la troupe des Béjart jouissait auprès des administrations locales, et montre en même temps que certains préjugés n'ont jamais eu un caractère aussi général ni absolu qu'on est tenté de le croire (1).

Après avoir pris congé des habitants par une représentation donnée au bénéfice des pauvres le 27 février 1658 et qui rapporta 101 livres 4 sols (2), Molière alla passer le carnaval à Grenoble et y toucha enfin, le 1er avril, grâce à la ténacité de Madeleine, cette lettre de change souscrite par Dufort, reliquat de l'indemnité allouée pour la présence de la troupe aux États de Montpellier.

En quittant Grenoble, la caravane toucha barre à Lyon, traversa la France en suivant un itinéraire

---

(1) Voir le document aux pièces justificatives.

(2 M. Péricaud, *Molière à Lyon* et *Rapport* de M. E. Soulié au ministre de l'instruction publique, déjà cité. M. Brouchoud, dans ses *Origines du théâtre de Lyon*, cite, page 61, une précédente représentation donnée en cette ville le 31 décembre 1657 et qui rapporta aux pauvres 217 livres.

jusqu'ici inconnu, et vint enfin s'établir à Rouen où elle se rencontra avec une autre troupe que dirigeait Du Croisy. C'était là que, quinze ans auparavant, son illustre chef avait fait ses premiers débuts. M. Robillard de Beaurepaire, archiviste de la Seine-Inférieure, a constaté que, pendant ce second séjour dans la patrie de Corneille, Molière et sa troupe donnèrent deux représentations au profit de l'Hôtel-Dieu : l'une, qui eut lieu au mois de juin, rapporta à l'hospice, *tous frais prélevés*, une somme de 77 livres 4 sols 6 deniers ; la seconde, donnée au mois d'août, pendant les grandes chaleurs, ne produisit que 44 livres 4 sols.

Durant l'été qu'il passa à Rouen, Molière fit secrètement plusieurs voyages dans la capitale. « Il voulait, dit La Grange, qui entra dans la troupe à Pâques de l'année suivante (1659), profiter du crédit que son mérite lui avait acquis auprès de plusieurs personnes de considération qui, s'intéressant à sa gloire, lui avaient promis de l'introduire à la cour. » On a cru voir dans ces lignes une allusion au prince de Conti ; mais cet ancien condisciple du comédien tournait alors définitivement vers la dévotion intransigeante, et il est peu probable qu'il ait usé de son crédit en faveur de l'écrivain dans lequel perçait déjà le futur auteur du *Tartuffe*. Nous aimons mieux supposer, avec M. Moland, que le protecteur du poëte, en cette circonstance capitale, fut son nouvel ami Mignard, alors fort en crédit auprès du cardinal Mazarin.

« Molière, disent encore La Grange et Vinot, eut l'avantage de faire agréer ses services et ceux de ses camarades à Monsieur, frère unique du roi, qui, lui ayant accordé sa protection et le titre de sa troupe (1), le présenta en cette qualité au roi et à la reine-mère. » Les camarades de Molière qu'il avait laissés à Rouen en partirent aussitôt pour venir à Paris rejoindre leur directeur. C'étaient les deux Béjart, Du Parc, Du Fresne (2), de Brie, Madeleine Béjart, Mlles Du Parc, de Brie et Hervé (Geneviève Béjart). Ces neuf acteurs partageaient les bénéfices avec le chef de l'association, et il y avait de plus un gagiste, le sieur Croisac, payé à raison de 2 francs par jour. Ils parurent pour la première fois, le 24 octobre 1658, devant Louis XIV, sa mère et toute la cour, sur un théâtre que le roi avait fait dresser au vieux Louvre, dans la salle des gardes, dite depuis la salle des cariatides.

L'auteur du *Dépit amoureux* entre, à partir de ce moment, dans cette dernière période de sa courte

---

(1) Il accorda de plus 300 livres de pension pour chaque comédien ; mais, au dire de La Grange, cette pension ne fut jamais payée.

(2) Du Fresne se retira du théâtre à Pâques 1659, époque à laquelle La Grange et Du Croisy entrèrent dans la troupe du Petit-Bourbon, dirigée par Molière.

existence dont chaque point d'arrêt sera marqué par un chef d'œuvre. Il vit en pleine lumière, au grand jour de la renommée : son histoire ne présente plus guère d'autres obscurités que celles qui planent encore sur son mariage avec Armande Béjart, sur les causes réelles de leur mésintelligence, et sur la part de responsabilité qui revient à l'un et à l'autre dans ce malheur domestique.

TROISIÈME PARTIE

—

LES ANNÉES DE GLOIRE

TROISIÈME PARTIE

LES ANNÉES DE GLOIRE

Mariage et Ménage de Molière

I

Un voile qu'aucune main ne lèvera jamais complétement couvre l'origine de la jeune femme que Molière épousa le 29 février 1662 ; on ne saura jamais avec une certitude absolue de qui Armande-Grésinde-Claire-Élisabeth Béjart était la fille : la découverte même de son acte de baptême (et l'on verra pourquoi tout à l'heure) ne dissiperait en rien les doutes qui pèsent sur sa naissance.

Une tradition non interrompue pendant cent soixante ans a reconnu cette enfant pour fille de Madeleine Béjart, maîtresse de Molière ; et comme l'époque de sa conception (on en a la preuve aujourd'hui) concorde exactement avec celle où Molière, suivant Louis XIII en qualité de valet de chambre pendant la campagne de ce prince en Roussillon, put se rencontrer avec Madeleine, la malignité des contemporains ennemis du grand poëte et celle même de quelques-uns de ses amis n'ont pas manqué de supposer qu'il était, au moment de la naissance de cette jeune fille, l'un des amants de la mère, supposition dont l'invraisemblance et la fausseté seront tout à l'heure mises en évidence.

L'auteur anonyme de la *Fameuse Comédienne*, laquelle, comme on sait, n'est autre qu'Armande elle-même, écrit que « elle était fille de la défunte Béjart, comédienne de campagne qui faisoit la bonne fortune de quantité de jeunes gens de Languedoc, dans le temps de l'heureuse naissance de sa fille. » C'est pourquoi, ajoute-t-il, « il seroit très-difficile, dans une galanterie si confuse, de dire qui en étoit le père. » Et pour préciser la venimeuse insinuation contenue dans ces lignes, l'anonyme conclut en ces termes : « On l'a crue fille de Molière, quoiqu'il ait été depuis son mari ; cependant on n'en sait pas bien la vérité. »

Les ennemis de Molière n'avaient pas attendu sa mort, et l'année 1688, date de la publication de ce libelle, pour exploiter un thème qui servait si bien leurs rancunes et leur méchanceté. L'auteur d'*Elomire hypocondre* avait déjà, du vivant même du grand poëte, formulé la même accusation, en termes moins circonspects. Je ne suis point trompé, dit Elomire à Bary :

nous substituons ici le mot *trompé* à celui du texte, que la pruderie de notre temps bannit du langage.

> Je ne suis point *trompé*, ni ne le sçaurois estre,
> Et j'en suis, Dieu merci, bien asseuré.

> BARY
>
> Peut-estre.
>
> ELOMIRE
>
> Sans peut-estre ! Qui forge une femme pour soy,
> Comme j'ai faict la mienne, en peut jurer sa foy.

Et comme Bary objecte que si Arnolphe, qui pourtant, lui aussi, avait forgé Agnès, eût commis la faute de l'épouser, elle n'eût pas manqué de le faire... ce que Sganarelle n'était qu'en imagination, Elomire, qui n'est autre que Molière, repart aussitôt :

> Arnolphe commença trop tard à la forger;
> C'est *avant le berceau* qu'il y devait songer,
> Comme quelqu'un l'a faict.

> BARY
>
> On le dit.
>
> ELOMIRE
>
> Et ce dire
> Est plus vray qu'il n'est jour.

Cette abominable calomnie, encouragée par le silence de Molière, de ses amis, de ses camarades, de tout son entourage, arriva enfin à se produire au plus grand jour lorsque l'acteur Montfleury, dans une requête adressée à Louis XIV, à la fin de l'année 1663, osa accuser l'illustre comédien dont le succès l'écrasait, d'avoir épousé sa propre fille. Le roi répondit à la délation en devenant le parrain du premier enfant de Molière. S'il ne la dédaigna pas absolument, si préliminairement il en parla à Molière, comme il est naturel de le supposer, celui-ci sans doute usa, pour se justifier, d'un moyen des plus simples : il n'eut qu'à mettre sous les yeux du monarque l'acte officiel de son mariage, qui donne pour mère à Armande, non pas Madeleine, mais la mère de cette dernière.

Si cette justification fut produite, personne autre que les deux illustres interlocuteurs n'en eut assurément connaissance. Ce procédé si naturel, si bien commandé par les circonstances, pourquoi le poëte incriminé n'y recourut-il pas pour imposer silence à la calomnie? Cette preuve qu'il avait en main, pourquoi ne la fit-il pas lire à quelqu'un de ses amis, dont la voix honnête et autorisée aurait suffi pour convaincre les plus incrédules ? Au lieu de répondre ainsi à l'auteur d'*Elomire*, pourquoi préféra-t-il obtenir la suppression de la première édition de sa comédie ?

Le poëte, suspecté dans son honneur, se serait-il dit que la production d'un tel acte n'entraînerait pas la conviction de tout le monde ; que les envieux et les ennemis ont de meilleurs yeux qu'un souverain fort affairé et qui devait se contenter aisément d'une justification fondée sur une pièce authentique ? Pensa-t-il qu'il y avait danger, sinon pour lui, au moins pour sa nouvelle famille, à laisser examiner de trop près cet acte de mariage et tous ceux analogues qui l'avaient précédé, et qu'une accusation de faux en matière d'actes publics était bien autrement périlleuse pour les siens que cette vague accusation suffisamment réfutée par le silence amical du monarque ?

Il est certain qu'il se tut, laissant amis, ennemis, ses camarades, tout le public, livrés au doute sur un fait qu'un seul démenti de sa part eût suffi pour réduire à néant. Ce préjugé, ses amis les plus illustres semblent l'avoir partagé : Boileau lui-même, si judicieux et si grave, ne s'y déroba pas. Brossette écrit dans ses Mémoires sur la vie du grand satirique : « M. Despréaux m'a dit que Molière avoit été amoureux premièrement de la comédienne Béjart, *dont il avait épousé la fille.* » Remarquez ce malin rapprochement.

L'accusation que Montfleury n'avait pas craint de porter devant le roi fut reproduite treize ans après, en 1676, dans un procès que Lulli soutenait contre un sieur Guichard et où la veuve de Molière était appelée à témoigner. L'avocat de Guichard essaya de discréditer le témoignage de cette dernière, en la traitant de veuve de son père et d'orpheline de son mari.

II

Nous l'avons dit, cent soixante ans s'étaient écoulés sans qu'aucune atteinte eût été portée à la tradition. Hostiles ou sympathiques, tous ceux qui jusque-là avaient écrit sur Molière : La Grange, Grimarest, Breuzen de la Martinière, Bayle, de Visé, tous avaient partagé, sur l'origine d'Armande Béjart, l'opinion qui faisait autorité de son vivant, même parmi ceux qui le voyaient journellement. Grande fut donc la surprise lorsqu'en 1821 Beffara découvrit cet acte de mariage, établissant que celle qu'on avait toujours crue fille de Madeleine Béjart était sa sœur, sœur très-cadette de vingt-cinq ans environ, fille des mêmes père et mère, sœur des mêmes frères et sœurs. Car, notons-le bien, l'acte porte la signature, non-seulement de Marie Hervé, veuve de Joseph Béjart et dite mère de la future, mais aussi de Louis et de Madeleine Béjart, qualifiés frère et sœur de la mariée.

Le premier mouvement de surprise passé, les soupçons ne tardèrent pas à se faire jour : l'ancienne opinion avait dans l'esprit des érudits des racines trop profondes pour qu'un acte, si authentique qu'il fût, parvînt à l'en arracher. Savait-on si quelque intérêt grave n'avait pas poussé les parents d'Armande à lui attribuer une fausse filiation? Beaucoup le soutinrent et, parmi eux, M. Auger, dans la *Biographie Michaud*, et M. Soleirol, qui réunit en faveur de la vieille opinion une vingtaine de raisons plus ou moins sérieuses : aucun ne le fit avec plus d'éclat que M. Bazin, dont les articles parurent en 1847 et 1848, dans la *Revue des Deux Mondes*.

Elle était bien mal étayée pourtant, cette thèse de M. Bazin, et les découvertes postérieures ont donné un rude croc-en-jambe aux arguments sur lesquels elle s'appuie. Il faut toutefois la résumer rapidement, parce que, si les explications sont défectueuses, le sentiment qui les inspire est juste et naturel : il part du respect de la tradition, du désir de trouver l'opinion ancienne, unanime jusque-là, en harmonie avec la vérité. De mauvaises raisons alléguées en faveur d'une bonne cause, c'est ce qui se voit tous les jours.

Selon M. Bazin donc, la fille de Madeleine Béjart n'aurait pas été baptisée ou l'aurait été sous de faux noms, ce qui expliquerait pourquoi son acte de baptême n'a pas été retrouvé. Née d'un père inconnu, cette bâtarde pouvait-elle entrer dans l'honorable famille des Poquelin? Une naissance illégitime eût révolté cette famille, qui avait des alliances illustres et même quelques prétentions à la noblesse (on lui donne aujourd'hui des armoiries), et qui était à peine réconciliée avec ce vagabond dont elle n'était pas encore bien sûre de pouvoir se faire honneur. Le père

Béjart était mort ; sa veuve vivait et, selon M. Bazin, avait alors soixante-deux ans (en réalité, au moment du mariage d'Armande, elle en avait dix de plus). Elle était de nature fort complaisante ; elle consentit donc à se déclarer mère et à faire feu son mari père de la fille qui allait devenir la bru du tapissier Poquelin ; ce qui, ajoutait M. Bazin, lui donnait à elle une fécondité de vingt-huit ans, tout à fait invraisemblable.

Le sceptique et trop ingénieux critique aurait sans doute énoncé ses objections d'une façon bien plus péremptoire encore, s'il avait su ce qu'on n'a appris qu'en 1863 par la découverte du contrat de mariage de Molière (jusque-là on ne connaissait que l'acte de célébration), qu'Armande avait, non pas dix-sept ans lors de ce mariage, mais dix-neuf ans accomplis, et que Marie Hervé, sa prétendue mère, unie à Joseph Béjart en 1615, était née en l'année 1590, ce qui lui donnait cinquante-trois ans en 1643, année où la femme de Molière vit le jour.

Ainsi tous les Béjart, la fiancée, la mère, la grand'-mère, les oncles, les tantes, tous s'étaient entendus pour insérer une fausse déclaration dans un acte de l'état civil ; et Molière, trop familier depuis longues années avec les Béjart pour rien ignorer de leurs secrets, Molière avait pris part à ce faux en écriture authentique !

Tout invraisemblable qu'il fût dans ses détails, ce

petit roman, remanié et amendé par l'auteur, fit fortune et eut l'honneur de deux éditions. Il expliquait tant bien que mal le silence gardé sur la supercherie et l'opinion unanime des contemporains et des biographes de Molière, tous d'accord pour faire de sa femme l'enfant de Madeleine Béjart. Cette audacieuse hypothèse, dont M. Bazin du reste n'était nullement le premier inventeur, avait pourtant un côté faible, et c'était le motif même donné à la fraude. Dans quel intérêt, en effet, cette fausse déclaration des Béjart? Pour duper les Poquelin et ne pas s'exposer à l'affront d'un refus fondé sur l'illégitimité de la future. Mais les Béjart, malgré la gêne où ils étaient tombés, étaient gens fort connus dans le quartier du Marais, et Jean Poquelin n'eût pas été bien embarrassé pour s'éclairer sur la famille dans laquelle son fils allait entrer. Et si Poquelin et son beau-frère, André Boudet, tous deux présents au mariage, savaient la vérité, pense-t-on qu'ils se fussent associés facilement à un faux en écriture publique, que la moindre indiscrétion pouvait révéler?

M. Edouard Fournier sentit la force de ces objections et, persuadé, comme son prédécesseur, de la supercherie des Béjart, il lui chercha une explication différente et plus acceptable. Dans son *Roman de Molière* publié en 1863, au moment même où paraissaient les *Recherches* de M. Soulié, ce n'est plus l'acte de mariage de Molière, c'est un acte bien antérieur, le baptistaire d'Armande, qui le premier est entaché par la fausse déclaration. Le but n'est plus de tromper l'honorable susceptibilité des Poquelin, mais de dissimuler la faute de Madeleine aux yeux de son ancien amant, le comte de Modène, qu'elle n'a point perdu l'espoir d'épouser, espoir que tous les Béjart nourrissent comme elle.

Cette famille a quitté Paris aussitôt après l'arrêt du Parlement qui condamnait le comte de Modène à la peine de mort (6 septembre 1641), et cela par crainte de se voir impliquée dans les poursuites dirigées contre ce conspirateur. Réfugiée d'abord à Bordeaux, elle y trouve aide et protection auprès du nouveau duc d'Epernon qui venait, dit M. Fournier, de succéder à son père dans la charge de gouverneur de Guyenne. C'est ici, pour le dire en passant, une erreur historique : le nouveau duc d'Epernon, Bernard de Nogaret, ne protégea point les Béjart à Bordeaux en 1641, par la raison qu'il habitait alors l'Angleterre, où il s'était réfugié après l'arrêt du 24 mai 1639 qui le condamnait à mort pour crime de haute trahison : il ne rentra en France qu'après la mort de Louis XIII et fut réhabilité par arrêt du Parlement en date du 16 juillet 1643 (1).

(1) Nicolas de Trallagé, dans son mss., prétend que Molière joua la comédie devant le duc d'Epernon, à Bordeaux, en 1644 ou 1645 ; mais ailleurs le même manuscrit reporte le fait à l'année 1647. Voyez *Iconographie moliéresque*, pages 119 et 224.

La famille Béjart reste trois ans dans le Midi, où Madeleine met au monde, en 1644, l'enfant qui sera un jour Madame, ou plutôt Mademoiselle Molière, comme on disait alors. Pourquoi cette année 1644 plutôt que la suivante? C'est qu'à l'époque où parut le *Roman de Molière*, on savait déjà, de science certaine, que Madeleine était présente à Paris en 1645, année où l'on plaçait la création de l'*Illustre Théâtre*, et ne pouvait, par conséquent, devenir mère à deux cents lieues de là; c'est de plus que l'auteur voulait se mettre d'accord, autant que possible, avec l'acte mortuaire d'Armande, qui lui donne cinquante-cinq ans au jour de son décès, arrivé le 2 décembre 1700.

Il est vrai que si l'on a égard à cet acte, certainement rédigé à la légère sur la déclaration de personnes mal informées, c'est dans l'année 1645 et non en 1644, qu'il faudrait placer la naissance d'Armande ; mais l'auteur, dont l'esprit fécond n'est point en peine d'expédients, insinue en note qu'une si fameuse coquette a bien pu, *in extremis*, se rajeunir d'un an dans son acte mortuaire (1).

Notez bien que nous n'entendons nullement faire ici le procès de cet ingénieux écrivain, dont nul plus que nous ne prise l'érudition et les heureuses découvertes sur les grands écrivains du dix-septième siècle. Nous reconnaissons, au contraire, qu'avec les

(1) *Roman de Molière*, note de la page 47.

éléments d'information dont il disposait, il lui était difficile de mieux faire : le fond de sa thèse, le tour de passe-passe opéré par Madeleine, est tout à fait vraisemblable, et, sur ce point capital, on ne peut que le louer de sa perspicacité.

La fin de son roman, vous la devinez. « Un jour dont la date certaine est inconnue, dans un lieu qu'on ne connaît pas davantage, et dont on ne peut même pas dire si c'était une ville ou un village, en Guyenne, en Languedoc ou en Provence, une fille fut présentée à baptiser sous les noms d'Armande-Gresinde-Claire-Élisabeth. Elle était née dans la famille Béjart.

» Qui était la mère ? Vous ne doutez pas que c'est Madeleine. Ce que l'on sait de sa vie passée, de ses galanteries présentes, permet à ce sujet la certitude presque complète, d'autant que Geneviève, sa jeune sœur, qui n'est pas encore mariée, ne fait guère parler d'elle, et que leur mère à toutes deux, dont le huitième et dernier enfant est né quatorze ans auparavant, n'est plus en âge d'en avoir d'autre. C'est pourtant sous le nom de cette bonne femme que la nouvelle petite fille est déclarée. On lui donne pour mère celle qui, tout l'atteste, ne peut être que son aïeule. De pareilles substitutions n'étaient pas difficiles alors... Il fallait toutefois, pour de telles supercheries, un motif grave, et celui des Béjart l'était. Quand tout cela se passe-t-il en effet ? Dans les premiers mois de 1644 environ. »

Ce motif grave, nous l'avons dit tout à l'heure. Il s'agit de dissimuler la faute de Madeleine aux yeux de son amant, M. de Modène, de qui elle a déjà un enfant et qui vient de revenir d'exil. Toute la famille, dont une alliance avec un si grand personnage est le rêve caressé, entre dans le complot, et la mère de toute la tribu des Béjart, malgré son grand âge, consent encore à endosser la responsabilité de ce dernier enfant, qu'on laisse en Languedoc. « Armande, dit, en effet, l'auteur de la *Fameuse comédienne*, a passé sa plus tendre jeunesse en Languedoc, chez une dame d'un rang distingué dans la province. » Un éditeur de Molière, Petitot, assure même que cette dame demeurait à Nimes : il y a des gens qui savent tout.

Si le lecteur a présent à l'esprit ce que nous avons dit de l'époque où fut créé l'*Illustre Théâtre*, il verra tout de suite aisément par quels côtés pèche toute cette histoire. Madeleine n'accoucha point en Guyenne, en Languedoc ou en Provence dans les premiers mois de 1644, puisque sa présence à Paris est constatée le 30 juin 1643 dans un acte que nous avons cité, qu'elle est à Rouen le 3 novembre de la même année, puis à Paris le 28 décembre suivant, comme le prouvent deux actes notariés également cités, et toujours à Paris dans les deux années suivantes pendant les années de lutte de Molière et de l'*Illustre Théâtre*.

Il est bien possible que son retour dans la capitale, si tant est qu'elle l'ait quittée pendant le voyage de Louis XIII, ait été motivé par le désir de reprendre au plus tôt son empire sur son ancien amant, tentative que nous la verrons renouveler quelques années plus tard; mais, si cela est vrai, on voit qu'elle n'attendit pas jusqu'en 1644 pour mettre son projet à exécution. Le comte de Modène, en compagnie du duc de Guise, était venu se présenter à la régente aussitôt après la mort de Louis XIII : les lettres d'abolition pour le duc de Guise, obtenues quelque temps après le retour des deux amis, sont datées d'août 1643. Madeleine, on vient de le dire, était certainement à Paris dès le mois de juin, et il est même vraisemblable qu'elle y fut rappelée beaucoup plus tôt par la maladie et la mort de son père.

III

On put croire un moment que tout doute était levé sur l'origine d'Armande Béjart, quand M. Eudore Soulié, en 1863, produisit cet acte où Marie Hervé, veuve depuis quelque temps de Joseph Béjart, stipule au nom d'une fille à elle qui vient de naître, acte parfaitement en harmonie avec les énonciations du contrat de mariage de Molière.

Joseph laissait de grosses dettes ; sa veuve se présente, le 10 mars 1643, devant le lieutenant civil Antoine Ferrand, pour être autorisée à renoncer à sa succession, au nom et comme tutrice de Joseph, second du nom, Madeleine, Geneviève et Louis Béjart et d'*une petite non encore baptisée*, tous qualifiés enfants mineurs, issus de son mariage avec le défunt (1). Comme cette petite fille encore non baptisée et sans prénoms en mars 1643 est évidemment, et de l'aveu de tous, celle qui était près d'entrer dans sa vingtième année au 23 janvier 1662, jour du contrat de mariage de Molière, bien des gens estimèrent ce gros nuage

---

(1) Nous reproduisons ici l'ordre dans lequel l'acte range ces cinq enfants et qui est, suivant l'usage, l'ordre même de leur naissance. Cet ordre prouve que l'aîné était bien Joseph et ne se nommait pas Jacques, deux points sur lesquels M. Moland a fait erreur. Voir le *Dictionnaire* de Jal, p. 177.

dissipé et l'opinion désormais fixée sur la filiation de celle que le poëte avait associée à son sort.

C'était là pure illusion : un doute des plus graves subsiste encore, et l'on va voir que la découverte de M. Soulié, loin de faire taire les objections, se retourne contre la preuve qu'il a crue invincible.

S'il y a eu supercherie, c'est dans cette demande adressée par la veuve Béjart au lieutenant civil, ainsi que dans l'acte de subrogée tutelle qui la précéda que cette supercherie devait d'abord être commise (1). Ces actes sont les premiers qui furent faits après la naissance d'Armande ; ils sont antérieurs à son baptistaire, qui ne put que reproduire leurs énonciations et s'y conformer, ce qui, disons-le, rend la découverte de ce baptistaire, objet de tant de recherches, assez indifférente, puisque nous savons d'avance ce qu'il contient. De ces deux premiers actes, la subrogée tutelle et la renonciation, découlaient tous les autres ; ceux qui devaient suivre, baptistaire, acte de mariage, acte de décès, étaient les conséquences des premiers et tenus de se conformer à leurs énonciations.

Voici, en effet, comment les choses ont dû se pas-

---

(1) Cet acte de subrogée tutelle donnerait peut-être le lieu et la date du décès de Joseph Béjart et de la naissance d'Armande. De laborieuses recherches aux Archives nationales faites à notre intention n'ont pu parvenir à le découvrir, bien qu'un jeune ami, héritier d'un nom cher aux Lettres et aux Arts, M. R. de C., se soit livré à cette tâche avec autant d'intelligence que de dévouement.

ser. Nous aussi, nous allons faire notre roman ; mais il aura sur ceux qui viennent d'être analysés l'avantage d'être en harmonie avec les faits ambiants comme avec les découvertes les plus récentes, et un roman ainsi construit a grande chance d'être de l'histoire.

En 1642, Madeleine Béjart est dans sa vingt-cinquième année; le jeune Poquelin, complétement étranger à cette ténébreuse affaire, n'a que vingt ans et échappe à peine aux bancs de l'école de droit. Il n'est pour elle qu'un adolescent dont les empressements sans conséquence l'amusent, mais dont elle est loin encore de songer à faire un amant. Assez d'autres, dans la vie aventureuse qu'elle mène, se disputent son attention; assez d'autres, plus entreprenants, plus brillants, mieux pourvus des dons de la fortune, s'appliquent à la consoler de l'abandon où la laisse le préféré de son cœur. L'un d'eux réussit à se faire écouter. Que ce soit Paris ou la province qui ait été le théâtre de cette nouvelle chute, le point de départ qu'il faut admettre, parce qu'il est la seule explication possible des fraudes évidentes qui vont suivre, c'est qu'à la fin de cette année 1642, elle est enceinte et intéressée à dissimuler sa grossesse au comte de Modène, qui ne peut tarder à reparaître à Paris, car Richelieu vient de mourir, et Louis XIII, personne n'en doute, ne tardera pas à le suivre dans la tombe.

Madeleine, en effet, n'a point perdu l'espérance de

renouer sa liaison avec ce premier amant, qui lui a donné des preuves d'une affection telle que pour elle il a foulé aux pieds toutes les convenances sociales. Ne s'est-il pas, bien que marié, reconnu père de la fille dont elle est accouchée le 3 juillet 1638 ? N'a-t-il pas donné pour parrain à cet enfant adultérin son propre fils, Gaston de Modène, né de lui et de sa femme légitime, Marguerite de la Baume-Suze, veuve en premières noces du marquis de Lavardin ?

Ce n'est pas que Madeleine compte, au moins pour le moment, sur une union légitime avec ce grand personnage. Ce rêve ambitieux, si tant est qu'elle le caresse déjà, est relégué dans les futurs contingents ; car Mme de Modène vit encore, fort maladive, il est vrai, étrangère à son époux et oubliée dans le Maine, au château de Malicorne, où elle ne s'éteindra qu'en 1649 (1). Ce que Madeleine aspire à reprendre ou plutôt à conserver, c'est sa position d'épouse de la main gauche, de maîtresse en titre d'un homme que son courage et ses aventures ont rendu célèbre, et qui, tout-puissant près du duc de Guise, n'est pas moins influent à la cour du frère du roi. C'est par lui qu'elle a brillé au sein de ce monde de roués élégants et d'il-

---

(1) L'acte d'inhumation est du 9 février et vient d'être publié par M. Chardon : *la Troupe du roman comique*, p. 13. Il fait évanouir le dire de tous ceux qui ont prétendu que le comte de Modène était veuf quand il s'avoua père de la première fille de Madeleine.

lustres débauchés qui forme la petite cour de Gaston d'Orléans, ; c'est par lui qu'elle a connu le luxe et ses jouissances.

Cet homme, qui n'a encore que trente-quatre ans environ (1), elle connaît son esprit léger et malléable, son cœur mobile, aussi prompt à s'éprendre qu'à se détacher. Aussi n'a-t-elle rien ménagé jadis pour le captiver; elle a pénétré tous ses secrets; elle s'est mise de bonne heure à la tête de ses affaires fort compromises, tâche qu'elle continuera toute sa vie; elle a travaillé avec beaucoup d'art à l'enlacer de liens solides. Ces liens, il se peut que l'absence les ait fort relâchés; mais ils se renoueront sans doute si un témoignage vivant de sa propre légèreté n'est pas là pour attester perpétuellement qu'elle-même s'en est affranchie.

Ce témoignage, il faut à tout prix qu'il disparaisse. Que faire? A quel biais, à quel subterfuge avoir recours? Le moyen ne tarde pas à se présenter à son esprit, car il est de ceux qui sont familiers aux gens de théâtre, un ressort dramatique des plus connus. L'enfant aura une fausse mère; une autre femme le fera enregistrer sous son nom. Cette femme, Madeleine l'a sous la main, et elle est sûre de sa discrétion, car c'est sa propre mère, assez jeune encore pour que la supercherie ne soit pas trop invraisemblable.

(1) Il était né à Sarrians le 19 novembre 1608 et avait été d'abord page, puis chambellan de Monsieur, frère de Louis XIII.

La famille Béjart vit fort retirée, très-probablement à la campagne, et dans un état fort précaire. Quand Madeleine accouche, à la fin de 1642 ou dans les deux premiers mois de l'année suivante, Béjart le père vient de mourir ou touche au tombeau. La vieille mère se laisse aisément persuader : elle est d'un esprit de facile composition, car elle a jadis, en 1638, consenti à être la marraine de ce premier enfant que sa fille a eu de M. de Modène, prouvant ainsi sa tolérance pour les déportements de Madeleine et les espérances qu'elle fonde sur sa liaison avec ce grand personnage.

Madeleine délivrée et Béjart père inhumé, sa veuve se présente donc devant le lieutenant civil pour être autorisée à renoncer à sa succession, au nom et comme tutrice de cinq enfants qu'elle affirme être tous encore mineurs, issus d'elle et de son défunt mari, et dont le dernier est une petite fille nouvellement née, non encore baptisée et par suite encore sans aucun prénom.

Or, et c'est ici un point de la dernière gravité et qui va nous permettre de toucher du doigt la supercherie, or, disons-nous, ces cinq enfants n'étaient pas tous mineurs ; les deux aînés avaient dépassé vingt-cinq ans, Madeleine ayant été baptisée le 8 janvier 1618 (1) : son frère prénommé Joseph

---

(1) M. Jal a publié son baptistaire, *Dictionnaire*, page 178.

comme le père défunt, était plus âgé qu'elle d'un an environ et avait ainsi vingt-six ans au 10 mars 1643, jour où sa mère le représentait comme encore mineur aux yeux abusés du lieutenant civil. Vingt-cinq ans étaient alors l'âge légal de ce qu'on appelait la pleine majorité, la majorité parfaite, celle où l'on jouissait de tous ses droits : certaines coutumes fixaient même la majorité à un âge moins avancé; mais nous n'en n'avons rencontré aucune où le contraire eût lieu.

Comment expliquer cette fausse déclaration, si ce n'est par un concert frauduleux de la veuve Béjart et d'une partie des siens, dans le but de préparer une autre déclaration non moins fausse, et que la première pousse naturellement à admettre, celle qui donnait pour fille à cette veuve de cinquante-trois ans la petite non encore baptisée ?

La requête adressée au lieutenant civil, pour qu'il réunît les parents des enfants à l'effet de délibérer sur la renonciation à la succession de leur père, avait été précédée d'une autre assemblée de ce même conseil de famille dans laquelle un subrogé tuteur avait été donné à ces prétendus mineurs, aux faux comme aux vrais. La requête nous fait connaître les noms de ces membres du conseil de famille. Un seul parent y figure, M⁰ Pierre Béjart, procureur au Châtelet, oncle paternel des enfants : tous les autres sont des étrangers, qualifiés amis de la famille.

C'était Pierre Béjart peut-être qui inspirait ces louches combinaisons et, régulièrement, c'est lui que le conseil aurait dû choisir pour subrogé tuteur, puisqu'il était le parent le plus rapproché et qu'il appartenait à la branche paternelle. Mais un procureur madré ne pouvait être curieux de se mêler d'une façon trop directe à cette affaire suspecte. C'est un étranger qui est choisi en son lieu et place, Simon Bedeau, maître sellier lormier (carrossier), à Paris. En pareil cas, et quand ils sont ainsi composés, les conseils de famille acceptent volontiers la désignation qui leur est faite par l'époux survivant, et leur vote, dont on s'assure d'avance, contrarie rarement son désir.

Songez que les deux enfants, Joseph et Madeleine, qu'on représentait comme mineurs, n'étaient en possession de leurs droits que depuis peu de temps (pour Madeleine, c'était depuis deux mois et deux jours); songez de plus que la petite encore sans prénoms était née loin de tout œil indiscret et probablement à la campagne, que la femme qui se disait sa mère et dont les cinquante-trois ans auraient pu donner à réfléchir, avait eu déjà onze enfants pour le moins, dont sept étaient décédés, et que l'avant-dernier était né depuis moins de quatre ans (1) : la chaîne des

---

(1) Sur ce point, voir le *Dictionnaire* de M. Jal, page 177. Ce dernier enfant (l'avant-dernier si Armande eût été la fille de Marie Hervé), était né le 20 novembre 1639.

parturitions n'avait point été interrompue, comme on l'a cru si longtemps. Ajoutez que ce conseil de famille de hasard, composé d'étrangers qui, pour la plupart, avaient probablement perdu de vue les Béjart depuis longtemps, n'apportait qu'une attention assez distraite à une autorisation au fond sans conséquence grave pour les enfants, puisque la succession qu'on les autorisait à répudier ne présentait que des dettes. Qu'il y eût un ayant droit de plus ou de moins à cette fortune toute négative, qu'importait en vérité?

La trame ourdie par Madeleine et sa mère, dans l'intérêt de l'ambition et de l'honneur de la famille, avait donc toutes chances de succès. Elle pouvait pourtant être découverte et, dans ce cas, il valait mieux qu'il n'y eût qu'un seul éditeur responsable, la veuve Béjart, vieille femme que son âge et le but même de son action recommanderaient à l'indulgence de la justice. Et voilà pourquoi Madeleine et son frère Joseph restèrent dans la coulisse et se laissèrent passer pour mineurs. S'ils eussent agi autrement, Joseph aurait, de droit, fait partie du conseil de famille et pris part à la fausse déclaration que cette assemblée couvrait de son silence; et, quant à Madeleine, du moment où son aîné était représenté comme encore mineur, il fallait bien qu'elle le fût aussi.

Terminons sur toutes ces fraudes par un fait qui frappera surtout les gens d'affaires. Madeleine avait été émancipée dans un âge encore tendre, et pourvue d'un curateur, nommé Simon Courtin, bourgeois de Paris. En cette qualité, le 10 janvier 1636, à dix-huit ans, elle s'était fait autoriser, par son conseil de famille, à contracter un emprunt pour le payement d'une petite maison qu'elle venait d'acheter (1). A la mort de son père, en 1643, elle n'était donc plus mineure pure et simple ; sa mère n'avait point à renoncer en son nom à la succession paternelle : c'était elle-même, au cas où elle n'eût pas encore atteint sa vingt-cinquième année, que le conseil de famille aurait dû autoriser à faire cette renonciation, avec l'assistance de son curateur. Cependant on ne tient aucun compte de cette émancipation, et le curateur n'est pas même appelé à faire partie du conseil. Était-il mort, ou bien craignit-on qu'il ne fût trop bien au fait de l'histoire intime des Béjart? Dans tous les cas, que d'irrégularités et de mensongères déclarations dans cette renonciation de Marie Hervé qui nous livre aujourd'hui tant de secrets !

(1) Cette autorisation a été publiée en note, au bas de la renonciation de Marie Hervé, par M. Soulié, qui n'en a nullement fait ressortir les conséquences : *Recherches sur Molière*, p. 172. Comme ces deux pièces sont les bases principales de notre argumentation, nous les reproduisons dans nos *Notes et pièces justificatives*.

IV

Madeleine Béjart était donc bien la mère d'Armande: les actes qui disent le contraire, interrogés de près, se démentent eux-mêmes et laissent échapper la vérité. Et, s'il faut encore d'autres preuves tirées des événements et des actes postérieurs, en voici de nouvelles, et des plus sérieuses.

Quand Armande épouse Molière, en janvier 1662, celle que les titres de famille lui donnent pour mère, la veuve Béjart, cette femme que son mari avait laissée sans ressources, cette femme qui, dix-neuf ans auparavant, renonçait au nom de ses enfants à la succession de leur père parce que cette succession était trop obérée, cette même femme intervient au contrat de mariage d'Armande et de Molière et constitue aux futurs époux une dot de dix milles livres tournois, quelque chose comme quarante mille francs d'aujourd'hui. Et comme elle a cinq enfants vivants à cette époque et qu'Armande, la dernière née, n'a aucun droit de préférence, il faut, pour peu qu'on attribue à cette mère le moindre souci d'établir l'égalité entre eux, lui supposer une fortune quintuple pour le moins. Notez bien qu'il ne s'agit point, dans le contrat, d'économies réalisées par Armande, qui, d'ailleurs, n'étant point encore comédienne, n'a pu trouver l'occasion d'en faire : il s'agit d'une véritable dot, constituée par celle qui se dit sa mère et qui, tout l'atteste, est son aïeule.

Qui a fourni cette grosse dot dont Molière, le 24 juin suivant, donne bonne et valable quittance? Ce n'est pas apparemment cette vieille femme, à qui l'on ne connaît aucune industrie, qui est alors âgée de soixante-douze ans et qui fait ménage commun avec sa fille Geneviève. Où l'eût-elle prise, cette dot? Dira-t-on que ce fut dans la succession de Joseph Béjart, son fils aîné, décédé le 21 mai 1659, et qui, s'il fallait en croire Guy-Patin, aurait laissé une brillante fortune (1)? Mais, dans le droit coutumier, la réserve, la

---

(1) « Il est mort depuis trois jours, écrit Guy-Patin, dans une lettre du 27 mai, un comédien nommé Béjar, qui avait 24,000 escus en or. » C'est là un conte de cet illustre bavard qui en a inventé tant d'autres, ou, du moins, c'est un fait singulièrement grossi par la voix publique : M. Jal a bien raison de mettre en doute ce *racontar*. L'écu d'or valait alors un peu moins de six livres, ce qui donne, pour 24,000 écus, à peu près 140,000 livres, environ un demi-million de nos jours. Comment Joseph eût-il acquis cette fortune, énorme pour le temps ? Il n'avait rien reçu de son père, mort insolvable. Il fut comédien de campagne jusqu'en octobre 1658, et mourut sept mois après cette date. S'il laissa un avoir quelconque, il dut en disposer par testament, au profit de ses amis ou de sa maîtresse, et ses sœurs n'en recueillirent rien, car ni Geneviève ni Armande ne se constituèrent de biens propres en se mariant. Quant à Madeleine, elle laissa, à son décès, son bien de la Souquette, acheté 2,856 livres, un beau mobilier et 17,900 livres en numéraire. Nous sommes loin des 140,000 livres attribuées à Joseph, et cependant c'était la seule qui fût riche dans la famille.

légitime des ascendants était inconnue ; les père et mère n'avaient aucun droit à répéter sur les biens acquêts légués par leurs descendants : la coutume de Paris ne les appelait à succéder qu'aux meubles et acquêts de l'enfant mort *intestat*.

Soutiendra-t-on que, sans ressources, il est vrai, du chef de son mari, la veuve Béjart possédait un avoir personnel qu'elle sauva du naufrage et qui lui suffit pour élever, soutenir et même établir ses enfants ? Au moment du décès de son mari, elle possédait en propre, à la vérité, une maison sise rue de la Perle où fut passé l'acte qui constitua *l'Illustre Théâtre*; elle avait, en outre, des droits dans deux autres petits immeubles indivis avec ses enfants (un trente-sixième dans l'un des deux). Elle hypothéqua ces biens à la garantie du bail du jeu de paume des Métayers, greva ensuite d'emprunts le seul qui eût quelque importance et dont l'intégralité lui appartînt, sa maison de la rue de la Perle, et dut l'aliéner pour subvenir aux pressants besoins des nouveaux acteurs, auxquels elle s'associa dans leur mauvaise fortune et leurs premières pérégrinations en province ; car il ne paraît pas qu'elle possédât encore cette maison à leur retour à Paris en 1658, et il est sûr qu'elle ne l'avait plus à son décès. (Sur tous ces faits, voir notre note XII.)

La veuve Béjart était si peu en mesure de fournir la dot d'Armande sur ses biens propres, elle a si peu été appelée à recueillir la fortune amassée par son fils aîné, ses enfants eux-mêmes y ont si peu pris part que, deux ans après le mariage de Molière, le 25 novembre 1664, quand sa fille Geneviève épouse Léonard de Loménie, la bonne femme, présente pourtant au contrat, ne donne pas un sou de dot à cette fille bien authentique. Geneviève n'apporte à son mari que ses gains et économies, à savoir : cinq cents livres en deniers comptants et trois mille cinq cents en garde-robe.

Madeleine seule, dissimulée sous le nom de la prétendue mère, peut donc avoir fourni la dot. Seule, Madeleine est riche dans cette famille, car elle laissera une belle succession ; elle avait fait, en 1655, un placement de dix mille livres sur la province de Languedoc, et, sept mois avant le mariage d'Armande, elle achetait encore un immeuble appartenant à l'ancien acteur de Vauselle, immeuble que lui-même tenait de son futur beau-frère, le comte de Modène, premier amant de Madeleine.

Oui, c'est bien Madeleine, selon les vraisemblances les plus pressantes, qui a fourni la dot d'Armande ; c'est Madeleine dont la sollicitude n'abandonnera jamais celle qu'elle a élevée ; Madeleine qui lui avait donné ce prénom bizarre de Grésinde qui était l'un des siens (1) ; Madeleine qui tiendra plus tard sur

(1) V. *Dict. de Jal*, p. 181.

les fonts de baptême, en commun avec le comte de Modène, son ancien séducteur, un enfant de Molière et de cette jeune fille (5 août 1665) ; Madeleine enfin qui, à son lit de mort, dans son testament et son codicille, datés des 9 janvier et 14 février 1672, instituera Armande sa légataire universelle, n'appelant à lui succéder les enfants de sa sœur Geneviève qu'au cas où ceux nés de Molière et d'Armande décéderaient sans postérité.

Comprend-on maintenant le silence de Molière devant les médisances et les calomnies dont son mariage était l'objet? Comprend-on pourquoi, au lieu de répondre à l'auteur d'*Elomire*, il aima mieux faire supprimer la première édition de cette pièce? Quelle réponse pouvait-il faire qui ne donnât lieu aussitôt aux recherches et aux découvertes compromettantes? Celle dont sans doute se contenta Louis XIV, après l'odieuse dénonciation de Montfleury, n'aurait pas convaincu tout le monde. Les envieux, les ennemis du poëte auraient bien vite suspecté la sincérité des énonciations de ce contrat de mariage qui avait suffi pour convaincre le monarque, et l'honneur de la femme à laquelle il avait donné son nom, l'honneur du moins des parents de cette femme ne fût pas sorti intact de leur enquête. Qui sait même si le bruit de leurs accusations ne fût pas venu jusqu'aux oreilles de la justice? Bien qu'absolument étranger aux supercheries de ces premiers actes qui suivirent la naissance d'Armande et auxquels son contrat de mariage était contraint de se conformer, il n'eût pas moins été atteint par contre-coup et souillé par les éclaboussures.

Qu'il fût en effet étranger à ces fraudes, c'est ce dont sa jeunesse au moment où elles commencèrent, c'est surtout ce dont sa droiture et la haute probité de toute sa vie sont de sûrs garants. Il n'était pour rien assurément dans la naissance d'Armande : cette absurde accusation, thème banal maintes fois exploité par l'esprit de parti, est de celles auxquelles on fait trop d'honneur en les discutant. Molière a épousé Armande : pour quiconque connaît son caractère, cela suffit pour prouver qu'il pouvait le faire sans que sa moralité eût à en souffrir et qu'aucun lien du sang n'existait entre eux. Mais des contemporains haineux et qu'anime l'esprit de secte ne voient pas les choses du même œil que l'impartiale postérité. Madeleine Béjart et Molière savaient seuls l'époque du commencement de leur intimité. Les ennemis du poëte ne se seraient pas rendus même à l'évidence et ne l'auraient point cru sur parole. Et voilà pourquoi il aima mieux se taire que d'attaquer en face une calomnie impossible à combattre d'une façon tout à fait triomphante et qui, même confondue, pouvait entraîner pour la famille de sa femme, par les débats qui n'eussent pas manqué de s'élever, les plus fatales conséquences.

V

Il n'en va pas dans la vie comme au théâtre, où le dénoûment est la conséquence logique des événements préparatoires. Les combinaisons imaginées par les Béjart, à l'imitation de celles qu'ils voyaient se dérouler sur la scène, dans tant de pièces dont le point de départ est une substitution d'enfants, ces combinaisons n'eurent point le dénoûment attendu : l'enfant attribué à la veuve Béjart, cette aïeule de cinquante-trois ans, resta pour tout le monde ce qu'il était véritablement, l'enfant de sa fille, et, bien que fort jeune encore à l'époque où la mort de sa femme le rendit libre, le comte de Modène n'épousa point Madeleine.

Avait-il flairé la vérité, si difficile à dissimuler dans le monde des gens de théâtre? Ou bien la fille qu'en 1638 lui avait donnée Madeleine, et dont le sort ultérieur a échappé à toutes les recherches, cette Françoise Béjart, dont il s'avoua le père, avait-elle, en mourant, rompu le lien qui attachait le comte à la mère? Toujours est-il que presque aussitôt après que la mort de Louis XIII l'eut délivré de l'exil et ramené à Paris, on vit Madeleine, renonçant pour un moment à ses hautes visées, reprendre sa vie de comédienne et entrer dans la troupe qui, le 30 juin 1643, fonda l'*Illustre Théâtre*. Il ne paraît pas pourtant qu'elle eût dès lors perdu tout espoir de le reconquérir, et peut-être ses projets furent-ils simplement ajournés par les nouvelles aventures où se jeta son ancien amant. Nous l'avons vue, en 1650, revenir en hâte à Paris, juste au moment où lui-même y reparaissait, après avoir obtenu sa liberté des Espagnols, et il est prouvé que Modène, même après le mariage d'Armande, resta le familier de la maison de Molière, puisque, le 5 août 1665, quand Madeleine présidait encore à cette maison, il tint en commun avec elle un enfant du poëte sur les fonts de baptême.

C'est seulement l'année suivante qu'il se maria, ou plutôt qu'il se remaria, car il était veuf, comme on l'a dit, depuis l'année 1649, et celle à laquelle il s'unit ne fut pas la pauvre Madeleine Béjart, mais une femme qui, elle aussi, tenait à la tribu comique, Madeleine l'Hermite de Souliers, sœur de ce Vauselle qui avait été en province acteur dans la troupe de Molière. Ce mariage eut lieu le 26 octobre 1666, et, à moins qu'on ne soupçonne Modène de bigamie, il réfute éloquemment l'opinion du marquis de Fortia d'Urban qui croyait à l'union légitime du comte avec la Béjart, et a même publié en 1825 un livre intitulé : *Lettres sur la femme de Molière et poésies du comte de Modène, son beau-père*.

Mais cette espérance ambitieuse si longtemps caressée par Madeleine, cette sorte de persistante infidélité morale envers Molière, jointe peut-être à d'autres plus réelles, excusent la conduite un peu volage de ce dernier et l'attention qu'il accorda à Mlles De Brie et Du Parc. Madeleine, la maîtresse en titre, aurait été mal venue à se plaindre trop haut de trahisons qu'elle-même autorisait par son exemple.

A notre avis d'ailleurs, les rivalités de ces trois femmes furent des rivalités de coulisses bien plus encore que d'amour. Si Molière eut beaucoup à en souffrir, c'est moins comme amant tiraillé entre trois passions que comme compositeur de pièces et directeur : elles se disputaient plus ardemment les rôles qu'il pouvait leur donner que son cœur. Ceux qui connaissent bien les mœurs du théâtre, les compétitions, les bouderies, les blessures, les rancunes nées de la distribution des rôles, ne contesteront probablement pas ce point de vue peut-être assez neuf et qui rencontrera tout à l'heure sa justification.

Pendant douze ans, de 1646 à 1658, Madeleine mena la vie errante de comédienne de campagne. Que fit-elle, pendant tout ce temps, de la petite Armande? L'auteur de la *Fameuse Comédienne*, comme on l'a vu, prétend que l'enfant fut confiée à une dame d'un rang distingué qui habitait le Languedoc, et un éditeur de Molière a même précisé la ville où cette dame vivait, et qui serait Nimes.

De preuves, on n'en fournit aucune de part ni

d'autre : il se pourrait pourtant qu'il y eût une faible part de vérité dans ces allégations. L'Hermite de Souliers, sieur de Vauselle, et sa femme, Marie Courtin de la Dehors, possédaient un petit bien rural, appelé la Souquette, situé à Saint-Pierre de Vassol, dans le Comtat Venaissin. C'est cette propriété, par eux acquise du seigneur de Modène, qu'ils revendirent à Madeleine le 7 juin 1661. De Vauselle était originaire de ce pays où demeurait aussi sa sœur, Madeleine l'Hermite de Souliers, dont le comte de Modène devint l'époux en 1666. Madeleine Béjart était fort liée à toute cette famille, puisque de Vauselle et sa femme furent un moment acteurs dans sa troupe, et que le mari avait représenté, au baptême de la première fille de Madeleine, le jeune fils du comte de Modène, donné pour parrain à cette fille. Il se pourrait donc que la dame de qualité chez qui Armande aurait été élevée ne soit autre que la sœur du sieur de Vauselle.

Si Armande est bien, conformément à nos précédentes suppositions, l'enfant désigné sous le sobriquet de Menou dans la distribution des rôles d'*Andromède*, inscrite en tête de l'exemplaire de cette tragédie qui figura à la vente de Soleinne, il faut croire qu'au moment où Molière joua cette pièce de Corneille à Lyon vers le commencement de l'année 1653, la petite Menou, alors âgée d'environ dix ans, dont le rôle (celui de la néréide Ephyre) ne comportait que quatre vers, avait été retirée des mains de la dame d'un rang distingué dont parle l'auteur de la *Fameuse Comédienne*. Ce libelliste ajoute en effet : « Molière, chef de la troupe où étoit la Béjart, ayant résolu d'aller à Lyon, retira sa fille de chez cette dame qui, ayant conçu pour elle une amitié fort tendre, fut fâchée de l'abandonner entre les mains de sa mère, pour aller suivre une troupe de comédiens errants. »

VI

Que Menou et Armande ne fassent qu'une seule et même personne, il n'y a guère à en douter. M{llo} Menou ne figure point dans la liste des acteurs que Molière ramena de Rouen à Paris en octobre 1658, et cependant elle était alors près de lui, vraisemblablement dans sa maison qui était aussi celle de Madeleine Béjart, et, bien qu'il eût déjà l'embarras de trois femmes dont les divisions lui étaient un sujet continuel de tracas, il compliquait comme à plaisir la situation : un invincible attrait l'attirait vers ce frais bouton de rose dont il épiait l'épanouissement.

Tout cela nous est attesté par une lettre de Chapelle à son illustre ami, lettre malheureusement sans date, mais qui doit être du mois de mars 1659 : elle fait en effet allusion au rude hiver de 1658 qui venait de finir (1), et elle paraît écrite peu après une autre lettre également adressée à Molière, et où il est question des négociations pendantes pour la paix des Pyrénées, dont les préliminaires furent signés le 4 juin 1659 (2). Chapelle était alors dans une terre des

---

(1) La rigueur de cet hiver est attestée par une lettre de Costar à Mme de Sévigné. V. Walckenaër, *Mémoires touchant la vie et les écrits de la marquise de Sévigné*, t. II, p. 168 et 170.

(2) Ajoutons une autre raison qui donne à cette lettre la date

bords de l'Eure ou du Loir et envoyait à son ami un pâté de Chartres :

Votre lettre m'a touché très-sensiblement, et, dans l'impossibilité d'aller à Paris de cinq ou six jours, je vous souhaite de tout mon cœur en repos et dans ce pays. J'y contribuerois de tout mon possible à faire passer votre chagrin... Ce qui fait que je vous souhaite encore davantage ici, c'est que dans cette douce révolution de l'année, après le plus terrible hiver que la France ait depuis longtemps senti, les beaux jours se goûtent mieux que jamais, et sont tout autrement beaux à la campagne qu'à la ville... Toutes les beautés de la campagne ne vont faire que croître et embellir, surtout celles du vert, qui nous donnera des feuilles au premier jour, et que nous commençons à trouver à redire depuis que le chaud se fait sentir. Ce ne sera pas néanmoins encore sitôt, et pour ce voyage il faudra se contenter de celui qui tapisse la terre et qui, pour vous le dire un peu plus noblement,

>   Jeune et foible, rampe par bas
>   Dans le fond des prés, et n'a pas
>   Encor la vigueur et la force
>   De pénétrer la tendre écorce
>   Du saule qui lui tend les bras.
>   La branche, *amoureuse et fleurie*,
>   *Pleurant pour ses naissants appas*,
>   Toute en séve et larmes, l'en prie
>   Et, *jalouse de la prairie*,

de 1659. Le 13 avril de cette année, La Du Parc, à qui Chapelle fait allusion, quitta la troupe de Molière avec son mari, pour entrer dans celle du Marais, où ils restèrent un an.

Dans cinq ou six jours se promet
De l'attirer à son sommet.

Vous montrerez ces beaux vers à mademoiselle Menou seulement ; aussi bien sont-ils la figure d'elle et de vous.

Voilà qui est clair, à notre avis, et qui justifie à la fois l'identification de Menou et d'Armande et ce que nous venons de dire du tendre penchant qui entraînait Molière vers cette jeune fille et qu'elle partageait, si même elle ne cherchait pas à le faire naître, comme les vers de Chapelle le donnent à entendre. Armande à cette époque venait d'atteindre sa seizième année.

Chapelle continue ainsi :

Pour les autres (les autres vers qui vont suivre), vous verrez bien qu'il est à propos surtout que *vos femmes* ne les voient pas, et pour ce qu'ils contiennent, et parce qu'ils sont, aussi bien que les premiers, tous des plus méchants. Je les ai faits pour répondre à cet endroit de votre lettre où vous particularisez le déplaisir que vous donnent les partialités de vos trois grandes actrices pour la distribution de vos rôles.

Avions-nous raison de prétendre que les tribulations de Molière procédaient moins des fureurs jalouses de ses maîtresses que des querelles engendrées par la distribution des rôles qu'il leur attribuait, soit comme auteur, soit comme directeur ?

« Il faut être à Paris, poursuit Chapelle, pour en résoudre ensemble, et, tâchant de faire réussir l'application de vos rôles à leur caractère, remédier à ce démêlé qui vous donne tant de peine.

» En vérité, grand homme, vous avez besoin de toute votre tête en conduisant les leurs, et je vous compare à Jupiter pendant la guerre de Troie... Qu'il vous souvienne de l'embarras où ce maître des dieux se trouva pendant cette guerre sur les différents intérêts de la troupe céleste, pour réduire les trois déesses à ses volontés. »

Le compagnon de Bachaumont décrit ensuite, en vers libres, les brigues de Pallas, de Junon et de Cypris ; lisez Mlles Madeleine Béjart, Du Parc et De Brie ; puis il conclut en ces termes :

> Voilà l'histoire. Que t'en semble ?
> Crois-tu pas qu'un homme avisé
> Voit par là qu'il n'est pas aisé
> D'accorder trois femmes ensemble ?
>
> Fais-en donc ton profit ; surtout
> Tiens-toi neutre, et, tout plein d'Homère,
> Dis-toi bien qu'en vain l'homme espère
> Pouvoir jamais venir à bout
> De ce qu'un grand dieu n'a su faire (1).

(1) Œuvres de Chapelle, publiées par M. Tenant de la Tour, p. 201 et suiv.

VII

A l'époque où Chapelle rimait ces vers, pour qu'ils fussent lus par mademoiselle Menou (il écrivait *mademoiselle* en toutes lettres par badinage, indiquant ainsi qu'il ne la confondait point avec les actrices qui prenaient ce titre, propre aux femmes mariées filles de parents nobles), à cette époque, disons-nous, Madeleine Béjart avait quarante ans. Elle connaissait trop bien, par expérience, les périls dont une actrice jeune, avide d'hommages et pressée d'essayer le pouvoir de ses charmes, était entourée sur les planches d'un théâtre où s'asseyaient des cavaliers entreprenants et des grands seigneurs sans scrupules, pour y exposer sa fille.

Et, en effet, si l'on excepte cette passagère apparition dans le petit rôle d'Ephyre dont il a été question, et qui ne tirait pas à conséquence, il ne paraît pas qu'Armande soit montée sur la scène avant son mariage. Quoi qu'en ait dit M. Aimé Martin, il n'y a nulle preuve que le rôle de Léonor de l'*École des Maris* ait été écrit pour elle. Mais, dans cette pièce, jouée pour la première fois le 24 juin 1661, Molière, par la bouche d'Ariste, trace un tableau fidèle du plan d'éducation qu'il avait suivi à l'égard de cette enfant, en vue de gagner son cœur à force d'indulgence et de l'apprivoiser à l'idée d'unir leurs destinées :

> Des moindres libertés je n'ai point fait des crimes ;
> A ses jeunes désirs j'ai toujours consenti,
> Et je ne m'en suis point, grâce au ciel, repenti.
> J'ai souffert qu'elle ait vu les belles compagnies,
> Les divertissements, les bals, les comédies.
> . . . .
> Elle aime à dépenser en habits, linge et nœuds :
> Que voulez-vous ? Je tâche à contenter ses vœux ;
> Et ce sont des plaisirs qu'on peut, dans nos familles,
> Lorsque l'on a du bien, permettre aux jeunes filles.

Puis, tout aussitôt, Ariste, dont l'esprit est trop juste pour s'illusionner complétement, se pose la grosse objection tirée de la différence des âges : elle seule décidera ; son dessein n'est pas de la tyranniser :

> Je sais bien que nos ans ne se rapportent guère,
> Et je laisse à son choix liberté tout entière.
> Si quatre mille écus de rente bien venants,
> Une grande tendresse et des soins complaisants
> Peuvent, à son avis, pour un tel mariage,
> Réparer entre nous l'inégalité d'âge,
> Elle peut m'épouser ; sinon, choisir ailleurs.
> Je consens que sans moi ses destins soient meilleurs.

C'est là un plaidoyer en règle : n'oublions pas qu'Armande écoute, dans la salle ou dans les coulisses, cette proposition de mariage si honnête à la fois et si habile. Elle recueille aussi, sans en perdre un mot, ces engagements que son futur époux prend d'avance, au sujet des libertés qu'il compte lui laisser : elle aura droit de courir les bals et les lieux d'assemblée, de recevoir les damoiseaux, d'entendre même leurs fleurettes, le tout sans que le mari quadragénaire y trouve à redire :

> Je veux m'abandonner à la foi de ma femme,
> Et prétends toujours vivre ainsi que j'ai vécu.

Tout le secret de la vie ultérieure de Molière et du plan de conduite qu'il s'était tracé envers sa femme est dans ces deux vers. Vous savez l'exclamation qu'ils arrachent à Sganarelle :

> Que j'aurai de plaisir si l'on le fait.....

Léonor intervient aussitôt :

> Du sort dont vous parlez, je le garantis, moi :
> S'il faut que par l'hymen il reçoive ma foi,
> Il s'en peut assurer.

Voilà le pacte scellé : nous verrons tout à l'heure comment il fut tenu de part et d'autre. Armande ne l'avait point souscrit par elle-même, et ce fut vraisemblablement Mlle De Brie qui créa le rôle de Léonor. Elle ne débuta pas davantage dans les *Fâcheux*, représentés en août 1661, pendant ces belles fêtes de Vaux, qui furent le signal de la chute du surintendant Foucquet : tout ce qu'on a écrit sur ce prétendu début ne résiste pas à l'examen. Au lever du rideau, Molière, comme on sait, paraît en habit de ville, « et s'adressant au roi avec le visage d'un homme surpris, fait des excuses en désordre sur ce qu'il se trouvait là seul, et manquait de temps et d'acteurs pour donner à Sa Majesté le divertissement qu'elle semblait attendre. » Le temps avait été chichement mesuré en effet : pour qu'une pièce en trois actes et en vers fût « conçue, faite, apprise et représentée, » quinze jours avaient suffi. Pendant ces excuses du chef de la troupe, une coquille s'ouvrit au milieu de vingt jets d'eau, et il en sortit une naïade qui récita un prologue, écrit par Pellisson, le poëte de la maison : les Termes et les arbres allaient s'animer pour tirer le malheureux directeur d'embarras et lui fournir des acteurs.

Or cette naïade, qui récitait les vers de l'ami de Foucquet, n'avait pas emprunté les traits de la jeune Armande Béjart, mais ceux beaucoup moins séduisants, quoique beaux et nobles encore, de sa mère. C'est de Madeleine évidemment que La Fontaine entend parler, dans sa lettre à Maucroix, quand il dit de la naïade :

> Nymphe excellente dans son art,
> Et que pas une ne surpasse,

ce qui ne peut s'entendre que d'une actrice déjà consommée dans son métier. M. Victor Fournel a d'ailleurs levé tous les doutes sur ce point, en citant cette grossière plaisanterie placée dans la *Vengeance des marquis*, pièce attribuée à l'acteur de Villiers, bien qu'elle soit peut-être de Donneau de Visé : « Il me semble, dit Philipin, que je suis aux *Fâcheux* et que je vois sortir d'une coquille une belle et jeune nymphe. — Il me souvient de cette nymphe, reprend Ariste. On croyait tromper nos yeux en nous la faisant voir, et nous faire trouver beaucoup de jeunesse dans un vieux poisson. » Or Madeleine, au 17 août 1661, avait atteint quarante-trois ans.

Armande ne parut donc point dans cette représentation des *Fâcheux*; elle ne figure sur le registre de La Grange qu'à partir de Pâques 1662, trois mois environ après son union avec Molière, et le premier rôle qu'elle créa, dans une pièce de son mari, fut celui d'Elise, de la *Critique de l'École des femmes*, représentée le 1er juin 1663 (1); mais elle s'était sans doute, après son inscription parmi les sociétaires, essayée dans des pièces écrites par d'autres auteurs, et il n'est même pas impossible qu'elle ait joué un rôle dans les *Fâcheux*, lorsque cette comédie put enfin se produire devant le public, sur le théâtre du Palais-Royal : c'est ce qui nous semble indiqué par ces vers de la *Muze historique* de Loret :

---

(1) Tel est du moins le sentiment d'un excellent juge, M. Eugène Despois. *Œuvres de Molière*, édit. Hachette, t. III, p. 303.

> L'agréable nymphe Béjar,
> Quittant sa pompeuse coquille,
> Y joue en admirable fille,

et aussi par ce couplet tiré du Recueil de Maurepas (t. XXIII, Bibl. nat. mss) et qui fut peut-être composé après la seconde représentation des *Fâcheux*, donnée à Fontainebleau peu de temps après la fête de Vaux :

> Peut-on voir nymphe plus gentille
> Qu'était la Béjar l'autre jour ?
> Dès qu'on vit ouvrir sa coquille
> Tout le monde criait à l'entour,
> Dès qu'on vit ouvrir sa coquille :
> Voicy la mère d'amour !

Trois mois s'étaient écoulés entre la fête de Vaux et le jour où l'auteur put montrer sa pièce au public de Paris. Foucquet avait été arrêté dans l'intervalle, et, comme l'a pensé M. Bazin, il est probable que la comédie des *Fâcheux* fut pendant quelque temps enveloppée dans ces souvenirs odieux qu'il ne fallait pas réveiller, et qu'elle subit quelques changements, afin qu'il n'y demeurât aucun vestige du malheureux patron qui en avait fait les frais. Ces changements, on peut le supposer d'après les vers de Loret, ne portèrent pas seulement sur le texte, mais s'étendirent à la distribution des rôles.

VIII

De quel œil Madeleine vit-elle cet intérêt croissant que Molière portait à Armande et la complaisance avec laquelle la jeune fille encourageait cet attachement quasi-tutélaire d'abord, qu'elle voyait grandir en se modifiant, et tout doucement tourner à l'amour? Quels sentiments ce double jeu fit-il naître dans le cœur de la mère et de l'ancienne maîtresse? Quel drame se joua alors dans cet intérieur de comédiens, gens experts en fait de ressorts tragiques et habitués à prévoir le genre de dénoûment que comporte une situation donnée?

Une opposition marquée existe entre les jugements des biographes anciens de Molière et des plus récents, touchant la conduite que tint Madeleine en ces délicates circonstances. Les premiers, tous d'accord pour voir en elle une mère contrainte d'abandonner son amant à sa fille, n'ont pas manqué de lui supposer des résistances, d'établir une lutte entre sa passion et ses sentiments maternels. Les autres, au contraire, ceux qui sont postérieurs à la découverte de l'acte de mariage de Molière, faite en 1821, les autres, disons-nous, persuadés, sur la foi de cet acte, qu'Armande était la sœur et non la fille de Madeleine, et voyant cette dernière signer cette pièce et assister à la bénédiction nuptiale en présence de la mère commune, en ont conclu qu'elle s'était prêtée de bonne grâce à la situation, et qu'aucune lutte n'avait précédé un consentement inutile aux yeux de la loi et dont la jeune épouse pouvait se passer.

Ni les uns ni les autres ne sont dans le vrai, à notre avis.

D'abord, pour ce qui concerne ces derniers écrivains, le consentement de Madeleine n'exclut point l'idée d'une résistance préliminaire et qu'il fallut vaincre ; car ceux qui soutiennent qu'elle était la sœur et non la mère de la mariée, reconnaissent au moins qu'elle avait acquis sur cette dernière tous les droits d'une mère, ayant, depuis la naissance de l'enfant, suppléé la véritable, en sorte que les plus simples convenances obligeaient à lui faire agréer l'union projetée : or cet agrément, on va voir que, selon toute apparence, il fallut du temps pour l'obtenir.

Quant aux premiers biographes, moins éloignés de la vérité, puisqu'ils ne font point erreur sur le lien qui unissait les deux femmes, ils s'en écartent pourtant en motivant l'opposition de l'ancienne maîtresse de Molière sur des sentiments que le temps et les circonstances avaient singulièrement refroidis. Ce n'est pas un fait si rare après tout que celui d'une vieille maîtresse consentant au mariage de sa fille avec son propre amant et même y prêtant les mains ;

on en pourrait citer de notables exemples. L'opposition de Madeleine ne naquit point des restes d'une flamme mourante; elle eut une source plus pure, plus naturelle et plus avouable.

L'auteur de la *Fameuse Comédienne*, il est vrai, est en désaccord avec Grimarest et ses copistes sur l'attitude de la Béjart en présence des projets matrimoniaux de Molière et d'Armande. Loin de faire éclater des transports de jalousie, c'est elle, dans le récit de cet auteur anonyme, qui attise la flamme du poëte, et cela en haine de Mlle de Brie, sa rivale. C'est elle qui prend soin d'exagérer à Molière « la satisfaction qu'il y a d'élever pour soi une enfant dont on est sûr de posséder le cœur et dont l'humeur nous est connue. » C'est elle qui lui fait remarquer adroitement la joie naturelle qui paraissait sur le visage de sa fille, quand elle le voyait entrer, et l'obéissance aveugle qu'elle avait à ses volontés.

Tout opposé est le récit ou plutôt le roman imaginé par Grimarest. Madeleine se livre à des transports furieux à la seule idée de cette union qui lui fait horreur, si bien que les deux amants prennent le parti de la tromper et de se marier secrètement; mais ils ne peuvent, pendant neuf mois, échapper à la surveillance inquiète et éveillée de la mégère. Un beau matin la petite Mlle Molière, lasse enfin de cette fausse situation, se détermine à s'aller jeter dans l'appartement de son mari, qui ne l'est encore que de nom, « fortement résolue de n'en point sortir qu'il ne l'eût reconnue pour sa femme ; ce qu'il fut contraint de faire. » C'est le dénoûment de l'*École des maris*. Molière s'était peint, en effet, dans le personnage d'Ariste ; on voulut qu'il fût Ariste jusqu'au bout.

Eh bien ! cette fable de Grimarest, d'une invraisemblance si criante, pourrait bien avoir un point de départ vrai : l'opposition de Madeleine au mariage. Seulement, à notre sens, cette opposition n'eut point sa source dans la jalousie : Madeleine à quarante-quatre ans, avait depuis longtemps fait son deuil de ce lien intime tant de fois dénoué et dans lequel elle-même, à maintes reprises, avait porté les ciseaux. Mais elle connaissait Molière et sa fille ; elle savait le caractère inquiet et difficile de l'un, la légèreté et la coquetterie de l'autre, et elle n'augurait rien de bon de cette union de deux époux si mal assortis et dont l'un avait plus du double de l'âge de l'autre. De là sa résistance à ce mariage, résistance dont témoignent les retards qui furent apportés à son accomplissement.

Voici, en effet, ce que nous apprend le *Registre de La Grange*, sous la date de 1661.

Après Pâques de cette année, c'est-à-dire après le 17 avril, Molière rassembla ses onze associés et les pria de lui accorder deux parts dans les bénéfices, au lieu d'une qu'il avait, ajoutant que cette seconde part serait, soit pour lui, soit pour sa femme, s'il se mariait. Il ne pouvait plus clairement annoncer à ses camarades le projet qu'il avait en tête. Le nom de celle qu'il comptait associer à son sort, il ne le prononça pas, mais c'était le secret de la comédie : songez que sur les onze associés présents, trois appartenaient à la famille de la future : Madeleine, Geneviève et Louis Béjart ; Joseph, l'aîné, était mort le 21 mai 1659.

Mlle de Brie, pour qui Molière n'avait pas de secrets, prenait part aussi à la délibération ; personne, dans cette sorte de famille dramatique, ne pouvait donc prendre le change soit sur la réalité de l'intention de son chef, soit sur celle que le projet concernait. Et néanmoins, les camarades de Molière savent si bien les obstacles que ce projet va rencontrer et le prennent si peu au sérieux que, tout en accordant au directeur la nouvelle part qu'il sollicite, ils ne jugent pas nécessaire de mentionner qu'elle sera reversible sur son épouse ; mention très-importante pourtant, car, à son défaut, Molière, déjà nanti de deux parts en son propre nom, pouvait, son mariage accompli, en réclamer une troisième pour sa femme.

Recourons encore ici à La Grange et voyons en quels termes il consigna d'abord sur son registre la demande de Molière et la délibération de la troupe :

Avant que de recommencer après Pâques, au Palais-Royal, Monsieur de Molière demanda deux parts, au lieu d'une qu'il avoit. La Troupe lui accorda. Ainsi la

Troupe ayant continué sur le pied de douze parts depuis 1660, 9° avril, fut augmentée d'une part en 1661.

L'événement jugé improbable en avril 1661 se réalisa pourtant le 20 février 1662. Alors La Grange, qui avait l'habitude de ces sortes d'additions, revint sur le passage qui vient d'être cité et ajouta en interligne, après les mots : « la troupe lui accorda », les suivants : « pour luy ou pour sa femme s'il se mariait. » Puis, en post-scriptum, il écrivit encore cette addition corrélative de la première : « M. de Molière épousa Armande-Claire-Élizabeth Gresinde Béjard, *le mardi gras* de 1662. » Il aurait fallu dire *le lundi gras;* mais La Grange, écrivant ces compléments quelque temps après l'événement, confondit sans doute le mardi, jour où eut lieu le festin de noce, avec le lundi, jour du mariage religieux. Cette légère erreur est sans intérêt ; le seul point à considérer ici, c'est que la troupe n'avait pas jugé nécessaire d'abord de tenir compte d'un engagement subordonné à un fait qu'elle jugeait très-aléatoire quand il fut annoncé et qu'elle estima utile à enregistrer au contraire après l'événement accompli.

Or le mariage religieux avait été précédé d'un contrat signé le 23 janvier, neuf mois justement après le moment où Molière avait fait part à ses amis de ses visées matrimoniales. Ces neuf mois représentent le temps que dura l'opposition de Madeleine à cette union, opposition manifestée encore par le long intervalle d'un mois qui sépare la signature du contrat de la cérémonie nuptiale. Ce sont bien, comme on le voit, les neuf mois dont parle Grimarest ; seulement le biographe, pour dramatiser son récit, a imaginé que Madeleine avait fait obstacle à la consommation et non à la célébration du mariage.

Mère prévoyante et raisonnable, Madeleine, en réalité, s'opposa à cette funeste union tant qu'elle crut pouvoir le faire avec quelques chances de succès ; mais quand la volonté bien arrêtée des deux parties lui eût fait comprendre l'inutilité de la résistance, elle renferma ses regrets et ses sombres pressentiments au fond du cœur et se prêta de bonne grâce aux désirs de sa fille et de celui qui, de ce moment, ne fut plus pour elle qu'un gendre.

IX

Après avoir demeuré quelque temps sur le quai de l'École, lorsque sa troupe partageait la possession du théâtre du Petit-Bourbon avec la troupe italienne, Molière était venu se loger avec Madeleine dans une vaste maison qui faisait l'encoignure de la rue Saint-Honoré et de la rue Saint-Thomas du Louvre, à l'endroit où cette dernière rue, en s'élargissant, devenait la place du Palais-Royal (1); là résidaient aussi Geneviève Béjart, dite Mlle Hervé, son frère Louis, et leur mère commune. Cette dernière, aussitôt après la mort de son mari, s'était associée aux destinées de ses enfants, lancés dans la carrière dramatique; elle avait, des épaves sauvées du naufrage de sa fortune, aidé leurs pénibles débuts, s'était même, au moins dans les premiers temps, jointe à leurs pérégrinations en province (2), et depuis leur retour à Paris, vivait côte à côte avec eux.

C'est dans cette maison commune de la rue Saint-Thomas du Louvre que fut rédigé le contrat de mariage de Molière et d'Armande, auquel on se contenta d'appeler quelques-uns des parents les plus rapprochés: du côté du futur, son père et son oncle, André

---

(1) Voir aux *Pièces justificatives,* note XV.
(2) Voir aux *Pièces justificatives,* note XII.

Boudet; et, du côté de la future, Marie Hervé, qualifiée sa mère, puis Madeleine et Louis Béjart. Geneviève n'y parut point, non plus qu'à la cérémonie religieuse. Peut-être craignit-on ses indiscrétions, sa langue de soubrette de comédie. Eût-elle pu comprimer un sourire en entendant la lecture de l'article relatif à cette dot invraisemblable que sa mère constituait à la jeune épouse? L'auteur et peut-être même la provenance du don lui étaient connus : elle n'était point sans avoir entendu parler de certain placement, d'un chiffre exactement semblable à celui de la dot et fait, en 1655, sur la province du Languedoc par Madeleine, cette prévoyante fourmi qui, dès cette époque, mettait en réserve la provende de sa lignée (1).

Marie Hervé, veuve Béjart, stipule, dans ce contrat, pour Armande Béjart, *sa fille, âgée de vingt ans ou environ*. Il n'en pouvait être différemment, puisque cette qualité avait été indissolublement et pour tous actes subséquents, attachée à la personne d'Armande par son baptistaire, conséquence lui-même de la renonciation faite par sa prétendue mère, à la succession de Joseph Béjart, et de l'acte de subrogée tutelle, premier anneau de cette chaîne d'actes mensongers.

La cérémonie religieuse fut remise aux jours gras, le moment de l'année où il se célèbre le plus de ma-

---

(1) Sur ce placement voir la note XIII.

riages, parce qu'il précède le carême, pendant lequel il n'est pas d'usage d'en faire. On n'en comptait pas moins de huit à Saint-Germain l'Auxerrois le lundi 20 février 1662, et celui de Poquelin est inscrit le premier sur le registre, en sorte qu'il dut avoir lieu vers les neuf heures du matin. Cinq assistants seulement sont mentionnés dans l'acte, et ce sont ceux qui figuraient déjà au contrat; mais le rédacteur a constaté que la cérémonie fut faite en présence de ces cinq personnes et d'*autres* non désignées. Sous ces mots aussi vagues qu'élastiques se cachent sans doute les deux témoins et quelques familiers et domestiques des deux époux, tels que la bonne La Forest, dont le vrai nom, à cette date, était Louise Lefebvre (1). Si les témoins eussent été des personnages de considération, comme Chapelle ou Rohault par exemple, leur notoriété leur eût sans doute valu l'honneur d'une désignation spéciale. Mais les invitations aux amis et aux parents collatéraux avaient

---

(1) Il est vraisemblable que Molière eut successivement deux servantes auxquelles il donna le surnom de La Forest. Celle dont parle Boileau et à qui Molière lisait quelquefois ses ouvrages, paraît être Louise Lefebvre, veuve d'Edme Jorand, chirurgien. Elle mourut en 1668 et est qualifiée dans son acte d'inhumation de « servante de cuisine de M. de Molière ». Le poëte la remplaça par un fille nommée Renée Vannier, à laquelle il conserva le surnom qu'avait porté la cuisinière défunte. Dans l'inventaire, fait après le décès de Molière, la représentation des objets mobiliers est faite par Renée Vannier, dite La Forest, servante. Voyez, sur cette petite question et sur les doutes qu'elle peut soulever, le *Dict. de Jal*, page 1126.

été réservées pour le repas de noce, qui se fit le lendemain, mardi gras, comme en témoigne La Grange, lequel confond la noce avec la bénédiction nuptiale qui l'avait précédée.

L'acte indique encore que le mariage n'avait été précédé que d'un seul ban; les futurs ayant obtenu du grand vicaire de Paris la dispense des deux autres, faveur dont l'Église se montrait alors plus avare que de nos jours. Les fiançailles ne furent donc publiées qu'une seule fois : on sait que, lors de la lecture de cette publication, lecture faite du haut de la chaire, le petit nombre des assistants aux oreilles de qui elle parvient, n'est généralement attentif qu'aux noms des fiancés. C'était là le seul pas difficile à franchir, car l'acte qui constate l'accomplissement de la cérémonie nuptiale était alors, comme cela se pratique encore de notre temps dans beaucoup d'églises, surtout dans la campagne, signé en blanc et rédigé après coup, d'après une note prise par un bas officier de l'église; en sorte que ceux qui le signaient n'avaient aucun moyen de connaître son énoncé, ni de vérifier les noms des parents que les nouveaux époux s'étaient donnés lors de la publication de leurs bans.

Molière n'était pas seulement un homme de bon jugement, capable, quand la passion ne le dominait pas, de mesurer toute la portée de ses actions; c'était aussi un cœur droit et loyal, et, pour tout dire en deux mots, un honnête homme. Il comprit parfaitement que dans une union si mal assortie, c'était au mari d'abord qu'il appartenait de donner l'exemple du respect du lien conjugal. Plus sa conduite antérieure autorisait à la défiance, plus il devait tenir à rassurer, par la régularité de ses mœurs, celle qui pouvait si aisément le punir de la moindre infraction à la fidélité jurée. Il quitta d'abord son appartement de garçon et en loua un autre rue Richelieu, où il alla s'installer avec sa jeune femme (1). Une fille de chambre pour madame, un laquais surnommé *Provençal*, que Molière avait amené du Midi et dont les fréquentes distractions étaient un continuel sujet d'irritation pour son maître, et enfin la cuisinière La Forest composaient le domestique.

Madeleine, au moins dans les premiers temps, n'habita point avec les nouveaux époux, sachant bien qu'un tiers, même quand ce tiers est une mère, est de trop dans un jeune ménage : elle continua seulement à gérer les intérêts financiers de Molière : pendant deux ans encore, elle resta la caissière de la troupe, sur laquelle, même après qu'elle se fut démise de ces fonctions, elle conserva une certaine suprématie, car c'est chez elle que les comédiens élurent domicile le 16 avril 1670, quand ils accordèrent une pension de retraite à son frère, Louis Béjart.

(1) *Nouvelles pièces sur Molière*, publiées par M. Campardon, p. 24.

Mlle De Brie, malgré l'attachement contenu que lui conservait Molière, ne fit pas davantage ménage commun avec les époux, et quant à Mlle Du Parc, elle s'était brouillée avec son ancien directeur en 1659, avait quitté sa troupe pour celle du Marais et y était rentrée un an après, recherchée à peu de temps de là par des poëtes illustres qui la consolèrent de l'oubli où la laissait celui qu'elle avait d'abord préféré à tout autre, mais qui n'eut jamais pour elle que de passagers caprices.

Aucun nuage n'eût donc voilé la pureté de la lune de miel, si la nouvelle mariée n'eût manifesté, dès les premiers temps de son union, des goûts de luxe, de coquetterie et de dissipation, qui ne tardèrent pas à se donner libre carrière.

Armande parut prendre au pied de la lettre les belles promesses de l'*École des Maris*. Ariste s'était bien engagé à laisser d'honnêtes libertés à sa jeune pupille; il lui permettait de hanter les bals, de recevoir les jeunes gens à la mode, d'accepter leurs fêtes, ce qu'on appelait alors des cadeaux, d'entendre même leurs fleurettes; mais il ne l'avait point autorisée à y répondre, et il était entendu qu'elle aurait assez de réserve et de prudence pour côtoyer les précipices sans y tomber et ne point donner prise à la médisance. Ariste aurait dû se dire qu'en pareil cas la limite entre le permis et le défendu est bien difficile à tracer, et qu'un mari de quarante ans passés qui fait d'éternelles représentations à sa jeune femme sur son luxe, sa dépense, sa toilette et ses manières éventées, court grand risque de ressembler à un pédagogue ennuyeux. Certes il songeait à cette situation périlleuse quand il écrivait ces vers de l'*École des Femmes* :

> Quoi ! j'aurai dirigé son éducation
> Avec tant de tendresse et de précaution ;
> Je l'aurai fait passer chez moi dès son enfance,
> Et j'en aurai chéri la plus tendre espérance ;
> Mon cœur aura bâti sur ses attraits naissants,
> Et cru la mitonner pour moi durant treize ans,
> Afin qu'un jeune fou dont elle s'amourache
> Me la vienne enlever jusque sur la moustache !

Sans doute, ainsi que l'a remarqué M. Moland, il ne faut pas chercher là des applications trop précises ; Molière ne s'identifiait pas avec Arnolphe ; il ne s'est même jamais identifié complétement avec aucun des personnages qu'il a créés ; il n'a mêlé en eux de lui-même que ce qui convenait à la situation où il les plaçait et au caractère qu'il leur traçait. Mais il est impossible pourtant de ne pas entendre, dans les vers qu'on vient de lire, comme un écho des vagues pressentiments qui déjà agitaient ce cœur troublé, en proie aux plus cruelles désillusions.

X

Ce fut bien pis quand il la vit sous le feu de la rampe, sous l'étincelle électrique de ces mille regards qui analysaient ses formes un peu maigres dont un art savant faisait valoir les avantages et dissimulait les imperfections. Il eut beau retarder autant qu'il put ce cruel moment et ne point lui donner de rôle dans l'*École des Femmes*. Elle avait été, aussitôt après son mariage, inscrite sur le contrôle de la troupe, alors composée de quinze parts, par son adjonction et celle de deux transfuges du Marais, Brécourt et la Thorillière : il fallut bien qu'elle débutât; mais on ne sait rien des premiers rôles où il l'essaya et qui sans doute furent habilement choisis.

Elle était enceinte depuis six semaines environ, quand elle parut dans le rôle d'Elise de la *Critique* (1er juin 1663), le premier que son mari ait écrit pour elle; elle l'était depuis plus de six mois, quand elle créa le rôle qui porte son nom dans l'*Impromptu de Versailles*, pièce composée, apprise et représentée en huit jours (14 octobre), la première où un acteur se soit mis en scène, dans son déshabillé d'intérieur, dans la pratique de sa vie quotidienne, de son travail, de son art, avec ses tracasseries, ses passions, ses brusqueries, ses impatiences, ses remontrances amicales à ses camarades, ses coups d'étrivières aux courtisans qui le fatiguent et aux ennemis qui le harcèlent. On sait les phrases ironiques qu'elle lance à la tête de ce mari affairé et agacé qui la traite de bête :

Grand merci, monsieur mon mari. Voilà ce que c'est : le mariage change bien les gens, et vous ne m'auriez pas dit cela il y a dix-huit mois. (Il aurait fallu dire vingt mois.)

Et plus loin :

C'est une chose étrange qu'une petite cérémonie soit capable de nous ôter toutes nos belles qualités, et qu'un mari et un galant regardent la même personne avec des yeux si différents. Si je faisais une comédie, je la ferais sur ce sujet. Je justifierais les femmes de bien des choses dont on les accuse, et je ferais craindre aux maris la différence qu'il y a de leurs manières brusques aux civilités des galants.

C'est Molière qui se donne à lui-même ce petit avertissement, témoignant ainsi de la pleine confiance que celle qu'il fait parler de la sorte lui inspire encore, et lui procurant en même temps la satisfaction de repousser les médisances qui courent déjà sur son compte.

Terrible moment pour le grand poëte, celui où il étalait ainsi son existence privée devant toute la cour, et rendait blessure pour blessure à ses ennemis ! Jamais déchaînement de plus furieuses haines n'assaillit un cœur souffrant. De Visé dans les *Nouvelles nouvelles* et dans *Zélinde;* de Villiers dans la *Vengeance des Marquis*, pièce écrite peut-être en collaboration avec de Visé; ce dernier encore dans la *Lettre sur les affaires du théâtre;* Boursault dans le *Portrait du peintre;* et, bientôt après, Montfleury fils, dans l'*Impromptu de l'hôtel de Condé*, ne ménagèrent ni le poëte ni le mari. La *Critique de l'École des femmes* fut une première réponse du glorieux offensé aux attaques des pédants et des envieux. Les marquis, dont l'impertinente suffisance était livrée au rire dans cette petite pièce, les *Précieuses*, peintes sous les traits de la prude Climène, firent leur partie dans le concert d'injures soulevé par cette réponse. C'est le moment où se place le grave outrage fait à Molière par le duc de la Feuillade.

Ce plat courtisan, s'il faut s'en rapporter à la Martinière, rencontrant le poëte dans l'appartement royal et le saisissant comme pour l'embrasser, lui aurait frotté le visage contre les boutons de son habit, jusqu'à lui mettre la face tout en sang, en répétant : *Tarte à la crème, Molière; tarte à la crème!* Si cet acte de niaise brutalité fut en effet commis, il faut croire que ce ne fut pas dans l'appartement du roi, ni même dans le palais de Versailles. Louis XIV n'eût pas manqué de le considérer comme une insulte à sa propre personne : il avait ri de trop bon cœur aux railleries de la *Critique* pour souffrir qu'un courtisan, dont il appréciait à leur valeur la médiocrité et les basses flagorneries, en tirât chez lui une telle vengeance.

L'irritation de tous ces orgueils froissés fut surexcitée encore par la pension que le roi accorda à Molière peu de temps avant la représentation de cette verte satire. A la meute hargneuse des médiocres écrivains scandalisés d'une telle faveur, se joignit bientôt celle des acteurs envieux, lorsque leur adversaire les eut bafoués dans l'*Impromptu*, qui fut une victoire décisive sur les comédiens ses rivaux; car au fond, dans cette dernière partie de la lutte, il n'y eut qu'une assez misérable querelle de boutique entre l'Hôtel de Bourgogne et le Palais-Royal.

C'est alors que le vieux Montfleury, dont Molière avait osé contrefaire le ton emphatique et les gestes outrés, non content d'avoir poussé son fils à ridiculiser aussi celui qui tournait ses confrères en ridicule, rêva une vengeance plus effective et plus cruelle. En décembre 1663, Racine, alors âgé de vingt-quatre ans, et qui commençait à s'éprendre de la Du Parc, Racine écrivait à l'abbé Levasseur : « Montfleury a fait une requête contre Molière et l'a donnée au roy. Il l'accuse d'avoir espousé sa propre fille. Mais Montfleury n'est point écouté à la cour. » Mot d'un laconisme presque cynique en présence d'une accusation si odieuse. Dans cette molle et louche façon d'essuyer la boue lancée à un ami (car Racine n'était point encore brouillé avec Molière à cette époque), les insinuations rancuneuses de Mlle Du Parc n'entraient-elles pas pour quelque chose?

On a chicané, il est vrai, sur le véritable texte de cette phrase de Racine, que nous empruntons à l'édition de ses lettres, publiée par son fils à Lausanne, en 1747 (t. 1er, p. 89). On a fait remarquer que, depuis l'édition des œuvres de Racine, publiée par La Harpe, en 1807, jusqu'à celle qui fait partie de la *Collection des Grands écrivains de la France*, tous les éditeurs ont imprimé comme il suit cette phrase venimeuse : « Il l'accuse d'avoir épousé la fille et d'avoir autrefois vécu avec la mère. » Sans rechercher avec M. Taschereau si l'autographe sur lequel on fonde cette métamorphose n'est qu'un brouillon inexact, et si Louis Racine a donné son texte d'après le véritable, nous dirons qu'à nos yeux les deux versions ne sont séparées que par une nuance sans grand intérêt. Montfleury, qui voulait perdre Molière, entendait évidemment l'accuser d'avoir épousé la fille de celle dont il avait eu les faveurs, indiquer en termes couverts, mais suffisamment transparents, un crime dont d'autres ennemis du poëte l'accusaient en termes formels. Qu'il ait clairement formulé son accusation, ou qu'il ait procédé par voie d'insinuation, l'intention reste la même. Et Racine ne s'y est pas trompé. La façon dégagée dont il rapporte l'incrimination, sans l'accompagner d'un seul mot de blâme ni d'indignation, reste une charge contre son caractère. Ce qui, à ses yeux, défend Molière, ce n'est pas son honneur, sa réputation de droiture ; c'est simplement le peu de crédit de l'accusateur. Eût-il donc été persuadé si la requête eût été présentée par tout autre qu'un envieux et médiocre histrion ?

Nous avons déjà dit la réponse bien simple et très-suffisante pour le roi, que Molière tenait toute prête, et expliqué le silence qu'il garda toujours, même envers ses amis les plus intimes, sur la nature de cette réponse. Mais on doit comprendre qu'une telle délation lui imposait l'obligation de surveiller de plus près que jamais la tenue de sa femme : il dut avoir à cœur que le monde s'occupât d'elle le moins possible, qu'elle n'irritât point l'opinion par son luxe et ses folles dépenses et ne prêtât point le flanc aux calomnies. L'attention de leurs ennemis communs n'était déjà que trop éveillée sur ce chapitre : ils anticipaient sur les événements et, pour eux, l'infortune conjugale de leur adversaire était déjà un fait accompli.

L'auteur de la *Vengeance des Marquis* le disait en termes suffisamment clairs. Suivant lui, trente et un maris *trompés* (le mot était plus cru) s'étaient rencontrés à la représentation du *Portrait du Peintre*, de Boursault ; trente d'entre eux avaient applaudi ; « le dernier fit tout ce qu'il put pour rire, mais il n'en avait pas beaucoup d'envie. » Or le dernier, et personne ne s'y trompait, le dernier était Molière.

On n'avait pu réussir à entamer l'honneur du mari, on s'attaquait maintenant à celui de la femme. Cet honneur, leur commun patrimoine, il eût fallu de part et d'autre une ardeur égale à le défendre, et, dans cette lutte dont elle ne comprenait pas l'importance, Armande refusait son concours; en sorte que ce poëte, surmené par le travail, toujours dans la fièvre de la composition, toujours harcelé par la haine, avait encore des luttes quotidiennes à soutenir dans son intérieur, et, au lieu de la paix et de la détente nerveuse qu'il y cherchait, n'y trouvait que motifs nouveaux d'irritation et d'ennuis.

XI

Forte encore de son honnêteté, se jugeant meilleure et plus retenue que la plupart des comédiennes, ses camarades, dont elle avait les déportements sous les yeux, Mlle Molière, esprit opiniâtre et de petit jugement, ne comprenait rien aux exigences de son mari, et riait volontiers de ses remontrances. L'honneur d'être la femme d'un poëte choyé à la cour, la perspective de ce baptême où le Roi-Soleil allait devenir le parrain de l'enfant qu'elle portait dans son sein, celle des fêtes où elle comptait figurer bientôt côte à côte avec la plus illustre noblesse de France, toutes ces hautes visées troublaient sa faible tête. Elle faisait la duchesse, comme dit Grimarest, et tel est bien, en effet, le reproche que son mari lui adresse, dans le *Tartuffe*, par la bouche de Mme Pernelle :

> Vous êtes dépensière, et cet état me blesse
> Que vous alliez vêtue ainsi qu'une princesse.
> Quiconque à son mari veut plaire seulement,
> Ma bru, n'a pas besoin de tant d'ajustement.

Le jour de la première représentation de cette pièce, quand il la vit paraître, parée en effet comme une princesse pour jouer le rôle d'Elmire : « Oubliez-vous donc, lui dit-il sévèrement, que vous faites le personnage d'une honnête femme? » Et il la força de revêtir une toilette d'un luxe moins extravagant, suffisant toutefois pour justifier encore les objurgations de Mme Pernelle.

Ce qui le blessait en elle, au moins dans les premiers temps de leur union, ce n'était donc pas sa coquetterie encore entourée de circonspection, mais son insoucieuse prodigalité, ses folles dépenses et son gaspillage. Ces deux natures, en ce point, étaient antipathiques : autant elle aimait à dépenser sans compter et pour le seul plaisir que la profusion offre à certaines femmes, autant il raisonnait ses plaisirs et ses largesses : il tenait de sa mère le goût de l'ordre, de la sage et régulière gestion des choses domestiques. Non qu'il fût étroitement économe; il avait la main large, au contraire, une haute mais intelligente générosité. Au pauvre qui lui rapportait un louis d'or jeté par erreur, il en donnait un second en récompense de sa probité. Au jeune Baron qui lui proposait de mettre quatre pistoles dans la main du vieux comédien Mondorge, hors d'état de rejoindre sa troupe : « Donnez-les lui pour moi, répondait-il; mais en voilà vingt autres que je lui donnerai pour vous; car je veux qu'il sache que c'est à vous qu'il a l'obligation du service que je lui rends. » Et il joignait aux 24 pistoles un bel habit de théâtre presque neuf. La délicatesse dans la façon de donner, l'exemple qui enseigne et se grave dans la mémoire, toutes les qualités de la charité la plus ingénieuse sont réunies dans cette bonne action. S'il poursuivit en justice les libraires qui vendaient des éditions furtives de ses œuvres, de *Sganarelle* et du *Tartuffe*, par exemple, c'est que les intérêts de ses associés étaient, tout autant que les siens, compromis par cette publication clandestine. D'après la jurisprudence du temps, les ouvrages dramatiques tombaient dans le domaine public par le fait de leur impression et, dès lors, toutes les troupes pouvaient se les approprier et les représenter (1).

Armande était incapable de s'associer à cette sage, modeste et intelligente façon d'entendre la vie et l'emploi de la fortune. Son idéal n'était pas le bonheur par l'intimité et le bien-être domestique ; elle le plaçait dans une existence brillante et tout en dehors, dans l'éclat de la parure, dans les éloges prodigués à sa beauté et à son élégance. « Il avoit beau, dit Grimarest, lui représenter la manière dont elle devoit se conduire pour passer heureusement la vie ensemble ; elle ne profitoit point de ses leçons, qui lui paroissoient trop sévères pour une jeune personne, qui d'ailleurs n'avoit rien à se reprocher. »

Pour le moment, voilà bien la note juste, la saine

---

(1) Voyez, dans les *Lettres de Colbert*, t. V, p. 550, la défense faite par le roi à des comédiens de campagne de jouer la comédie du *Malade imaginaire, avant qu'elle n'ait été rendue publique par l'impression.*

appréciation de la situation respective des deux époux, situation déjà tendue, pleine d'amertumes dès lors pour le mari, mais où les torts de la femme ne mêlent encore rien d'irrémédiable. C'est cette note, et celle-là seulement, sans aucun indice de soupçons graves, qui domine dans ces confidences de Molière à ses deux amis, Mignard et Rohault, et qui sont marquées d'un tel accent de vérité :

« Je suis le plus malheureux des hommes et je n'ai que ce que je mérite. Je n'ai pas pensé que j'étois trop austère pour une société domestique. J'ai cru que ma femme devoit assujettir ses manières à sa vertu et à mes intentions; et je sens bien que, dans la situation où elle est, elle eût été encore plus malheureuse que je ne le suis, si elle l'avoit fait. Elle a de l'enjouement, de l'esprit; elle est sensible au plaisir de le faire valoir; tout cela m'ombrage malgré moi. J'y trouve à redire, je m'en plains. Cette femme cent fois plus raisonnable que je ne le suis, veut jouir agréablement de la vie; elle va son chemin, et, assurée par son innocence, elle dédaigne de s'assujettir aux précautions que je lui demande. Je prends cette négligence pour du mépris; je voudrois des marques d'amitié pour croire que l'on en a pour moi, et que l'on eût plus de justesse dans sa conduite pour que j'eusse l'esprit tranquille. Mais ma femme, toujours égale et libre dans la sienne, qui seroit exempte de tout soupçon pour tout autre homme moins inquiet que je ne suis, me laisse impitoyablement dans mes peines ; et, occupée seulement du désir de plaire en général, comme toutes les femmes, sans avoir de dessein particulier, elle rit de ma foiblesse. »

Rien ne manque à la vérité de cet admirable morceau : la peinture des deux caractères, la sévérité, l'inquiétude de l'un, l'enjouement de l'autre; son ardeur à jouir de la vie, son dédain des précautions, les reproches que Molière s'adresse, la sérénité, la liberté d'esprit qu'il prête à sa femme et qui ont leur source dans le sentiment de son innocence, tout est d'une justesse parfaite. Si ces paroles ne sont pas exactement celles de Molière, si même elles n'ont pas été dites, qu'importe! Elles rendent les idées qui l'agitaient, les troubles et les perplexités de son cœur, et s'il n'a pas parlé ainsi, c'est ainsi certainement qu'il a pensé.

Dans les premiers jours de l'année 1664, voyant Armande sur le point d'accoucher, il obtint du roi la promesse de tenir le nouveau-né sur les fonts de baptême. Dans sa pensée, cette haute faveur était tout à la fois sa justification et celle de sa femme : le souverain témoignerait par là de son mépris pour la dénonciation de Montfleury et du peu de cas qu'il faisait des bruits fâcheux répandus sur l'honneur de Mlle Molière. L'enfant, né le 19 janvier, fut nommé Louis, du nom de son illustre parrain que le duc de Créquy représenta; et il fut tenu de plus par la maréchale du Plessy, au nom de Mme Henriette, duchesse d'Orléans.

L'acte de baptême, en date du 28 février, nous révèle qu'à ce moment Molière et sa femme avaient quitté leur appartement de la rue Richelieu et étaient revenus habiter, avec Madeleine et ses parents, la maison formant l'angle de la place du Palais-Royal et de la rue Saint-Thomas du Louvre. Quel fut le motif de ce changement? Dans la vie tourmentée que lui créait l'esprit chagrin et irritable de son mari, Armande avait-elle senti le besoin de se rapprocher de ses parents? Fut-ce Molière, au contraire, qui voulut placer sa jeunesse inexpérimentée et téméraire sous le chaperon maternel? Toujours est-il que, de sa part, ce déménagement fut une faute capitale. Mlle de Brie habitait, en effet, cette maison où il venait se fixer et qu'il reloua même par bail du 15 octobre 1665.

La femme légitime et l'ancienne maîtresse, toujours aimante, indulgente et non oubliée, allaient ainsi habiter sous le même toit : ce n'est point là une invention des biographes ; le fait nous est attesté par un acte authentique (1). Se pouvait-il qu'Armande ne conçût pas quelque ombrage de ce voisinage qui ne cessa qu'un an avant la mort de Molière? Quand

---

(1) Celui du 16 avril 1670, déjà cité, par lequel la troupe de Molière constitue une pension à Louis Béjart.

même nous n'aurions pas sur ce point le témoignage, suspect il est vrai, de l'auteur de la *Fameuse Comédienne,* nous devinerions assez les sujets de querelle qui durent naître de ce rapprochement et le beau thème de récriminations qu'Armande, naturellement tracassière, y trouva pour répondre aux représentations de son mari. Au fond, il ne lui déplaisait pas trop que les choses fussent ainsi réglées : désormais elle avait barre sur son Mentor.

XII

Un singulier revirement s'est opéré dans ces tout derniers temps en faveur de la femme de Molière. C'est la mode à cette heure de blanchir Armande au détriment de son mari.

Cette femme d'esprit médiocre et de cœur nul, qui abreuva d'amertumes l'homme illustre dont la destinée était unie à la sienne, et qui, à la fin, abrégea ses jours, on nous la peint comme une vertu immaculée et méconnue, comme une femme d'intérieur, coquette seulement en apparence et parce que l'on la soupçonne de l'être, mais véritable modèle d'honnêteté décente dès que la mort la délivre de l'homme qui, seul, surexcitait cette coquetterie toute de surface et de commande. Dans le malheur commun des deux époux, Molière reçoit ainsi, non pas la plus large part de responsabilité, mais la responsabilité tout entière. Il est le bourreau et sa femme est la victime.

George Sand, qui a donné le branle à ce mouvement de réaction, se bornait, dans la préface de son drame intitulé *Molière*, à décharger Armande de l'accusation de trahison au premier chef. « Je crois, disait-elle, que Molière eût méprisé et oublié une femme dissolue : je crois qu'il a pu estimer la sienne, qu'il n'a souffert que de son ingratitude, de sa coquetterie, de ses travers, de sa sécheresse, et que c'en était bien assez pour le tuer. » Ce n'est pas là une conviction née de l'examen des faits, c'est une simple impression inspirée peut-être par un penchant inconscient à excuser les femmes coupables.

M. Edouard Thierry va plus loin, et son plaidoyer pour Armande devient un véritable acte d'accusation contre Molière : « Un mauvais ménage, dit ce consciencieux éditeur du *Registre de La Grange*, ne suppose pas nécessairement les fautes de la femme. L'incompatibilité d'humeur suffit entre époux, et un premier malentendu devient celui de l'existence entière.... Femme et fière, Armande ne supporta jamais la défiance et ses emportements injustes ; elle se vengea du soupçon en l'irritant par la coquetterie apparente ou réelle, mais toujours dangereuse. Veuve et libre, aussitôt qu'elle ne dut compte qu'à elle-même, elle s'interdit d'être coquette. Elle prit chez elle sa sœur et son beau-frère Aubry pour témoins et pour garants de toutes ses actions. Un second mariage la rendit femme d'intérieur ; un second mariage aurait-il rendu Molière moins inquiet et moins tourmenté ? Il avait sa vision comme Pascal. Il en avait même deux, et marcha toujours entre deux abîmes. Sa vie, comme son théâtre, va du *Cocu imaginaire* au *Malade imaginaire* (1) ».

(1) *Charles Varlet de la Grange et son registre*, p. 75.

Voilà qui est entendu : Molière n'était trompé et malade qu'en imagination. Cette trahison et cette maladie, l'une aggravant l'autre, le tuèrent pourtant, et dans la force de l'âge. Meurt-on de deux maux purement imaginaires?

Et sur quelles raisons s'appuie ce revirement d'opinion? Les infortunes conjugales du poëte étaient réputées faits constants par ses nombreux biographes, presque à l'égal de sa naissance et de sa mort. La tradition les datait des fêtes brillantes données à Versailles en mai 1664, et où furent représentées la *Princesse d'Elide* et les trois premiers actes du *Tartuffe*. L'auteur anonyme de la *Fameuse Comédienne* avait assigné cette époque à la première chute d'Armande, et raconté à ce sujet une aventure scandaleuse où elle figure avec l'abbé de Richelieu, Lauzun et le comte de Guiche. Ses récents défenseurs triomphent d'une erreur commise ici par le narrateur, et partent de là pour la faire immaculée comme l'hermine. Armande, dit-on, sur la foi de M. Bazin, ne put s'éprendre du comte de Guiche et se dédommager de ses dédains en écoutant successivement Richelieu et Lauzun, par la raison que l'abbé était en Hongrie et le comte de Guiche en Pologne au moment où fut jouée la *Princesse d'Elide*, que l'auteur anonyme, compliquant sa première erreur d'une seconde, fait représenter à Chambord ; ce qui, pour le dire en passant, suffirait à prouver que La Fontaine n'est pour rien dans ce libelle.

Bien qu'accueillie avec confiance par La Martinière, Taschereau et nombre d'autres biographes, cette historiette pèche évidemment contre la vérité, au moins dans ses détails. Elle devient beaucoup plus vraisemblable si on la réduit à ses termes les plus simples, la passion de Mlle Molière pour le comte de Guiche, passion qui n'arrive point à se satisfaire, mais qui affiche, compromet et ridiculise celle qui l'éprouve. Or, quoi qu'en ait dit M. Bazin, le jeune comte n'était plus en Pologne au moment de la représentation de la *Princesse d'Elide*. Il avait accompagné le roi dans son expédition de Marsal en Lorraine, au mois de septembre 1663 (1). S'il n'assista pas aux fêtes de Versailles, ce dont nous n'avons pu trouver la preuve, il fut présent du moins à celles de Fontainebleau, qui suivirent à un très-court intervalle.

On peut invoquer sur ce point le témoignage de Mme de la Fayette, dans la vie de Mme Henriette d'Angleterre. Après avoir vu jouer le 12 mai, à Versailles, les trois premiers actes de *Tartuffe*, le roi partit le 16 pour Fontainebleau, comme l'atteste l'*Itinéraire des rois de France*. Molière l'y suivit, et joua de nouveau, le 30 juillet, la *Princesse d'Elide*, en présence cette

---

(1) Voir l'article *Guiche* du *Dictionnaire historique* de P. Marchand, article que M. Walckenaër déclare très-exact.

fois du légat envoyé en France pour faire réparation de l'insulte adressée à Rome, deux ans auparavant, à l'ambassadeur de Louis XIV. Ce légat, cardinal et neveu du saint-père, homme d'esprit par-dessus le marché, voulut connaître cette autre pièce qui déjà scandalisait tant de gens; car c'est à Fontainebleau et à ce moment même que le roi reçut le célèbre libelle de Pierre Roulès, curé de Saint-Barthélemy, où le poëte est traité de « démon vêtu de chair et habillé en homme (1) », et le légat ne put manquer d'avoir connaissance de ce pamphlet où la passion, clairvoyante encore dans son emportement, tend au but par la voie de la plus basse flatterie. Molière lui lut les parties terminées du *Tartuffe* et se vante d'avoir obtenu son approbation.

L'*alibi* allégué par M. Bazin s'évanouit donc. A Versailles, peut-être, et certainement à Fontainebleau, le comte de Guiche put voir Mlle Molière dans ce rôle de la princesse où elle attirait tous les yeux par l'éclat de son ajustement, par cette jupe de taffetas couleur citron que nous décrit l'inventaire de Molière, garnie de guipures, avec huit corps de différentes garnitures.et un petit corps en broderie or et argent fin. Le brillant et hardi cavalier qui élevait ses vues jusque sur Mme Henriette, et était alors la

---

(1) *Le roi glorieux au monde, ou Louis XIV le plus glorieux de tous les rois du monde.*

coqueluche de toutes les femmes, dut être sous le charme, comme tous ses amis, et adresser quelque banal compliment à la jeune actrice, ce qui suffisait pour monter cette tête vaniteuse, et lui faire croire à un amour partagé. « D'obligeants amis, dit M. Taschereau, instruisirent Molière. Il demanda une explication à sa femme, qui se tira de cette situation difficile avec tout le talent et tout l'art qu'elle mettait à remplir ses rôles. Elle avoua adroitement son inclination pour le comte de Guiche, inclination que son mari ignorait; protesta qu'il n'y avait jamais eu entre eux le moindre rapport criminel, se gardant bien de dire de qui cela avait dépendu; enfin elle soutint qu'elle s'était moquée de Lauzun, et accompagna cette explication de tant de larmes et de serments que le pauvre Molière s'attendrit et se laissa persuader. »

Pour contester la conduite répréhensible d'Armande, il faut, de parti pris, fermer les yeux à la lumière; il faut nier les faits les mieux avérés et particulièrement la rupture qui consomma la mésintelligence des deux époux. Or ce dernier fait est hors de doute, puisque des témoignages suffisamment nombreux attestent la réconciliation qui se fit plus tard. Armande ne fut ni meilleure ni pire que la très-grande majorité des actrices de son temps. « Je suis persuadé, dit l'éditeur de sa vie, dans l'avertissement placé en tête du livre, qu'il n'y a point en France de comédienne dont la vie ne puisse fournir autant de matière qu'il en faut pour faire de pareilles histoires. » Et il disait vrai.

Dans le milieu et à l'époque où elle vivait, Armande restée pure, dans une ligne de conduite décente, eût été une comédienne anormale, un véritable phénomène dont l'étrangeté aurait frappé les contemporains : de nombreux écrivains nous eussent transmis le souvenir de ce prodige; on aurait cité la jeune actrice à titre de curieuse exception, comme on cite Mlle Beauval, sa camarade de théâtre. Bien qu'accueillies dans le plus grand monde, quand elles y allaient en représentation, bien que figurant dans les ballets princiers côte à côte avec la plus haute noblesse, les actrices n'en étaient pas moins tenues à l'écart de la société par l'opinion, d'accord avec les lois ecclésiastiques : comme il arrive toujours, elles se vengeaient pour la plupart, en le justifiant par leurs mœurs, de l'ostracisme qui les frappait. C'est l'histoire des races et des professions mises en suspicion et victimes d'un préjugé social : il en fut ainsi des juifs au moyen âge.

XIII

La rupture des deux époux ne fut point aussi prompte qu'on le croit généralement. Elle n'éclata au grand jour qu'après la seconde grossesse d'Armande qui, le 4 août 1665, mit au monde une fille, le seul des trois enfants de Molière qui lui ait survécu. Madeleine Béjart fut la marraine, bien que, régulièrement et selon l'usage des familles bourgeoises, si elle n'eût été que la sœur de l'accouchée, cet honneur eût dû revenir à celle que les actes donnent pour mère à cette dernière, à la veuve Béjart, encore vivante à cette époque (elle ne mourut qu'en 1670). C'est là encore une particularité par laquelle se trahit le mensonge de cette feinte maternité. Madeleine choisit pour compère son ancien amant, le père de sa première fille, ce comte de Modène qui avait eu tant d'aventures et dont elle continuait à gérer la fortune assez compromise : elle lui prêtait de l'argent et rachetait les titres de ses créanciers. Ce choix étrange, propre à rappeler l'attention sur les désordres de jeunesse de Madeleine, n'était pas fait pour sourire à Molière ; il l'eût probablement repoussé s'il eût été le maître dans son ménage ; mais Armande et sa mère y commandaient en souveraines et tenaient peu de compte de ses avis.

Cette naissance rapprocha un moment les deux époux : ce fut quelques mois plus tard qu'éclata la crise, peu de temps après la représentation de l'*Amour médecin*, qui fut le second acte d'hostilité de Molière contre la Faculté, déjà maltraitée dans le *Festin de Pierre*. Le poëte y reparaissait dans le type de Sganarelle, mais cette fois père de famille, pleurant sa femme parce que, dit-il, la mort rajuste toutes choses ; dupe encore, mais de sa fille. Il ne se moquait plus tant des maris trompés, n'étant pas flatté de plaisanter sur son propre supplice. Quand, un an après, il revint de nouveau sur ce caractère de Sganarelle, ce fut pour le montrer maître chez lui et battant sa hargneuse moitié, ce que, pour sa part, il n'eût pas eu le courage de faire. Au temps où nous nous plaçons, il réservait toutes ses flèches aux médecins, qui ne savaient pas le guérir, car il souffrait alors d'une toux fréquente, d'un commencement de maladie des voies respiratoires, exaspérée par un travail sans relâche, par la fatigue des représentations et par les débats avec sa femme et sa belle-mère. Madeleine, cela va de soi, se rangeait du parti de sa fille ; en sorte que le poëte, quand il sortait de son théâtre ou de son cabinet, harassé par le jeu de la scène ou par la composition littéraire, et affamé de repos, trouvait à son foyer le tapage de ces deux femmes, toujours mécontentes, toujours disposées à le contredire et à le harceler.

Il tomba malade à la fin de l'année, comme on le voit par la gazette de Charles Robinet, qui nous apprend son retour à la santé et sa rentrée au théâtre sous la date du 21 février 1666. C'est qu'il s'était décidément brouillé avec sa femme, et la rupture devait être consommée quand il donna le *Misanthrope* (4 juin).

On s'égare assurément et l'on se place à un point de vue trop étroit quand on prétend préciser les modèles qui ont posé devant le grand peintre, alors qu'il dessinait les figures de ce vaste tableau. Le dernier mot du *Misanthrope*, c'est la tolérance sociale; tous les caractères qui tendent à la démonstration sont bons pour l'auteur; il n'y vise point tels ou tels personnages spécialement (1); il sort du cercle étroit

---

(1) Il faut en dire autant du *Tartuffe*. A notre avis, ni l'abbé Pons, ni l'abbé Charpy, ni même Gabriel de Roquette, ne servirent de modèle unique à l'auteur de cette pièce; mais ces trois personnages, et le dernier surtout, comme l'attestent l'abbé de Choisy, Mme de Sévigné et très-catégoriquement Saint-Simon, ont fourni des traits au tableau. Encore faut-il remarquer avec M. Henri Pignot, qui vient de publier une savante étude sur Roquette, évêque d'Autun, que le public, dans sa curiosité maligne, fit des assimilations et imagina des ressemblances que l'auteur n'avait probablement pas soupçonnées. Le portrait une fois tracé et exposé aux yeux, chacun voulut trouver un homme haut placé qui pût être regardé comme sa personnification. Familier du prince de Conti et de sa sœur, Mme de Longueville, l'évêque d'Autun se trouva le premier désigné. Souple, insinuant, d'une dévotion exagérée, prêt à tout pour réussir, ménageant toutes les opinions qui pouvaient lui être utiles, donnant à son ambition personnelle le masque des intérêts les plus sacrés, il avait non pas tous les traits, mais beaucoup des traits de Tartuffe. L'opinion se préoccupa moins des dif-

des ridicules et des vices de son siècle ; il peint le cœur humain de tous les temps.

Alceste n'est pas plus Molière que le duc de Montausier ; Célimène n'est pas plus Armande que la duchesse de Longueville. Mais, avec tout cela, l'auteur est homme pourtant ; il subit, même à son insu, l'influence de son entourage et de son milieu ; il mêle, quoi qu'il en ait, son individualité à son œuvre. Cette œuvre, la pensée générale en est abstraite et impersonnelle sans doute ; mais les traits et les détails sont puisés dans la réalité la plus rapprochée et la plus intime. C'est ce que La Grange, toujours si discret et si réservé, nous fait bien sentir, quand, parlant du don d'observation qu'avait Molière et des applications admirables qu'il faisait de ses observations, dans ses pièces, il ajoute : « On peut dire qu'il y a joué tout le monde, puisqu'il s'y est joué le premier en plusieurs endroits, sur les affaires de sa famille et qui regardoient ce qui se passoit dans son domestique. C'est ce que ses plus particuliers amis ont observé plus d'une fois. »

Se peut-il en effet que le malheureux poëte n'ait

férences que des ressemblances. Elle s'égara en s'obstinant à chercher dans une personnalité vivante et unique l'original d'une figure formée de lignes empruntées à de nombreux individus et complétée par l'imagination. Tartuffe, comme le Misanthrope, n'est pas un portrait, c'est un type. La peinture n'eût pas soulevé tant de colères, ni marqué si haut son rang parmi les chefs-d'œuvre si elle se fût réduite à celle d'une individualité.

pas fait un retour sur sa propre situation, quand il traçait, dans le *Misanthrope*, le portrait de cette jeune coquette au cœur sec, à l'esprit frivole et avide de tous les hommages, dont Alceste aperçoit si bien les défauts et qu'il ne peut s'empêcher d'aimer néanmoins, par un faible dont il est le premier à rougir (act. Ier; scène Ire)? Et la rupture finale, et ce terrible éclat de colère, dans lequel se trahit l'indignation de l'honnête homme poussé à bout, après le pardon lâchement accordé à la traîtresse, et son refus de le suivre au fond d'un désert!

Allez, je vous refuse; et ce sensible outrage
De vos indignes fers pour jamais me dégage.

N'est-ce pas là la vengeance du mari outragé, se redressant enfin et tirant raison par ce sanglant coup de fouet de tant de concessions honteuses et d'inutiles pardons? Il a voulu que Célimène sortît piteusement sous ce coup, sans lui donner un seul mot à répondre, et cette sortie est la plus difficile qu'il y ait au théâtre, tant la situation est écrasante et humiliante pour l'actrice. Mlle Mars s'en tirait, dit-on, pour un coup d'éventail dédaigneusement lancé par-dessus l'épaule et qui voulait dire : « Je m'en moque. D'autres me consoleront de ses dédains, et lui-même, si je le veux bien, viendra les abjurer à mes pieds. »

XIV

Le dénoûment du *Misanthrope* n'en est pas un ; c'est un point d'arrêt, non une solution définitive. Ni Célimène n'est corrigée de sa coquetterie, ni Alceste de son incurable faiblesse. Pour peu qu'elle s'y prête, il sera à ses genoux avant un mois : la façon dont il se dérobe aux avances d'Éliante le prouve ; et la pièce reprendra à nouveaux frais, comme reprit le drame plus réel que Molière avait cru terminer par une rupture. Qu'on lise les admirables confidences à Chapelle, dont la place naturelle est à cette époque où fut joué le *Misanthrope*, et qui sont le développement plus intime et plus approprié à Molière lui-même de la fatale situation d'Alceste. On se convaincra que le poëte, même au moment de sa rupture la plus tranchée avec sa femme, ne cessa jamais de l'aimer, de la regretter, et ne renonça point à l'espoir de la ramener à lui.

Bien qu'imprimées au cours de ce libelle diffamatoire dont nous avons souvent parlé, ces confidences sont marquées d'un tel accent de vérité et d'une telle justesse d'accent qu'elles semblent émanées de Molière lui-même, qui les aurait écrites dans une lettre à Chapelle, parvenue à la connaissance de l'anonyme conteur de l'*Histoire de la Guérin* (1).

En joyeux viveur et homme positif qu'il était, Chapelle, incapable de rien comprendre à la sensibilité maladive, aux douloureuses hésitations de son ami, lui conseillait brutalement de tirer bonne vengeance de sa femme en la faisant enfermer; sûr moyen, disait-il, de se mettre l'esprit en repos.

« Je vois bien que vous n'avez encore rien aimé, lui répond Molière; et vous avez pris la figure de l'amour pour l'amour même... Je suis né avec les dernières dispositions à la tendresse, et comme tous mes efforts n'ont pu vaincre le penchant que j'avais à l'amour, j'ai cherché à me rendre heureux, c'est-à-dire autant qu'on peut l'être avec un cœur sensible... J'ai pris ma femme pour ainsi dire dès le berceau; je l'ai élevée avec des soins qui ont fait naître des bruits dont vous avez sans doute entendu parler : je me suis mis en tête que je pourrois lui inspirer, par habitude, des sentiments que le temps ne pourroit détruire, et je n'ai rien oublié pour y parvenir. Comme elle étoit encore fort jeune quand je l'épousai, je ne m'aperçus pas de ses méchantes inclinations, et je me crus un peu moins malheureux que la plupart de ceux qui prennent de pareils engagements.

---

(1) Cette ingénieuse supposition est de M. Ed. Fournier : *Roman de Molière*, p. 20.

Aussi le mariage ne ralentit point mes empressements ; mais je lui trouvai tant d'indifférence, que je commençai à m'apercevoir que toute ma précaution avoit été inutile, et que ce qu'elle sentoit pour moi étoit bien éloigné de ce que j'aurois souhaité pour être heureux.

» Je me fis à moi-même des reproches sur une délicatesse qui me sembloit ridicule dans un mari, et j'attribuai à son honneur ce qui étoit un effet de son peu de tendresse pour moi. Mais je n'eus que trop de moyens de m'apercevoir de mon erreur, et la folle passion qu'elle eut peu de temps après pour le comte de Guiche fit trop de bruit pour me laisser dans une tranquillité parfaite.

» Je n'épargnai rien, à la première connoissance que j'en eus, pour me vaincre moi-même, dans l'impossibilité que je trouvai à la changer : je me servis pour cela de toutes les forces de mon esprit; j'appelai à mon secours tout ce qui pouvoit contribuer à ma consolation. Je la considérai comme une personne de qui tout le mérite étoit dans l'innocence, et qui pour cette raison n'en conservoit plus depuis son infidélité. Je pris dès lors la résolution de vivre avec elle comme un honnête homme qui a une femme coquette et qui est bien persuadé, quoi qu'on puisse dire, que sa réputation ne dépend pas de la méchante conduite de son épouse. Mais j'eus le chagrin de voir qu'une personne sans grande beauté, qui doit le peu d'esprit qu'on lui trouve à l'éducation que je lui ai donnée, détruisoit en un moment toute ma philosophie. Sa présence me fit oublier toutes mes résolutions, et les premières paroles qu'elle me dit pour sa défense me laissèrent si convaincu que mes soupçons étoient mal fondés, que je lui demandai pardon d'avoir été si crédule.

» Cependant mes bontés ne l'ont point changée. *Je me suis donc déterminé à vivre avec elle comme si elle n'étoit pas ma femme;* mais, si vous saviez ce que je souffre, vous auriez pitié de moi. Ma passion est venue à un tel point qu'elle va jusqu'à entrer avec compassion dans ses intérêts; et quand je considère combien il m'est impossible de vaincre ce que je sens pour elle, je me dis en même temps qu'elle a peut-être une même difficulté à détruire le penchant qu'elle a d'être coquette, et je me trouve plus dans la disposition de la plaindre que de la blâmer.

» Vous me direz sans doute qu'il faut être fou pour aimer de cette manière; mais, pour moi, je crois qu'il n'y a qu'une sorte d'amour, et que les gens qui n'ont point senti de semblable délicatesse n'ont jamais aimé véritablement. Toutes les choses du monde ont du rapport avec elle dans mon cœur : mon idée en est si fort occupée que je ne sais rien, en son absence, qui m'en puisse divertir. Quand je la vois, une émotion et des transports qu'on peut sentir, mais qu'on ne sauroit exprimer, m'ôtent l'usage de la réflexion ; je n'ai plus d'yeux pour ses défauts, il m'en reste seulement pour ce qu'elle a d'aimable. »

Vous avez reconnu ici ces vers où Alceste exprime les mêmes idées et les mêmes sentiments :

> Mais avec tout cela, quoi que je puisse faire,
> Je confesse mon faible, elle a l'art de me plaire ;
> J'ai beau voir ses défauts et j'ai beau l'en blâmer,
> En dépit qu'on en ait, elle se fait aimer.

Et le poëte, habile à analyser son cœur, termine ses tristes confidences par cette réflexion :

« N'est-ce pas là le dernier point de la folie ? Et n'admirez-vous pas que tout ce que j'ai de raison ne serve qu'à me faire connoître ma faiblesse sans en pouvoir triompher ? »

C'est bien là encore ce que dit Alceste à Philinte et à Éliante :

> Vous voyez ce que peut une indigne tendresse,
> Et je vous fais tous deux témoins de ma faiblesse.

Nous voyons quelque chose de plus : c'est qu'Alceste ne restera pas éternellement sur les hauteurs désolées du mépris ; il sortira tôt ou tard du désert où Célimène n'a pas voulu s'enterrer avec lui, pour venir mendier un pardon qu'on lui refusera, en le renvoyant à Éliante, et qu'on lui fera payer cher, s'il l'obtient.

C'est Mlle de Brie, ne l'oublions pas, qui jouait le rôle d'Éliante.

XV

De tels regrets, une telle propension à l'indulgence et, comme le malheureux poëte l'avouait lui-même, cette impossibilité de triompher de sa tendresse et de se faire un cœur disposé à la haine, toute cette faiblesse, en un mot, ne permettait pas une rupture complète et définitive. Celle des deux époux ne le fut jamais, et l'auteur de l'Histoire d'Armande était bien informé quand il écrivait que « sans arrêt du Parlement, ils demeurèrent d'accord qu'ils n'auroient plus d'habitude ensemble ». On a prétendu le contraire ; on a dit qu'ils en vinrent au point de demander une séparation judiciaire, et l'on a cité, à l'appui de cette assertion, un passage du manuscrit de Nicolas de Trallage, lequel était instruit de beaucoup de particularités secrètes par ses rapports de famille avec le lieutenant de police La Reynie.

M. de Trallage, faisant le dénombrement des comédiens de son temps célèbres par leurs débauches, y comprend Armande Béjart en ces termes : « La femme de Molière, entretenue à diverses fois par des gens de qualité et séparée de son mari. »

Il y a là très-vraisemblablement une calomnie et une erreur. Une calomnie, car Armande, commune en biens avec son mari, vivait dans une trop grande aisance pour jouer le rôle de ces femmes qu'on appelle aujourd'hui des lionnes pauvres. Dans les dernières années de leur mariage, ils réunissaient à eux deux environ trente mille livres de rente, près de cent mille de nos jours (1). Ils touchaient quatre parts dans les bénéfices de la troupe, augmentées de la grosse pension accordée par le roi ; Molière en percevait trois à lui seul : une comme directeur, une comme auteur, et la dernière comme acteur. Dans les déportements d'Armande, le mercantilisme n'entrait pour rien ; il n'y avait que légèreté et propension héréditaire.

Après la calomnie, l'erreur : Molière n'eût pas continué de vivre sous le même toit que sa femme si elle eût fait trafic de ses charmes, et il y a preuve pourtant qu'après la rupture ils continuèrent à habiter, sinon le même appartement, du moins la même maison. La convention purement personnelle et privée qui les séparait ne fut pas strictement observée ; leur existence, pendant plusieurs années, fut une alternative de longues brouilles et de courts raccommodements où la dignité du mari allait sans cesse s'affaiblissant. Comment en aurait-il été différemment ? Ils se côtoyaient chaque jour ; ils se

---

(1) C'est le chiffre donné par Grimarest et reproduit par Voltaire. Titon du Tillet, dans son *Parnasse français*, l'abaisse à vingt-cinq mille livres de rente, ce qui est beaucoup encore.

parlaient; ils se rencontraient aux répétitions, aux représentations, jouant dans les mêmes pièces et souvent placés dans des situations préparées à dessein pour émouvoir l'infidèle et la ramener par d'habiles éloges prodigués à son talent ou à sa beauté. *George Dandin*, joué le 18 juillet 1668, dans les grandes fêtes données à Versailles pour célébrer la paix d'Aix-la-Chapelle, forme à cet égard une exception remarquable, et dut être écrit dans une de ces périodes de brouille où les deux époux passaient de la paix armée aux hostilités. Armande remplissait dans cette comédie le rôle d'Angélique, c'est-à-dire celui d'une femme mariée qui manque à ses devoirs, et c'est le seul de cette nature qu'il y ait dans tout le théâtre de Molière.

Dans l'isolement où elle le laissait, lui qui ne pouvait vivre sans affection, il s'était retourné vers Mlle De Brie, son ancienne providence : celle-là savait à merveille les consolations qui convenaient à ce cœur toujours saignant; elle était son refuge dans ses moments d'irritation et de surexcitation nerveuse, après les grandes fatigues de l'enfantement littéraire, comme après les abattements que lui causaient les rebuffades de sa femme. Près de Mlle De Brie, son esprit se détendait et se rasséréait. La médisance trouvait son compte à cette intimité qui peut-être n'avait rien d'absolument criminel, et les amis du poëte eux-mêmes lui faisaient à ce sujet des représentations, comprenant le parti que l'épouse légitime ne manquerait pas d'en tirer pour excuser sa propre conduite. Ils auraient voulu qu'il rompît avec la De Brie. « Est-ce la vertu, la beauté ou l'esprit, lui disaient-ils, qui vous font aimer cette femme-là? Vous savez que Florimont et La Barre (un musicien dont La Fontaine a parlé) sont de ses amis, qu'elle n'est point belle, que c'est un vrai squelette, qu'elle n'a pas le sens commun. — Je sais tout cela, répondait-il ; mais je suis accoutumé à ses défauts ; il faudrait que je prisse trop sur moi pour m'accommoder aux imperfections d'une autre ; je n'en ai ni le temps ni la patience. »

Le temps et la patience, c'était bien là en effet ce qui lui manquait. Sa vie était une fièvre continuelle : toujours pressé de produire et de mettre au jour ses conceptions, toujours talonné par la besogne, il n'avait pas le loisir de se prêter aux mille exigences de la vie de ménage. Il s'emportait pour une vétille : lui, l'homme bon, aimant et pitoyable, il était pris de soudaines et rageuses impatiences; un rien l'exaspérait. Pour un bas mis à l'envers et que Provençal lui remettait niaisement du mauvais côté, parce qu'après l'avoir tiré il y enfonçait le bras et le retournait à nouveau, il décocha un jour un tel coup de pied à ce valet que le malheureux en tomba à la renverse. Il en est ainsi des gens nerveux dont le cerveau est fortement tendu par le travail de la pensée ; dans une soudaine explosion dont le motif semble puéril, ils déchargent des réserves d'irritation longuement accumulées. Ce futile motif n'est pas la cause vraie de l'emportement, c'en est seulement l'occasion.

Incapable de comprendre cet état moral de son mari, Armande haussait les épaules à ces fureurs dont elle savait l'issue rapide et qui, suivies de prompts retours en sens contraire, le déconsidéraient encore à ses yeux. Voilà qui explique le peu de regrets qu'elle donna à sa perte, et son mariage avec Guérin d'Etriché, un vulgaire comédien qui n'avait point les ennuyeuses exigences du génie. Le poëte diminuait dans l'esprit de sa femme à mesure qu'il grandissait dans l'esprit public. Cette singulière divergence entre l'opinion que les familiers d'un grand homme se font sur son compte et celle qu'en conçoivent les contemporains et la postérité est un fait moins rare qu'on ne serait tenté de le croire.

XVI

Il tomba malade de nouveau en avril 1667 et resta deux mois éloigné de la scène, condamné au laitage que dès lors il n'abandonna plus, si ce n'est peu de temps avant sa mort, et aspirant les parfums du printemps dans sa solitude d'Auteuil.

Comme il se sentait libre de tout souci d'argent depuis que le succès lui faisait de fructueuses recettes et que le roi, en priant Monsieur de lui céder ses comédiens, leur avait accordé une pension de 7,000 livres, il avait loué un appartement dans une maison du joli village d'Auteuil, où Despréaux venait souvent pendant la belle saison (1). Cette maison, qui appartenait à Jacques de Grou, écuyer, sieur de Beaufort, porte-manteau du frère de Louis XIII, Gaston d'Orléans, était quelque chose comme une gentilhommière, avec colombier à pied.

Elle formait l'angle de la rue des Planchettes, aujourd'hui rue François-Gérard, et de la grande rue d'Auteuil. La partie de cette dernière voie sur laquelle sa façade s'étendait, a porté longtemps et jusqu'en ces dernières années le nom de rue Molière,

---

(1) Chez des amis ordinairement ; ce n'est qu'en l'année 1685 que Boileau acheta son jardin d'Auteuil.

et ne comprenait à droite, en venant de la Seine, que cinq maisons, toutes aujourd'hui démolies : nous avons vu déménager les deux dernières, dont la démolition était indiquée pour le 19 octobre 1876.

L'emplacement de ces cinq maisons forme aujourd'hui un terrain vague sur lequel va passer le prolongement de la rue de la Municipalité.

Sur cette rue Molière, dont il ne reste plus que l'emplacement, la maison de Beaufort, beaucoup plus vaste que les quatre autres, portait le nº 2. C'est sur cette rue aussi qu'ouvrait sa porte principale, presque en face du vaste hôtel de Praslin, où l'on a élevé une sorte de Temple à Molière, avec un colombier tout moderne (1), et où l'on persiste, sans raisons solides, à placer le pavillon qu'il habita. Celui où il résida réellement était de l'autre côté de la rue et s'adossait à l'habitation principale occupée

---

(1) Ce colombier postiche, avec la tourelle et le vilain petit pavillon qu'on y a joint, est tout récent. C'est en 1855 seulement qu'il fut construit par M. Barraud, alors propriétaire de l'ancien hôtel de Praslin, et par lui annexé à l'espèce de temple élevé antérieurement dans le jardin de cet hôtel en l'honneur de Molière. Voici en effet une pièce qui le prouve : « Droits de voirie, 1855, « onze septembre. M. Barraud demande l'autorisation de construire « un petit pavillon, à l'angle de la rue Molière, à 6 mètres environ « de la route impériale. » Cette pièce inédite est tirée de la collection citée dans la note qui va suivre. L'hôtel de Praslin occupait tout le côté gauche de la rue Molière et forme aujourd'hui le numéro 1 de la rue d'Auteuil. C'est à cette heure un pensionnat de demoiselles : son entrée faisait face, à peu de chose près, à celle de la maison de Beaufort dont il ne reste rien.

par le sieur de Beaufort, à laquelle on accédait, du jardin, par un large perron devant lequel s'étendaient plusieurs bassins. A la suite venait une sorte de parc, touchant, par son extrémité, à une partie des jardins qui ont issue maintenant sur l'avenue Boudon. Le colombier féodal s'élevait au fond des communs.

Cette vaste propriété, d'une superficie d'environ 14,500 mètres, portait originairement le nom de Fief Baudoin et appartenait en 1789, à Du Plessis Duvernay, légataire de Mlle de Longpré, dernière héritière des Grou de Beaufort. Achetée en 1836, au prix modique de 60,000 francs, par Marie-Joseph Farina, l'un des descendants du célèbre inventeur de l'eau de Cologne, cette propriété fut vendue par ses héritiers, au mois de mars 1867, à la ville de Paris, qui fit démolir les bâtiments pour le percement de la voie nouvelle qui doit continuer la rue de la Municipalité et va entraîner la démolition de la petite église romane d'Auteuil. Les communs étaient dans la censive de l'abbaye de Sainte-Geneviève, tandis que l'hôtel et le parc relevaient de la censive de Saint-Germain l'Auxerrois (1).

---

(1) Ces indications précises et entièrement neuves contrarient tout ce qui a été imprimé sur l'habitation de Molière à Auteuil. Nous les devons à l'obligeance d'un savant collectionneur, M. Parent de Rosan, auquel plusieurs écrivains, et en particulier Sainte-Beuve et Eudore Soulié, ont dû déjà de précieux renseignements. Frappé par un de ces coups terribles dont le cœur reste à jamais meurtri,

Le jardinier de M. de Beaufort ne ressemblait point à l'honnête Antoine de Boileau, ce jardinier d'Auteuil

Qui chez lui, pour rimer, plantait le *chèvrefeuil*.

Claude (c'était son prénom) avait la tête chaude et la main prompte, et des amis de M. de Beaufort eurent un jour maille à partir avec lui. Molière intervint dans la mêlée, qui fut suivie d'une information judiciaire en date du 22 août 1667 : elle prouve que c'est vers cette époque qu'il commença d'habiter Auteuil (1).

L'appartement que Molière avait loué dans cette maison, au prix de quatre cents livres par an, et dont il eut la jouissance jusqu'à sa mort, cet appartement, situé au rez-de-chaussée, était des plus simples : une cuisine, une salle à manger, une chambre à coucher, deux chambres en mansarde au second étage et le droit de se promener dans le parc; c'était tout. Molière y avait joint pourtant une chambre d'ami dépendant du principal corps de

---

M. de Rosan s'est retiré à Auteuil et cherche à tromper sa douleur en recueillant sur cette localité et sur le séjour qu'y firent plusieurs hommes célèbres, quantité de pièces intéressantes qu'il a bien voulu mettre à notre disposition avec autant de complaisance que de désintéressement.

(1) Pièce communiquée par M. de Rosan. V. aux *Pièces justificatives*.

logis et louée à part, moyennant vingt écus par an.

Le poëte fut bientôt connu et aimé dans ce village où il faisait beaucoup de bien. Il y fut parrain, le 30 mars 1671, de l'enfant d'un comédien, Claude Jennequin, et se para, dans cette circonstance, du titre d'écuyer auquel ses fonctions de valet de chambre du roi lui donnaient droit. Ses charités lui attirèrent l'affection du curé de la paroisse, et ce fut ce bon prêtre qui conduisit sa veuve à Versailles, quand elle alla se jeter aux pieds du roi, afin d'obtenir pour ses restes la sépulture chrétienne que leur refusait le curé de Saint-Eustache.

L'auteur d'un acte si honorable mérite assurément que son nom soit sauvé de l'oubli : il s'appelait François Loyseau et prenait, dès 1656, les qualités de curé de Notre-Dame d'Auteuil et Passy, prêtre de l'Oratoire, conseiller ordinaire du roi et aumônier de Sa Majesté (1). Ces dernières fonctions expliquent comment il put aisément trouver accès près de Louis XIV, au moment de la mort de Molière; mais il était suspecté de jansénisme et voulut profiter de l'occasion pour se disculper, ce qui mécontenta le monarque et faillit faire échouer la démarche.

Rien, dans le modeste appartement d'Auteuil, assez confortablement meublé pourtant, ne rappelait la vie de théâtre, les préoccupations quotidiennes

---

(1) Renseignement communiqué par M. Parent de Rosan.

laissées rue Saint-Thomas du Louvre. Peu de livres : un Plutarque, un Montaigne, un Balzac, un Ovide, un Horace, un César; puis Hérodote, Héliodore, Diodore de Sicile, Valère le Grand, le Traité de physique de Rohault, donné sans doute par l'auteur à son ami; c'était à peu près toute la bibliothèque. Molière qui faisait élever sa fille dans un pensionnat d'Auteuil, la menait souvent dans cette retraite; mais il ne paraît pas qu'Armande ait jamais été tentée de s'y ennuyer en compagnie de son mari, même après leur raccommodemment.

La solitude effraye une âme de vingt ans,

dit Célimène. Les deux époux faisaient lit à part à la ville : or, dans l'inventaire dressé à Auteuil, après le décès du poëte, on ne voit figurer qu'un lit, assez richement garni, qui était le sien, et un autre beaucoup plus modeste qu'on avait sans doute, au moment de l'inventaire et pour la simplification de la prisée, transporté de la chambre qu'il occupait dans celle de Molière : ce lit était celui de Chapelle qui, selon Grimarest, avait une chambre à Auteuil, chez son ami (1). La cuisinière La Forest ne venait à Auteuil que les jours de gala; le service ordinaire était

---

(1) Il résulte toutefois d'un récit de l'abbé de Choisy existant dans un mss. de la Bibl. de l'Arsenal, t. I, f° 222, v°, qu'Armande était à Auteuil près de son mari le jour du fameux souper dont il va être question.

fait par Martine, une bonne fille du pays (1), que Molière avait en vue quand il écrivit le rôle de la servante de Chrysale, celle qui tient si peu à savoir d'où vient le mot *grammaire :*

> Qu'il vienne de Chaillot, d'*Auteuil* ou de Pontoise,
> Cela ne me fait rien.

Elle était fort intelligente, cette Martine. Le rôle qui porte son nom dans les *Femmes savantes* devait être rempli par Madeleine Béjart, qui mourut quelques jours avant la première représentation. Molière, pris de court, imagina de le confier à la joyeuse fille d'Auteuil. Le *Mercure* de juillet 1723, qui nous a transmis le souvenir de cette étrange substitution, a oublié de nous dire comment elle se tira de cette audacieuse entreprise.

Quoique naturellement grave et même parfois morose, Molière aimait à réunir dans son logis des champs de gais convives, au milieu desquels il s'animait et oubliait un moment ses tracas. Auteuil était alors le rendez-vous de beaucoup de ses amis : Boileau, La Fontaine, Guilleragues, Jonsac, Puymorin, l'abbé Le Vayer. Ces réunions étaient fréquentes dans la belle saison, car le théâtre était à cette époque beaucoup moins absorbant que de notre temps, et laissait de nombreux loi-

---

(1) M. Ed. Fournier, *Roman*, p. 125.

sirs aux comédiens. La troupe de Molière ne jouait que trois fois par semaine, le dimanche, le mardi et le vendredi. Ce dernier jour était celui des premières représentations, et le *Festin de Pierre* est probablement la seule pièce de Molière qui ait fait exception à cette règle : ce fut sans doute le caractère populaire de cette légende dramatique qui porta à la jouer pour la première fois un dimanche. Joignez que les théâtres étaient alors contraints à de fréquentes vacances ; on les fermait durant la quinzaine de Pâques, aux fêtes de l'Église, ainsi qu'aux fêtes publiques, et les jours où un criminel dont le procès avait appelé l'attention était mis à mort en place de Grève. C'est ce qui eut lieu le jour du supplice de Mme de Brinvilliers. On les fermait encore pendant les maladies des membres de la famille royale, et quand les comédiens prêtaient leur concours aux fêtes princières (1). Les soirées, d'ailleurs, étaient libres, même les jours de spectacle ; il ne finissait guère passé sept heures du soir, et même c'était là une heure exceptionnelle, car on soupait en sortant de la comédie.

Chapelle, on le pense bien, était le convive indispensable, le boute-en-train de ces joyeuses parties ; il mystifiait La Fontaine, persiflait Molière soup-

---

(1) V. *le Théâtre français sous Louis XIV*, du regrettable E. Despois, p. 110, et la *Revue politique et littéraire*, numéro du 1er avril 1876.

çonné d'incliner au cartésianisme, et enivrait tout doucement Despréaux qui lui prêchait la continence. Les anecdotes où il figure avec ces hommes illustres sont devenues une sorte de légende. La plus célèbre, la seule authentique peut-être, parce que Louis Racine, dans ses Mémoires sur la vie de son père, en atteste la réalité, est celle du fameux souper que Chapelle présidait en l'absence de l'amphitryon, retenu dans sa chambre par la maladie, et où tous les convives couraient de gaieté de cœur se noyer dans la Seine, si Molière, attiré par le bruit, ne leur avait persuadé de remettre l'affaire au lendemain matin (1).

De ces historiettes plus ou moins suspectes, tout ce qu'il importe de retenir, c'est l'espèce d'ascendant que Chapelle exerçait sur son illustre ami. Ce vieux camarade, si sceptique en amour, Molière aimait à le consulter non-seulement dans ses embarras de directeur de théâtre, quand il s'agissait de répartir les rôles que se disputaient ses principales actrices, mais aussi dans ses chagrins plus intimes, quand il se sentait partagé entre la honte d'être l'esclave d'une femme indigne et la passion tenace dont il essayait en vain de s'affranchir.

(1) Dans le récit de l'abbé de Choisy cité plus haut en note, le souper ne se passe pas au domicile de Molière, mais dans une maison voisine où le poëte, averti par un valet, se serait rendu à temps pour empêcher l'acte de folie de ses amis.

XVII

C'était Chapelle encore qui remontait le faible cœur, qui relevait le moral de son ami, qui lui remettait sous les yeux les torts d'Armande, qui l'arrêtait sur le chemin des concessions, qui lui faisait toucher du doigt le danger des avances dédaignées. Peine perdue ! L'amour était plus fort que tous les raisonnements. Malgré lui, dans les pièces où elle devait figurer, dans le *Misanthrope*, le *Tartuffe*, les *Femmes savantes*, le malheureux poëte songeait à lui ménager un beau rôle, un rôle qui la fit valoir, un rôle où il trouvât occasion de l'avertir, de lui donner à réfléchir, surtout de l'excuser et de la flatter.

Le personnage de la coupable épouse de *George Dandin*, qu'il lui fit jouer dans une période d'exaspération, satisfit une fois et pour toujours le faible besoin de représailles de cette âme indulgente et tendre. Par combien de flatteries indirectes ne racheta-t-il pas cette exceptionnelle satisfaction donnée à ses rancunes, et dont peut-être Armande, avec sa légèreté insoucieuse, ne s'aperçut même pas !

Nulle part ces lâches et périlleuses avances ne se laissent mieux sentir que dans le *Bourgeois gentilhomme*. Quelles belles grimaces Chapelle ne dut-il pas faire quand l'auteur lui lut la neuvième scène du troisième acte, où Cléonte, après avoir stigmatisé les torts et les défauts de Lucile, prend tout à coup sa défense, en entendant Covielle abonder dans son sens! Changez les noms ; appelez Cléonte Molière ; donnez à Covielle le nom à peine dissimulé de Chapelle, vous aurez une de ces discussions où l'un s'appliquait à dénigrer celle que l'autre s'ingéniait à défendre : la note ici est plus tendre que dans la confidence intime et à cœur ouvert qui nous a été conservée par l'auteur de la *Fameuse Comédienne*. C'est d'abord que la femme perfide écoute cette fois dans la coulisse ; c'est aussi que le temps a marché et que nous touchons de plus près au dénoûment.

— Voilà une belle mijaurée, une pimpesouée bien bâtie, pour vous donner tant d'amour, s'écrie Chapelle. Je ne lui vois rien que de très-médiocre, et vous trouverez cent personnes qui seront plus dignes de vous. Premièrement, elle a les yeux petits.

— Cela est vrai, répond timidement le pauvre Molière ; elle a les yeux petits : mais elle les a pleins de feu, les plus brillants, les plus perçants du monde, les plus touchants qu'on puisse voir.

— Elle a la bouche grande.

— Oui ; mais on y voit des grâces qu'on ne voit point aux autres bouches ; et cette bouche, en la voyant, inspire des désirs, est la plus attrayante, la plus amoureuse du monde.

— Pour sa taille, elle n'est pas grande.

— Non ; mais elle est aisée et bien prise.

— Elle affecte une nonchalance dans son parler et dans ses actions....

— Il est vrai ; mais elle a grâce à tout cela ; et ses manières sont engageantes, ont je ne sais quel charme à s'insinuer dans les cœurs.

— Pour de l'esprit....

— Ah! elle en a, Chapelle, du plus fin, du plus délicat.

— Sa conversation....

— Sa conversation est charmante.

— Mais, enfin, elle est capricieuse autant que personne du monde.

— Oui, elle est capricieuse, j'en demeure d'accord ; mais tout sied bien aux belles : on souffre tout des belles.

Et Chapelle, tenant à avoir le dernier mot, terminait la discussion en citant perfidement à son ami deux ou trois vers de ce passage de Lucrèce introduit dans le *Misanthrope*, et qui peint si bien la facilité des amants à s'illusionner sur les imperfections de l'objet aimé :

> Ils comptent les défauts pour des perfections,
> Et savent y donner de favorables noms.

Le plus étrange, c'est que les deux interlocuteurs avaient raison, chacun à son point de vue. Au témoignage de ses contemporains, Armande avait tous les défauts que signalait Chapelle : petite taille, petits yeux, bouche trop grande, nonchalance affectée, conversation vide et frivole, et tous les caprices de la coquette la plus habituée à voir tout sacrifier à ses moindres désirs (1). Avec tout cela, elle était ravissante; elle avait le charme, ce je ne sais quoi qui efface ou voile tous les défauts : c'était une charmeuse.

Dans la disposition d'esprit où était Molière, une réconciliation devenait inévitable ; c'était désormais une simple question de temps et d'à-propos. Ce rapprochement se fût vraisemblablement opéré plus tôt sans un nouveau scandale dont la tragédie-ballet de *Psyché* fut l'occasion. Il avait eu l'imprudence de confier ce rôle de *Psyché* à sa femme et celui de l'Amour à Baron, comptant sans doute sur l'éloignement qu'Armande avait toujours manifesté pour ce jeune acteur.

Molière avait arraché Baron tout enfant des mains d'une comédienne ambulante et, lui trouvant du goût et d'heureuses dispositions, il s'était attaché à lui et lui avait ouvert sa maison. Fils d'une actrice si belle que, lorsqu'elle paraissait à la toilette d'Anne d'Autriche, les plus jolies femmes prenaient la volée,

---

(1) Voyez, dans le *Mercure de France* de mai et juin 1740, les *Lettres sur la vie de Molière et de son temps,* attribuées à Mlle Poisson, fille de l'acteur Du Croisy.

Baron était lui-même très-bien fait et d'une figure aussi agréable qu'expressive. Le poëte avait bien vite démêlé la vocation de cet orphelin, alors âgé d'une dizaine d'années ; il le formait pour le théâtre et surtout pour l'emploi tragique qui convenait à ses facultés natives ; il l'initiait au grand art de dire juste, de parler avec naturel et de façon cependant que le public ne perdît ni une syllabe ni une intention, et cela au moyen d'une sorte de notation qu'il avait inventée pour marquer les tons divers que comporte un rôle. A mesure que le jeune acteur grandissait, le maître s'attachait de plus en plus à cet élève dans lequel il espérait se survivre. Cette affection quasipaternelle devint telle, que les ennemis de Molière lui cherchèrent une explication honteuse dont l'auteur de la *Fameuse Comédienne* ne pouvait manquer de se faire l'écho : on la trouve reproduite dans une épigramme, attribuée sans preuves suffisantes à La Fontaine et que le manuscrit de M. de Trallage a conservée.

C'est faire trop d'honneur à de pareilles calomnies que de perdre son temps à les réfuter : c'est ravaler Molière que de le justifier par la mauvaise raison qu'allègue M. Bazin, son triple ménage avec la Béjart, la De Brie et sa femme ; ce triple ménage est un fait matériellement faux, et la justification revient en dernière analyse à substituer un genre d'infamie à un autre, un inceste à une dépravation. Que les mœurs de Molière n'eussent rien de commun avec celles de d'Assoucy, son ami, et du duc d'Orléans, son protecteur, sa vie tout entière et son noble caractère nous en sont de sûrs garants, sans qu'il soit besoin d'autre démonstration.

La haine qu'Armande manifesta de bonne heure pour Baron s'explique tout simplement par l'esprit de contradiction dont elle était animée, et aussi par les travers de ce jeune homme. Elle le détestait pour sa fatuité, sa nonchalance étudiée, ses airs impertinents, et l'empire qu'il exerçait sur son mari. Il paraît même qu'un jour, comme il avait treize ans, elle s'échappa jusqu'à lui donner un soufflet. On devine l'irritation de Molière, qui se sentait outragé en la personne de cet enfant. Il se préparait alors à le faire débuter devant la cour, dans un rôle qu'il écrivait pour lui, celui de Myrtil dans *Mélicerte*. Cette pastorale devait faire partie des divertissements de la fête donnée à Saint-Germain en décembre 1666 et connue sous le nom de *Ballet des Muses*. Sensible à l'insulte reçue, Baron parlait de quitter tout de suite la maison de son bienfaiteur, et l'on eut toutes les peines du monde à le déterminer à paraître dans *Mélicerte*, dont les deux premiers actes étaient seuls terminés. Mais, la représentation finie, il eut la hardiesse, dit-on, de demander au roi la permission de se retirer, et reprit alors du service dans la troupe de la Raisin, cette comédienne qui l'avait élevé.

Mélicerte demeura donc inachevée, et c'est seulement quatre ans après cette aventure que Baron consentit enfin à revenir chez son illustre protecteur, à qui son absence et son ingratitude étaient des plus pénibles (1). C'était alors un grand garçon de près de dix-huit ans, bien découplé, plein d'assurance et déjà fort recherché des femmes de théâtre et même de certaines femmes du monde : il ne parut pas d'abord que l'âge eût beaucoup modifié la sourde hostilité qui régnait entre Armande et lui.

Les choses changèrent tout à coup. Le 24 juillet 1671, quand ils parurent dans ce ballet de *Psyché*, si beaux tous deux, si bien faits l'un pour l'autre, un mouvement de surprise parcourut la salle. « Les louanges communes qu'on leur donnoit les obligèrent de s'examiner de leur côté avec plus d'attention, et même avec quelque sorte de plaisir. Il fut le premier qui rompit le silence par le compliment qu'il lui fit sur le bonheur qu'il avoit d'être choisi pour représenter son amant ; qu'il devoit l'approbation du public à cet heureux hasard ; qu'il n'étoit pas difficile de jouer un personnage que l'on sentoit naturellement. La Molière répondit que les louanges qu'on donnoit à un homme comme lui étoient dues à son mérite, et qu'elle n'y avoit nulle part ; que

---

(1) Baron, d'après le journal de La Grange, fut engagé dans la troupe de Molière à Pâques de l'année 1670.

cependant la galanterie d'une personne qu'on disoit avoir tant de maîtresses ne la surprenoit pas, et qu'il devoit être aussi bon comédien auprès des dames qu'il l'étoit sur le théâtre. »

On devine le reste : Baron, à qui cette manière de reproches ne déplaît pas, lui répond de son air indolent qu'il a en effet quelques habitudes qui peuvent s'appeler bonnes fortunes, mais qu'il est prêt à lui tout sacrifier. Psyché est enchantée de cette préférence, et Jupiter, cette fois, n'a pas besoin de s'en mêler pour qu'elle soit unie à l'Amour.

« Ce commerce fut heureusement de peu de durée, dit M. Taschereau, et il serait consolant de penser que ce furent les remords de Baron qui l'en détournèrent. » Cette honnête hypothèse pêche un peu contre la vraisemblance : le fat impudent que La Bruyère a peint sous le nom de Roscius, et qui s'est peint lui-même dans l'*Homme à bonnes fortunes*, n'était pas d'un caractère à reculer devant l'idée du déshonneur infligé à son bienfaiteur. Un fait est sûr, c'est que le rapprochement de Molière et de sa femme, ménagé par l'entremise d'amis communs, eut lieu vers la fin de l'année 1671, et que, vers ce temps aussi, Armande devint enceinte pour la troisième fois. Cette grossesse fut-elle la suite de la réconciliation ou n'en fut-elle que le préambule et le stimulant? La femme coupable se rapprocha-t-elle de son mari assez à temps pour dissimuler sa dernière faute? Ce sont là de ces questions qu'il est inutile de chercher à résoudre. Molière lui-même ne paraît pas s'être posé celle-là : ne soyons pas plus curieux qu'il ne le fut, et voyons les choses par leur bon côté et sous leur plus beau jour.

XVIII

De ce moment, les événements se pressent dans la vie de Molière, qui touche bientôt à son terme. Dans la joie que lui cause ce raccommodement si longtemps attendu, il éprouve comme un besoin de remonter le cours du temps; il veut renaître à la santé et à la force : il abandonne le laitage et reprend l'usage de la viande, ce qui aggrave encore sa maladie. Madeleine Béjart meurt le 17 février 1672, un an, jour pour jour, avant son gendre : elle institue Armande sa légataire universelle avec substitution au profit de l'aîné des enfants de Molière, déshéritant ainsi son frère Louis et sa sœur Geneviève, auxquels elle ne laissait qu'une faible rente viagère, et, par là, décelant à son lit de mort le véritable lien qui l'unissait à sa légataire, l'affection toute maternelle qu'elle lui portait, et aussi le peu de confiance que lui inspirait son esprit de conduite, car une substitution est un acte de défiance.

Vingt-deux jours après ce décès, Molière fait jouer les *Femmes savantes*, et scelle sa rupture définitive avec Mlle De Brie et sa réconciliation avec sa femme, en confiant à la première le rôle sacrifié d'Armande, et à la seconde l'aimable personnage d'Henriette, l'idéal de l'épouse pure, honnête et sérieuse, celui qu'il avait rêvé pour lui-même.

Enrichis encore par le testament de Madeleine, Molière et sa femme déménagent et reviennent habiter la rue Richelieu quittée par eux depuis dix ans. Leur nouveau logis était à la fois vaste et somptueux, il dépendait d'une maison voisine de l'Académie des peintres et qui serait, selon M. Burat de Gurgy, celle qui porte aujourd'hui le n° 34, vis-à-vis la fontaine, et, suivant les conjectures de M. Ed. Fournier, celle du n° 42. C'est là qu'on célébra, le 1ᵉʳ octobre, le baptême du troisième enfant qu'Armande venait de mettre au monde (1) et qui ne vécut que onze jours ; c'est là aussi que Molière s'éteignit, quatre mois et demi après cette cérémonie, le vendredi 17 février 1673, à la suite de la quatrième représentation du *Malade imaginaire*.

Sans doute qu'en se rapprochant des lieux témoins de sa lune de miel, il avait espéré trouver ce regain dont parle Chrysale,

Et se ressouvenir de ses jeunes amours.

Vain espoir ! La foi dans la personne aimée était

---

(1) Le bail porte la date du 26 juillet 1672 ; mais il y est dit qu'il ne devait courir qu'à partir de la Saint-Remy (1ᵉʳ octobre). L'enfant ne fut baptisé que huit jours après sa naissance et dut naître au précédent domicile de ses père et mère. Marguerite Mignard, fille du célèbre peintre, fut sa marraine.

envolée pour jamais, et l'illusion même ne dora pas ses derniers jours.

Au moment de partir pour cette fatale représentation qu'il eut tant de peine à achever, hanté déjà par la claire vision de sa fin prochaine, il fit monter sa femme dans l'appartement qu'il occupait au second étage, et là, en présence de Baron, qui transmit ce souvenir à Grimarest, il laissa échapper des plaintes où perçaient un amer désenchantement et comme un vague ressentiment de toutes les tortures que cette femme lui avait infligées : « Tant que ma vie a été mêlée également de douleur et de plaisir, je me suis cru heureux ; mais aujourd'hui que je suis accablé de peines, sans pouvoir compter sur aucun moment de satisfaction et de douceur, je vois bien qu'il me faut quitter la partie. Je ne puis plus tenir contre les douleurs et les déplaisirs qui ne me laissent pas un instant de relâche. Mais, ajouta-t-il en réfléchissant, qu'un homme souffre avant que de mourir ! Cependant je sens bien que je finis. » Et comme sa femme et Baron le conjuraient de ne pas jouer ce jour-là :
— « Comment voulez-vous que je fasse, répondit-il ; il y a cinquante pauvres ouvriers qui n'ont que leur journée pour vivre ; que feront-ils si l'on ne joue pas ? » Vraisemblablement ce n'était là qu'un prétexte ; il était assez riche pour les dédommager, mais il en avait assez de la vie.

La Grange nous a transmis les circonstances déterminantes de la mort, la toux violente, les grands efforts pour cracher et, à la fin, la rupture d'une veine : tous les biographes de Molière ont raconté ces particularités, et il est inutile de revenir sur cette lugubre histoire; il s'y rencontre un point obscur pourtant et sur lequel nous devons, s'il se peut, jeter quelque lumière.

A ses derniers moments, car sa femme, bien qu'appelée en hâte par Baron, arriva trop tard pour le voir expirer, Molière fut assisté par deux religieuses, logées chez lui depuis quelques jours, et venues à Paris pour quêter pendant le carême. Cette circonstance est confirmée par la requête que sa veuve adressa à l'archevêque de Paris, et qui ne fait connaître ni le nom de ces sœurs ni celui de leur couvent. Comment deux religieuses avaient-elles pris gîte chez un comédien? Pour expliquer ce fait, on a supposé que l'une d'elles était la propre sœur de Molière, Catherine Poquelin, qui avait pris le voile au couvent de la Visitation Sainte-Marie de Montargis, et aurait été envoyée par son ordre pour faire une quête à Paris avec une de ses compagnes. Mais cette hypothèse tombe devant la règle des Visitandines qui les astreint à une claustration absolue, règle tellement étroite et impérieuse que les besoins même du couvent, motivés, comme l'a supposé M. Soulié, par la fondation d'une succursale à Melun, n'auraient pas été une raison suffisante pour que les religieuses de Montargis fussent autorisées à la violer.

Le fait s'explique, à notre avis, d'une façon beaucoup plus simple. Les ordres mendiants ne s'associaient pas au rigorisme du clergé séculier envers les comédiens, rigorisme déjà très-mitigé, du reste, au temps de Molière. Sur le *Journal* de La Grange, on remarque le prélèvement, presque à chaque représentation du *Festin de Pierre*, d'une part sur la recette, relativement assez forte, faite au profit des *capucins*. C'est que les capucins étaient les pompiers d'alors (les pompiers *laïques* ne datent que de la Régence), et que l'abîme enflammé où don Juan disparaît au cinquième acte nécessitait un surcroît de *capucins*.

Pourquoi des sœurs quêteuses, à qui leur règle prescrit de recevoir sans regarder la main qui donne, n'auraient-elles pas logé chez un comédien, homme de mœurs honnêtes d'ailleurs, charitable, religieux même, puisqu'il pratiquait, alors que des capucins assistaient dans les coulisses aux pièces de théâtre que ce comédien représentait? Mais à quel ordre, à quel couvent appartenaient ces bonnes sœurs?

En 1535, les religieuses de Sainte-Claire, chassées de Genève par la Réforme, se réfugièrent à Annecy, où le duc de Savoie, Charles III, leur donna les bâtiments d'un ancien couvent abandonné. Ces bâtiments tombaient presque en ruine, et le mince avoir des exilées fut absorbé par les réparations. Elles résolurent de demander à l'aumône les ressources qui leur manquaient et envoyèrent, chaque année, quelques-unes d'entre elles quêter à Paris, usage qu'elles conservèrent jusqu'en 1792. Les deux sœurs qui assistèrent Molière à ses derniers instants étaient des religieuses du couvent de Sainte-Claire d'Annecy qui déjà avaient trouvé asile chez lui antérieurement (1).

Les *Clarisses* forment le second des ordres mineurs fondés par saint François d'Assise : le premier est celui des *Cordeliers* et le troisième celui des *Picpus*, ou frères du tiers ordre, où l'on admettait des personnes séculières des deux sexes, mariées ou célibataires. C'est peut-être par l'intermédiaire des Picpus que des relations s'établirent entre les Béjart et les Clarisses qui venaient quêter à Paris. La veuve Béjart et ses enfants possédaient au bourg Saint-Antoine des Champs, sur le chemin de Picpus, une maisonnette avec jardin et sur laquelle nous donnons des éclaircissements dans notre note XII, et qui a pu, comme nous le conjecturons, page 118, être le théâtre de la naissance d'Armande et du décès de Joseph Béjart.

(1) Ces faits nous sont attestés par M. Jules Philippe, député de la Haute-Savoie, qui s'est longtemps occupé de recherches biographiques et historiques, et assure les avoir trouvés consignés dans plusieurs documents à Annecy, où ils sont de notoriété publique.

XIX

Malgré l'assistance de ces deux religieuses et bien qu'il eût appelé un prêtre de tous ses vœux et témoigné le désir de finir en bon chrétien, Molière n'en fut pas moins considéré comme mort sans les secours de la religion, et le curé de Saint-Eustache refusa la sépulture ecclésiastique à ses restes.

On a beaucoup disserté, et souvent avec passion, sur ce refus et sur les conditions mises par l'archevêque de Paris à la permission de sépulture, après l'intervention officieuse du roi. Mais la plupart de ceux qui ont traité ce sujet étaient plus familiers avec le théâtre qu'avec la Sorbonne; or il est impossible de rien dire de juste sur les questions que soulevèrent les funérailles de Molière, si préliminairement on ne se fait une idée de la doctrine de l'Église en ce qui concerne les comédiens, et des opinions qui, sur cette matière, régnaient alors dans le clergé, et spécialement dans le clergé du diocèse de Paris.

La plupart des anciens rituels, se conformant en cela à l'opinion des Pères et de beaucoup de conciles, ont condamné la comédie et les spectacles. Le rituel de Paris de 1645, ordonne de rejeter les comédiens de la communion, et Jean de Gondi, premier archevêque de Paris, en 1623, ajouta même à cette prescription, celle de priver de la sépulture ecclésiastique les comédiens qui refuseraient de renoncer à leur « profession infâme et indigne d'un chrétien (1) » ; les sacrements ne devant leur être accordés, à l'article de la mort, que s'ils témoignaient leur repentir, et promettaient, en cas de retour à la santé, de ne plus remonter sur le théâtre. Il y avait même, pour ces promesses, des formules toutes préparées, et l'on en trouve quelquefois d'annexées aux actes d'inhumation des comédiens (2).

Si Madeleine Béjart, un an avant le décès de Molière, reçut les secours spirituels, si même, bien que morte sur Saint-Germain l'Auxerrois, elle obtint cette faveur, que ses restes seraient portés à l'église Saint-Paul, sur le territoire de laquelle elle était née, et ensuite inhumés sous les charniers de cette église, c'est qu'avant d'expirer, elle s'était soumise aux ordonnances qui viennent d'être rappelées. Aussi la veuve de Molière, dans la requête qu'elle adresse à l'archevêque de Paris, pour en appeler du refus du curé de Saint-Eustache, ne manque-t-elle pas de faire valoir les marques de repentir que son mari a données de ses fautes, et l'impossibilité où il s'est

(1) *Dict. des cas de conscience*, par de Lamet et Fromageau, docteurs en Sorbonne, t. I, col. 797 et suiv., et *Dict. des cas de conscience* de Pontas, t. I, p. 746.

(2) Voyez celle de Marcoureau de Brécourt, comédien du roi, mort le 29 mars 1685 ; p. 18 de la brochure de M. Herluison, citée plus loin.

trouvé de les manifester à un prêtre, par suite de la résistance que les deux premiers ecclésiastiques auxquels on s'adressa opposèrent à la requête du mourant et du temps que le troisième mit à venir, ce qui fit qu'il arriva trop tard.

Elle note en même temps avec soin les motifs allégués par le curé de Saint-Eustache, à l'appui de son refus : le défunt est décédé sans avoir reçu le sacrement de confession, *dans un temps où il venait de représenter la comédie;* mais elle ajoute aussitôt « qu'il est mort dans les sentiments d'un bon chrétien, ainsi qu'il en a témoigné en présence de deux dames religieuses demeurant en la même maison, d'un gentilhomme nommé M. Couthon, entre les bras de qui il est mort, et de plusieurs autres personnes ; et que M. Bernard, prêtre habitué en l'église Saint-Germain, lui a administré les sacrements à Pasque dernier. »

Ce dernier fait semblera sans doute en contradiction avec les ordonnances et les défenses canoniques que nous venons d'exposer. Mais il faut dire que certains confesseurs se relâchaient un peu de la rigueur des principes, en se fondant notamment sur la déclaration royale du 16 avril 1641, dont nous avons eu déjà occasion de parler, et qui relevait les comédiens d'infamie, sous cette condition qu'il n'y eût rien, dans les pièces par eux représentées, qui blessât l'honnêteté publique. Ils s'appuyaient de plus, en ce qui concernait les acteurs de la troupe royale, sur la volonté du prince à laquelle ces comédiens étaient tenus d'obéir et qui, dans une certaine mesure, les déchargeait de la responsabilité de leurs actions (1). Grande était, du reste, la latitude laissée au confesseur, en ces matières : il était juge de la situation, du degré de contrition de son pénitent, et aussi de son ferme propos de rentrer dans les voies du salut.

L'abbé Bernard, ce prêtre de Saint-Germain l'Auxerrois, qui administrait les sacrements à Molière, et qui paraît avoir été le confesseur de sa famille, appartenait à cette classe d'esprits tolérants ; il était de ceux qui admettaient des tempéraments aux prohibitions absolues du rituel.

Si le poëte fût mort sur la paroisse Saint-Germain l'Auxerrois, où il avait longtemps habité et dont relevait son théâtre, situé rue de Valois, ses funérailles n'eussent pas rencontré les obstacles qu'apporta le curé de Saint-Eustache, dont il n'était le paroissien que depuis quelques mois. Comme le curé d'Auteuil qui conduisit Armande aux pieds de Louis XIV, le curé de Saint-Germain connaissait le bon cœur et la charité de ce comédien à qui un prêtre trop rigoriste refusait les prières de l'Église ; il l'avait vu maintes fois verser entre ses mains « les

---

(1) Il faut dire que les deux motifs de tolérance que nous résumons ici sont combattus par plusieurs docteurs de Sorbonne dans le Dictionnaire de Lamet et Fromageau, cité plus haut en note.

reliquats impartageables des chambrées, » et même des sommes relativement assez fortes, prélevées au profit des pauvres sur les bénéfices du théâtre (1).

Mais, qu'on le remarque bien, cette demi-tolérance fondée sur un édit royal et sur la volonté du prince, ne faisait pas loi pour le clergé : il y avait là une question controversée qui relevait de l'appréciation du prêtre à qui les comédiens de la troupe du roi demandaient les sacrements. Question d'appréciation aussi, celle qui consistait à décider si les marques de repentir dont témoignait la veuve de Molière étaient suffisantes pour remplacer une rétractation formelle, telle qu'était celle que le rituel exigeait, et pour valoir à ses restes les honneurs d'une sépulture chrétienne.

Le curé de Saint-Eustache n'en jugea point ainsi. Nous n'avons pas à rechercher les motifs qui le déterminèrent, ni à examiner si ce fut l'auteur du *Festin de Pierre* et du *Tartuffe*, plus encore que le comédien, qu'il frappa de ses rigueurs ; il est certain qu'il se renferma dans l'étroite observance des règles que lui traçait le rituel de son diocèse, et que plusieurs de ses confrères interprétaient avec un esprit plus large. De là la nécessité de recourir au roi et à l'archevêque de Paris, Harlay de Champvalon,

---

(1) Le *Journal de La Grange*, à la fin de l'année théâtrale de 1661, porte cette mention : « Donné au curé de la paroisse cent livres pour les pauvres. »

qui prescrivit une enquête sur la véracité des allégations de la veuve, et s'efforça de concilier les égards réclamés par les recommandations qu'il reçut vraisemblablement du monarque, avec le respect qu'il devait, en sa qualité de supérieur ecclésiastique, aux principes sur lesquels son subordonné fondait son refus. Il ordonna donc au curé de Saint-Eustache, de donner la sépulture ecclésiastique au corps de l'illustre défunt, dans le cimetière de sa paroisse, mais il mit en même temps la condition que ce serait « sans aucune pompe et avec deux prêtres seulement, et *hors des heures du iour;* qu'il ne se feroit aucun service solennel pour luy, ny dans ladicte paroisse Saint-Eustache, ny ailleurs, même dans aucune église des réguliers, et que cette permission seroit sans préjudice aux règles du rituel. »

Ces derniers mots suffiraient à eux seuls pour justifier l'exactitude des appréciations que nous venons de présenter.

Le convoi de Molière se fit donc à la nuit close, sur les neuf heures du soir, comme nous l'apprend la lettre d'un témoin oculaire, que nous reproduirons tout à l'heure. Le corps ne fut point présenté à l'église, et l'assistance se dirigea tout de suite vers le cimetière. Voilà pourquoi l'acte d'inhumation de Molière ne porte la signature d'aucun témoin. « Est-ce un oubli? » demande un érudit un peu trop fantaisiste ; ou bien personne n'a-t-il voulu témoigner pour ce maudit? » Ni l'un, ni l'autre : l'omission s'explique d'une façon toute simple. Alors comme aujourd'hui, la signature des témoins se donnait dans l'église, pendant le service funèbre; elle ne put être réclamée parce que le corps ne fut point présenté à Saint-Eustache. C'était le devoir des proches parents du défunt, de se rendre le lendemain à cette paroisse pour signer l'acte d'inhumation, et mademoiselle Molière, intéressée, comme veuve et comme tutrice, à la validité de cette pièce, aurait dû les stimuler et leur rappeler ce devoir. Elle ne le fit point, et le blanc ménagé au bas de l'acte, pour recevoir la signature des témoins, ne fut jamais rempli.

Nous consignerons encore ici, à propos de cet acte de décès, une observation que nous n'avons rencontrée nulle part. Le défunt n'y est point qualifié comédien, mais tapissier valet de chambre ordinaire du roi (1).

Par là le rédacteur semblait dire que ce n'était

---

(1) Voici cet acte qui ne se trouve ni dans les ouvrages de Taschereau et de Soulié, ni dans le dictionnaire de Jal, bien qu'il ait été connu de Beffara. Nous l'empruntons à une brochure de M. Heruison, libraire à Orléans, publiée en 1876 et intitulée : *Actes d'état civil d'artistes musiciens et comédiens, extraits des registres de l'hôtel de ville de Paris, détruits dans l'incendie du 24 mai 1871* :

« Le mardi vingt-uniesme (février 1673), deffunct Jean-Baptiste Poquelin de Molière, tapissier, vallet de chambre ordinaire du Roy, demeurant rue de Richelieu, proche l'Académie des pintres, décédé le dix-septiesme du présent mois, a esté inhumé dans le cimetière de Saint-Joseph. »

Registres de Saint-Eustache.

point au comédien, mais à l'officier de la maison royale, que la sépulture ecclésiastique était accordée. Tout en obéissant aux ordres de son supérieur, l'archevêque de Paris, il témoignait ainsi, autant qu'il était en lui, qu'il persistait dans son rigorisme.

XX

Le corps de Molière ne fut point présenté à l'église, parce que l'archevêque avait prescrit un convoi de nuit, sans service préalable; mais il fut accompagné par des ecclésiastiques et porté par quatre prêtres. Bien plus, il fut inhumé au pied de la croix, plantée évidemment en terre bénite et au milieu du cimetière. C'est ce que nous apprend une lettre curieuse, découverte et publiée il y a une vingtaine d'années par M. Benjamin Fillon dans ses *Considérations historiques et artistiques sur les monnaies de France*. Elle fut adressée par un témoin de l'inhumation à M. Louis Boyvin, prêtre et docteur en théologie et plus tard membre de l'Académie des inscriptions. On y lit en outre qu'il y avait grande foule de peuple à ce convoi et qu'on distribua de mille à douze cents livres aux pauvres qui s'y trouvèrent, à raison de cinq sols pour chacun d'eux (1).

---

(1) Voici cette lettre importante :

« Mardi, 21 février, sur les neuf heures du soir, on a fait le convoi de Jean-Baptiste Poquelin Molière, tapissier valet de chambre (du roi), illustre comédien, sans aucune pompe sinon de trois ecclésiastiques (l'archevêque n'en avait autorisé que deux) : quatre prêtres ont porté le corps dans une bière de bois couverte du poêle des tapissiers; six enfants bleus portant six cierges dans six chandeliers d'argent : plusieurs laquais portant des flambeaux de cire blanche allumée.

» Le corps, pris rue de Richelieu, devant l'hostel de Crussol, a

Comment personne n'a-t-il encore remarqué à quel point ces dernières lignes contredisent une assertion de Grimarest, reproduite par Voltaire? « Le jour qu'on le porta en terre, dit le premier de ces écrivains, il s'amassa une foule incroyable de peuple devant sa porte. La Molière en fut épouvantée; elle ne pouvoit pénétrer l'intention de cette populace. On lui conseilla de répandre une centaine de pistoles par les fenêtres. Elle n'hésita point; elle les jeta à ce peuple amassé, en le priant, avec des termes si touchants, de donner des prières à son mari, qu'il n'y eut personne de ces gens-là qui ne priât Dieu de tout son cœur. »

Il se peut, ainsi qu'on l'a maintes fois supposé, que le refus de sépulture, le long retard apporté à l'inhumation et la haine « des bigots mis en jeu (1) » ne fussent pas étrangers à la cause première de ce rassemblement. On doit reconnaître pourtant que, dans le récit adressé à Boyvin, l'événement prend une physionomie exclusive d'une telle interprétation.

esté porté au cimetière Saint-Joseph et enterré au pied de la croix. Il y avoit grande foule du peuple, et l'on a fait distribution de mil à douze cent livres aux pauvres qui s'y sont trouvés, à chacun 5 sols. Le dit Molière étoit décédé le vendredi au soir, 17 febvrier 1673. M. l'Archevesque avoit ordonné qu'il fût enterré sans aucune pompe, et mesme défendu aux curés et religieux de ce diocèse de faire aucun service pour lui. Néanmoins on a ordonné quantité de messes pour le deffunt. »

(1) Épitre de Boileau à Racine, V. 29.

L'argent n'est plus jeté par les fenêtres, pour apaiser la populace ; il est distribué paisiblement dans le cimetière, et à raison de cinq sols par assistant, ce qui suppose de l'ordre et une tranquille régularité. Si quelques meneurs se flattèrent en effet d'organiser, autour de la dépouille mortelle du grand homme, une démonstration hostile, la facilité avec laquelle la foule rassemblée devant son cercueil changea de sentiments à la vue des larmes de sa veuve, dut leur prouver l'inanité de leurs efforts et la médiocre influence qu'ils exerçaient sur les masses. Il se trouvait là d'ailleurs plus de deux cents personnes amies, venues pour donner un dernier témoignage de sympathie à l'illustre défunt, et qui suivirent en effet son convoi, un cierge à la main. Toutes les classes de la société étaient représentées dans cette assistance, où se rencontraient naturellement des gens ayant droit de porter l'épée et qui ne se fussent pas fait scrupule de mettre les perturbateurs à la raison.

Les ennemis de l'auteur du *Tartuffe* ne trouvaient-ils pas une suffisante satisfaction à leurs rancunes, dans cette ordonnance de l'archevêque Harlay de Champvalon, qui interdisait un service solennel et même les chants funèbres usités pendant les convois ? N'étaient-ils pas d'ailleurs de nature trop prudente et cauteleuse pour traduire leur joie au grand jour par des manifestations qui n'eussent pas manqué d'aller contre leur but, en soulevant l'indignation des esprits honnêtes et impartiaux? Ce fut par des voies moins directes et moins apparentes que leur mauvais vouloir tenace se fit jour. La scène du pauvre dans le *Festin de Pierre*, le fameux passage sur les priviléges et l'impunité souveraine du vice d'hypocrisie, interdits après la quinzième représentation, n'avaient pu, malgré le privilége accordé au libraire Billaine, être imprimés du vivant de l'auteur : neuf ans après son décès, dans l'édition de La Grange et Vinot, publiée en 1682, ils furent encore, par ordre, supprimés au moyen de cartons.

Disons ici, afin de ne rien omettre sur ce point, que le vieil ami de Molière, D'Assoucy, qui publia une épitaphe en son honneur (1), fut arrêté quelques jours après, et il se demande si ce ne fut pas pour cette publication, qui avait pu mettre « les gens de bien » en mauvaise humeur. Mais on a pu voir déjà, dans ce livre, les différends que D'Assoucy avait eus avec la police et qui avaient des motifs un peu plus sérieux qu'une épitaphe : il n'était pas fâché sans doute de donner à sa nouvelle mésaventure un petit vernis de persécution. Bien d'autres accordèrent aussi des regrets à l'illustre défunt :

Sous ce tombeau gisent Plaute et Térence,
Et cependant le seul Molière y gît,

(1) *L'Ombre de Molière et son épitaphe*, 1673, in-4°.

s'écria La Fontaine : on ne voit pas que ceux qui se firent en cette occasion les interprètes du deuil national aient eu à souffrir pour la manifestation de leurs pieux sentiments.

Des gens qui ne pleurèrent pas, ce furent les médecins, non pas les grands peut-être, mais les empiriques et les charlatans, alors bien nombreux. Ceux que D'Assoucy appelle « les gens de bien » n'avaient pas de rancunes plus tenaces que celles de ces hommes à longue robe. Il était donc mort l'impudent railleur, mort dans une cérémonie burlesque, dans un dernier sarcasme lancé au grand art d'exploiter les humaines souffrances ! N'y avait-il pas là un châtiment providentiel et comme un coup intelligent de la fatalité? Le ciel lui-même ne s'était-il pas mis de moitié avec la maladie pour venger la cause de la médecine outragée? Et cette maladie elle-même était-elle bien réelle? Écoutez ce qu'écrivait à peu près à cette époque J. Bernier, non pas le voyageur, ancien condisciple de Molière, mais le médecin ordinaire de feue Madame, duchesse douairière d'Orléans : le passage est peu connu et mérite d'être cité :

« Après tout, il n'y eut pas trop à rire pour Molière, car loin de se moquer de la médecine, s'il eût suivi ses préceptes, s'il eût moins échauffé son imagination et sa petite poitrine, et s'il eût observé cet avis d'un meilleur médecin quoique bien moins bon poëte que lui :

> Et l'on en peut guérir pourvu que l'on s'abstienne
> Un peu de comédie et de comédienne,

s'il eût, dis-je, suivi cet avis et qu'il eût bien ménagé l'auteur et l'acteur, ceux dont il prétendoit se railler, n'auroient pas eu *leur revanche et leur tour*.... Quant aux pauvres malades qu'il prend tant de plaisir à railler, comme les visionnaires mêmes sont en cela fort à plaindre, il me semble qu'il les devoit laisser là, s'il n'en vouloit avoir compassion.

» Aussi que luy arriva-t-il d'avoir voulu jouer les misérables ? Il fut lui-même joué en diverses langues, et *puni selon son mérite*, d'avoir fait sottement le mort :

> Roscius hic situs est parva Molierus in urna
> Cui genus humanum ludere ludus erat ;
> Dum ludit mortem, mors indignata jocantem
> Corripit, et mimum fingere sœva negat.

> Ci gît un qu'on dit être mort,
> Je ne sçai s'il l'est ou s'il dort ;
> Sa maladie imaginaire
> Ne sçauroit l'avoir fait périr :
> C'est un tour qu'il joue à plaisir,
> Car il aimoit à contrefaire.
> Comme il est grand comédien,
> Pour un malade imaginaire,
> S'il fait le mort, il le fait bien (1). »

(1) *Essais de médecine*, 1689, in-4°, p. 216, 217.

Que dites-vous de cette petite oraison funèbre? C'est ainsi que les médiocres Esculapes du temps eurent, comme le dit Bernier, leur revanche et leur tour; c'est ainsi qu'ils suivirent de leurs railleries le convoi du mécréant assez osé pour sortir de ce monde sans leur demander un passe-port; c'est ainsi qu'ils cherchèrent à pallier l'indécence de l'outrage en y mêlant l'idée de la justice divine, intervenue tout exprès pour les venger. On raconte que l'auteur d'une de ces ignominieuses épitaphes de Molière, ayant eu l'idée de la présenter au grand Condé : « Plût à Dieu, répondit le prince, que ce fût lui qui me présentât la vôtre! »

XXI

Le cimetière de Saint-Joseph où Molière fut inhumé dépendait, comme La Grange l'atteste, d'une chapelle auxiliaire de Saint-Eustache, et était particulier à cette paroisse, sans préjudice toutefois du droit qu'elle avait d'user de celui des Saints-Innocents, commun à toutes les paroisses de Paris.

Le terrain occupé par ce cimetière avait été donné à l'église Saint-Eustache en 1640, par le chancelier Séguier, en échange de celui que cette église possédait rue du Bouloi, et où l'on enterrait les morts-nés. C'est du moins ainsi que nous expliquons une opinion qui, dans l'année même où mourut Molière, s'établit dans l'esprit populaire au sujet de sa sépulture. Cette croyance est attestée par un sonnet publié à Rouen en 1674 et qui se termine par ce tercet :

O le lugubre sort d'un homme abandonné !
Molière, baptisé, perd l'effet du baptême,
Et, dans sa sépulture, il devient un mort-né (1).

(1) Ce sonnet, reproduit par Taschereau dans sa 5ᵉ édition de a *Vie de Molière*, se lit dans l'*Apollon françois, ou l'abrégé des règles de la poésie françoise*, par L. I. L. B. G. N. (Les Isles le Bas, gentilhomme normand). Rouen, 1674, in-12.

Il faut admettre que dans le nouveau cimetière de Saint-Eustache, qui succéda à celui de la rue du Bouloi, une place à part avait été réservée aux morts-nés et que les autres corps recevaient la sépulture dans le surplus de cet asile funéraire, puisqu'il paraît établi qu'il servait indifféremment à tous les habitants de la paroisse dont les restes n'étaient point admis dans les caveaux de l'église. Mais dans laquelle des deux parties du cimetière le corps de Molière fut-il inhumé, et que faut-il penser de l'authenticité des restes qui, le 6 juillet 1792, furent exhumés comme étant les siens par les commissaires de la section dite de Molière et de La Fontaine ?

C'est depuis une vingtaine d'années seulement, nous l'avons dit, qu'on possède sur la sépulture du grand poëte comique un renseignement précis provenant d'une personne présente à son convoi, et l'on ne connaît pas depuis beaucoup plus de temps le témoignage de La Grange, dans son précieux registre, témoignage qui, joint à celui de Titon du Tillet, qu'on lira tout à l'heure, ne laisse plus, à notre avis, planer de doutes sérieux sur le véritable emplacement de cette sépulture.

D'une part, le témoin oculaire dont il s'agit, écrit à l'abbé Boyvin, son ami, ces lignes que nous avons déjà citées : « Le corps a esté porté au cimetière Saint-Joseph *et enterré au pied de la croix;* » d'un autre côté, Titon du Tillet, dans son *Parnasse fran-*

çois, livre imprimé en 1732, nous dit : « La veuve de Molière fit porter une grande tombe de pierre qu'on plaça *au milieu* du cimetière Saint-Joseph, *où on la voit encore*. »

Du rapprochement de ces deux textes, il résulte évidemment que la croix au pied de laquelle le corps avait été déposé, se dressait, conformément à l'usage, au milieu du cimetière, et que la sépulture du poëte était à ce point central de l'enclos funéraire.

Enfin La Grange, dans son journal, après avoir raconté les derniers moments de son illustre camarade, ajoute . « Son corps a esté inhumé à Saint-Joseph, ayde de la paroisse Saint-Eustache : il y a une tombe eslevée d'un pied hors de terre. » Voilà bien la tombe que la veuve du poëte a fait placer au milieu du cimetière, lieu où le correspondant de Boyvin nous atteste que le corps avait été inhumé.

Les trois témoignages s'enchaînent et se prêtent un mutuel appui. Molière est enterré au pied de la croix ; cette croix est au milieu du cimetière ; c'est là qu'il a une tombe que sa veuve a fait dresser, et cette tombe, qui existait encore en 1732, est saillante d'un pied au-dessus de terre.

Cependant ce n'est point au pied de la croix ni au milieu du champ funéraire que furent opérées les fouilles dirigées, les 6 juillet et 21 novembre 1792, par deux délégués commissaires du troisième arrondissement. Elles eurent lieu, ainsi que le dit le procès-verbal de ces commissaires (1), « près des murs d'une petite maison située à l'extrémité du cimetière »; celles qui concernaient les restes de La Fontaine furent seules faites au pied du crucifix.

Pourquoi cette façon d'opérer? C'est d'abord que les commissaires ne connaissaient ni le témoignage du correspondant de l'abbé Boyvin, ni celui de La Grange; c'est de plus qu'ils eurent égard plus que de raison à certaine confidence fort suspecte que Titon du Tillet donne comme lui ayant été faite par un vieux chapelain de Saint-Joseph, une vingtaine d'années avant le moment où cet auteur imprimait son livre, c'est-à-dire vers 1712. Voyons en quoi consiste cette confidence.

Après avoir dit ce qu'on a lu plus haut, sur la tombe de pierre, placée par la veuve de Molière au milieu du cimetière Saint-Joseph, tombe qu'on voyait là encore en 1732, du Tillet ajoute : « Cette pierre est fendue par le milieu; ce qui fut occasionné par une action très-belle et très-remarquable de cette demoiselle. Deux ou trois ans après la mort de Molière, il y eut un hiver très-froid. Elle fit voiturer cent voies de bois dans ledit cimetière, lequel bois fut brûlé sur la tombe de son mari, pour chauffer tous les pauvres du quartier : la grande chaleur du

---

(1) *Musée des monuments français*, par A. Lenoir, t. VIII, p. 162 et suiv.

feu ouvrit cette pierre en deux. Voilà ce que j'ai appris, il y a environ vingt ans, d'un ancien chapelain de Saint-Joseph, qui me dit avoir assisté à l'enterrement de Molière, *et qu'il n'étoit pas sous cette tombe, mais dans un endroit plus éloigné, attenant à la maison du chapelain.* »

Comment les représentants de la section de Molière et de La Fontaine ne furent-ils pas frappés des choquantes invraisemblances que présentent ces souvenirs recueillis quarante ans après l'événement, de la bouche d'un vieux chapelain? Comment ne se dirent-ils pas qu'il y avait deux parts à faire dans le récit de Titon du Tillet? La veuve de Molière lui a élevé une tombe au milieu du cimetière : voilà un premier point qu'on peut considérer comme certain, puisque cette tombe, l'auteur l'a vue dans cet endroit en 1732, époque où il écrit. Mais le reste! Mais tout ce que cet auteur n'emprunte qu'à la mémoire affaiblie d'un vieillard!

Laissons de côté ce qu'a d'étrange et d'invraisemblable l'idée de cette veuve si empressée à détériorer par l'action du feu la tombe qu'elle vient d'élever et qu'elle doit avoir à cœur de conserver intacte. La moindre réflexion devait lui dire que cent voies de bois (quelque chose comme 192 stères), même brûlées en plusieurs fois, allaient nécessairement faire fendre et éclater la dalle funéraire; là n'est pas le plus incroyable du récit. Quoi! ce n'est point sur le corps même de son mari, c'est bien loin de là que cette veuve fantasque a fait poser une pierre tombale ! La dalle commémorative est près de la croix, quand le cadavre que ce monument a pour but de protéger et d'honorer, reste gisant au fond du cimetière, sans aucun indice extérieur qui rappelle et conserve sa mémoire ! Une telle dérogation aux usages universellement suivis est-elle admissible, alors surtout qu'on ne l'explique par aucune raison et qu'elle n'a d'autre appui que les radotages d'un vieillard surpris déjà en flagrant délit de crédulité niaise ou tout au moins d'inexactitude et d'exagération ?

Non ; la veuve de Molière fit sans doute nombre de fautes et de folies, aussitôt après sa mort; mais elle ne fit point celle-là. Elle posa la tombe de son mari, à la seule place qui lui convint, sur la fosse où gisait sa dépouille mortelle, et cette fosse était bien au pied de la croix : les témoignages rapprochés de La Grange, du correspondant de l'abbé Boyvin et de Titon du Tillet lui-même ne permettent pas d'en douter.

Ceux qui dirigèrent les fouilles de 1792 firent preuve à la fois de légèreté et d'inconséquence. A la page 346 du second volume de la suite à l'*Histoire de l'Académie françoise,* de Pellisson, volume imprimé en 1730, l'abbé d'Olivet avait dit que La Fontaine, mort le 13 avril 1695, fut enterré le lendemain « dans le cimetière Saint-Joseph, *à l'endroit même* où Molière avait été mis vingt-deux ans auparavant, » et cette allégation reproduite par le P. Niceron, par Chauffepié et par plusieurs autres écrivains, fut admise sans conteste par le vicaire Fleury, le seul des deux commissaires de la section qui, à vrai dire, ait dirigé les fouilles. Cependant ces deux commissaires ne font point chercher dans un seul et même endroit les restes des deux amis. Pour La Fontaine, les fouilles sont faites au pied de la croix ; pour Molière, *près d'une petite maison située à l'extrémité du cimetière*. Les délégués déclarent en ce qui concerne Molière, que les ossements par eux retirés de la fosse ouverte sont bien ceux du poëte, *d'après les historiens contemporains et la tradition non suspecte*. Les historiens contemporains se réduisent au seul Titon du Tillet, qui écrivait une soixantaine d'années après les faits qu'il raconte, et la tradition non suspecte aux confidences de ce seul chapelain dont l'auteur du *Parnasse françois* parle sans le nommer.

Puisque, s'il faut en croire d'Olivet, les deux corps avaient été placés, à vingt-deux ans d'intervalle, soit dans la même fosse, soit dans deux fosses voisines, il est bien clair, les fouilles ayant été pratiquées à deux points très-éloignés l'un de l'autre, que, pour l'un des deux au moins, on était fatalement condamné à se tromper.

On peut même affirmer qu'il y eut erreur aussi

bien pour l'un que pour l'autre : on ne trouva pas la dépouille mortelle de Molière, par la raison qu'on la chercha là où elle n'était point, au fond du cimetière, alors que les témoignages que nous venons de citer attestent qu'elle était au milieu ; et l'on ne trouva pas davantage les restes de La Fontaine parce que, quoi qu'en ait dit l'abbé d'Olivet, il n'avait point été enterré au cimetière Saint-Joseph, mais bien dans celui des Innocents, comme l'atteste son acte d'inhumation. Les commissaires se crurent autorisés à ne pas tenir compte de cet acte décisif, que pourtant ils connaissaient, car Fleury le cite dans son procès-verbal. Mais, plus confiants que de raison dans l'assertion de l'abbé d'Olivet, ils cherchent tout aussitôt à en ébranler l'autorité, en s'appuyant sur les prétendus témoignages de la famille du fabuliste, recueillis et certifiés jadis, s'il faut les en croire, par Mme Duval, en l'hôtel de laquelle il trépassa, et qui, en 1792, était morte elle-même depuis bien des années. Des témoignages ainsi transmis de bouche en bouche sont bien sujets à caution et ne sauraient infirmer l'autorité d'un acte authentique dressé le jour même de l'inhumation par le prêtre qui venait d'y procéder. C'était l'opinion de M. Walckenaër, et c'est la bonne.

Dans tous les cas on se demande pourquoi les investigateurs firent deux parts dans le récit de l'abbé d'Olivet qui, de sa nature, était indivisible, pourquoi ils lui prêtèrent confiance en ce qui concerne l'endroit où, selon ce récit, fut déposé le corps de La Fontaine, et le rejetèrent en ce qui touche la sépulture de Molière, que ce même récit disait être inhumé exactement au même endroit.

Pour ne rien omettre du funèbre sujet qui nous occupe, relatons ici une assertion fort suspecte de Benjamin de La Borde, premier valet de chambre de Louis XV. Dans son *Essai sur la musique ancienne et moderne*, livre qu'il publia en 1780, de moitié avec l'abbé Roussier, ce musicien, qui ajoutait foi, comme presque tout le monde alors, à la version mise en circulation par l'abbé d'Olivet, raconte au tome IV, page 252, que « vers 1750, on creusa une fosse dans le cimetière (Saint-Joseph); on trouva leurs cercueils (ceux de Molière et de La Fontaine) *et on les transporta dans l'église où ils sont encore* ».

Cette anecdote est évidemment frappée des mêmes suspicions que les racontages du vieux desservant de Titon du Tillet. De quelle église La Borde entend-il parler? Est-ce de Saint-Eustache ou de la chapelle Saint-Joseph? Dans tous les cas, si en 1780, les deux cercueils avaient reposé depuis trente ans dans les caveaux de l'un des deux sanctuaires, il est probable qu'on les y eût laissés jusqu'à la Révolution, et qu'on les eût trouvés là en 1792. C'est dans les caveaux et non dans le cimetière que les recherches auraient eu lieu, car il n'eût pas manqué de gens pour instruire les chercheurs de ce qui s'était passé depuis moins de douze ans. Veut-on supposer, avec M. Paul Lacroix, que les deux cercueils avaient été, postérieurement à 1780, remis à leur place primitive dans le cimetière? Dans ce cas encore les témoins auraient été nombreux, qui eussent guidé les investigateurs, et les procès-verbaux de ces derniers ne seraient pas émaillés de *peut-être*, de *il paraît que*, et d'autres formules dubitatives. De plus les ossements auraient été, au moment de cette nouvelle inhumation, placés dans des bières neuves dont des débris encore intacts eussent été retrouvés en 1792.

En voilà assez, nous le supposons, pour justifier notre scepticisme à l'égard des prétendus restes de La Fontaine et de Molière qui reposent aujourd'hui au cimetière de l'Est. Nous sommes ainsi dispensés de suivre les nombreuses pérégrinations de ces reliques d'authenticité plus que douteuse, depuis leur dépôt dans la cave de la chapelle Saint-Joseph jusqu'au 2 mai 1817, époque où elles furent transférées au Père-Lachaise.

Pauvre Molière! ces ténèbres qui, pendant plus d'un siècle et demi, ont couvert les trois quarts de son existence et que tant d'efforts n'ont point encore complétement dissipées, il était dit qu'elles pèseraient éternellement sur sa tombe.

XXII

Il est temps de clore cette étude où tant de problèmes relatifs à la vie du Térence français ont été, nous n'osons dire résolus de façon à faire taire toute objection, mais du moins précisés et élucidés. Nous ne la terminerons pas toutefois sans dire un mot de la conduite ultérieure de cette femme dont les travers abrégèrent son existence et qui, malgré tant de torts incontestables, trouve aujourd'hui d'habiles défenseurs.

Dans les premiers moments qui suivirent la mort de son illustre mari, sa tenue avait été correcte. Guidée par le bon curé d'Auteuil, François Loyseau, elle était allée se jeter aux pieds du roi et bien qu'elle eût mis en avant, à l'appui de sa requête, un argument fort maladroit (si mon mari est criminel, avait-elle dit, ses crimes ont été autorisés par Votre Majesté même), cet acte de piété et de courage n'en est pas moins le trait le plus honorable de sa vie. Mais elle prouva bientôt combien elle était peu digne du grand nom qu'elle portait et peu sensible au malheur de le quitter.

Devenue directrice du théâtre que la puissante main de Molière ne soutenait plus, elle le rouvrit dès le 3 mars et reprit, le jour même, son rôle d'Angélique dans le *Malade imaginaire*. Si elle eût porté un autre cœur, de quelle horrible émotion n'eût-elle pas été saisie en voyant La Thorillière remplacer son mari dans ce fauteuil où, treize jours seulement auparavant, elle l'avait vu étendu et contrefaisant le mort, alors qu'elle versait de feintes larmes sur ce faux trépas devenu une si terrible réalité (acte III, scène XX)! Ses champions prétendent, sur la foi des frères Parfaict, qu'elle vécut honorablement avec son second mari, un obscur comédien du Marais, nommé Guérin d'Etriché, qu'elle épousa le 31 mai 1677. Cela n'est pas impossible, car on ajoute qu'elle l'aimait depuis longtemps (1), ce qui n'est pas fait pour honorer beaucoup sa mémoire. Un contemporain a donné la clef de sa manière d'agir, dans un quatrain dont nous détachons les deux derniers vers :

Elle avoit un mari d'esprit qu'elle aimoit peu ;
Elle en prend un de chair qu'elle aime davantage.

Si, comme le dit l'excellent bibliophile Jacob, elle ne fit point parler d'elle d'une manière fâcheuse après la mort de son premier mari, assertion contre laquelle proteste le libelle anonyme et trop célèbre écrit sur son compte, ces deux vers nous en donnent une raison suffisante. Mais elle fut mauvaise mère comme

(1) *Iconographie moliéresque*, p. 92.

elle avait été mauvaise épouse : elle voulut tenir sa fille, le seul enfant qui lui restât de Molière, enfermée dans un couvent, craignant qu'elle ne lui demandât compte de la fortune paternelle follement dissipée. Cette fille, Esprit-Madeleine Poquelin, en qui revivait le sang de sa mère et de sa grand'mère, se fit enlever par un gentilhomme ruiné, Claude-Rachel de Montalant, qui offrait de l'épouser. Tant qu'Armande vécut, elle refusa son consentement à cette union, qui ne fut légitimée que longtemps après sa mort et ne fut point féconde, Mme de Montalant étant morte à Argenteuil, en 1723, sans laisser d'enfants.

L'héritage des génies tels que Molière appartient à la postérité tout entière; mieux vaut pour eux ne point avoir d'héritiers directs que d'en laisser d'indignes.

NOTES

ET

PIÈCES JUSTIFICATIVES

NOTES

ET

PIÈCES JUSTIFICATIVES

I

1643. — 30 juin.

ACTE DE SOCIÉTÉ DES ACTEURS DE L'ILLUSTRE THÉATRE

Minutes du notaire Fieffé ; étude de M° Biesta.

« C'est à savoir que pour n'ôter la liberté raisonnable à personne d'entre eux, aucun ne pourra se retirer de la troupe sans en avertir quatre mois auparavant, comme pareillement la troupe n'en pourra congédier aucun sans lui donner avis les quatre mois auparavant.

» *Item* que les pièces nouvelles de théâtre qui viendront à la troupe seront disposées sans contredit par les auteurs, sans qu'aucun puisse se plaindre du rôle qui lui sera donné ; que les pièces qui seront imprimées, si l'auteur n'en dispose, seront disposées par la troupe, même à la pluralité des voix, si l'on ne s'arrête à l'accord qui en est pour ce fait envers lesdits Clérin, Poquelin et Joseph Béjard, qui doivent choisir alternativement les Héros, sans préjudice de la prérogative que les susdits accordent à ladite Madeleine Béjard de choisir le rôle qui lui plaira.

» *Item* que de toutes les choses qui concerneront leur théâtre et des affaires qui surviendront, tant de celles que l'on prévoit, que de celles qu'on ne prévoit point, la troupe les décidera à la pluralité des voix, sans que personne d'entre eux y puisse contredire.

» *Item* que ceux ou celles qui sortiront de ladite troupe à l'amiable, suivant ladite clause des quatre mois, tireront leurs parts contingentes de tous les frais, décorations et autres choses généralement quelconques qui auront été faites depuis le jour qu'ils sont entrés dans ladite troupe jusques à leur sortie, selon l'appréciation de leur valeur présente qui sera faite par gens experts dont tous conviendront ensemble.

» *Item* ceux qui sortiront de la troupe pour vouloir des choses qu'elle ne voudra ou que ladite troupe sera obligée de mettre dehors faute de faire leur devoir, en ce cas ils ne pourront prétendre à aucun partage et dédommagement des frais communs.

» *Item* que ceux ou celles qui sortiront de la troupe, et, malicieusement, ne voudront suivre aucun des articles présens, seront obligés à tous les dédommagemens des frais de ladite troupe, et, pour cet effet, seront hypothéqués leurs équipages et généralement tous et chacuns leurs biens présens et à venir, en quelque lieu et en quelque temps qu'ils puissent être trouvés ; à l'entretenement duquel article toutes lesdites parties s'obligent comme s'ils étoient majeurs, par la nécessité de la société contractée par tous les articles ci-dessus.

» Et de plus a été accordé entre tous les dessus dits que si aucun d'eux vouloit, auparavant qu'ils commenceront à monter au théâtre, se retirer de ladite société, il sera tenu de bailler et payer au profit des autres de la troupe la somme de trois mille livres tournois pour les dédommager incontinent et dès qu'il se sera retiré de ladite troupe, sans que ladite somme puisse être censée peine comminatoire, etc. Fait et passé à Paris en la présence de noble homme André Mareschal, avocat au parlement ; Marie Hervé, veuve de feu Joseph Béjard, vivant bourgeois de Paris, mère desdits Béjard, et Françoise Lesguillon, femme d'Etienne Desurlis, bourgeois de Paris, père et mère de ladite Desurlis, en la maison de ladite veuve Béjard, etc. »

II

1643. — 12 septembre.

BAIL PAR NOEL GALLOIS, MAITRE PAUMIER, DU JEU DE PAUME
DIT DES MÉTAYERS

Minutes du notaire Legay, étude de M⁼ Lamy.

Noël Gallois loue aux comédiens, pour trois ans, « ledit jeu de paume, couvert de tuile...; plus la totalité de la maison et dépendances dudit jeu de paume, appartenances et dépendances d'iceux... pour par eux en jouir audit titre, ledit temps durant, à commencer du jour que lesdits preneurs auront commencé de faire porter du bois audit jeu pour faire faire leur théâtre, galeries et loges, pour faire la comédie durant ledit temps audit jeu de paume, ce qu'ils pourront faire quand bon leur semblera, avec toutes les autres commodités qu'ils aviseront bon être, tant à l'entour dudit jeu dehors que dedans, sans pouvoir par eux incommoder les voisins ; et, en fin du présent bail seront solidairement tenus de rétablir ledit jeu en pareil état qu'il est à présent, prêt à jouer, et en payer le loyer à la raison ci-dessous, jusques à ce qu'il soit entièrement rétabli et prêt à jouer à la paume en icelui.

» Garniront lesdits preneurs lesdits lieux de biens meubles exploitables, pour sûreté dudit loyer sortissant nature d'icelui ; entretiendront les lieux de toutes menues réparations locatives et nécessaires à faire, durant ledit temps, et en fin d'icelui les rendre et délaisser en bon état ; d'icelles même remporteront en ladite fin dudit bail tous leurs théâtres, loges et galeries, et tout ce qu'ils auront fait faire ès dits lieux et jeu, avec le moins de fractures que faire se pourra, et de rétablissement par eux desdits lieux en l'état que dessus est dit.

» En outre moyennant le prix et somme de dix-neuf cents livres tournois de loyer pour et par chacune desdites trois années, que lesdits preneurs seront tenus et obligés, etc..., bailler et payer audit bailleur ou au porteur de mois en mois, montant chacun à cent cinquante-huit livres, six sols, huit deniers, à savoir, le premier mois desdites trois années, sitôt que lesdits bailleurs auront fait porter du bois audit jeu et en empêcheront les joueurs de paume, et le second mois desdits trois ans, à la troisième fois qu'ils représenteront sur leur théâtre et feront comédie ; et, de ladite troisième fois en avant, continuer de mois en mois à payer ledit loyer par avance durant ledit temps du présent bail, duquel lesdits preneurs se pourront désister en avertissant le bailleur trois mois auparavant.

Nota. — Nous omettons les autres clauses du bail, lequel se termine par l'intervention de Marie Hervé, veuve de Joseph Béjart : elle cautionne les nouveaux locataires, se déclare même « principale preneure », et hypothèque, à la garantie du loyer, ses biens personnels, y compris la maison de la rue de la Perle où elle demeure à ce moment. — Voir à ce sujet la note XII qui suit.

III

1643. — 31 octobre.

ACTE D'ENGAGEMENT DE L'ORCHESTRE DE L'ILLUSTRE THÉATRE

Minutes Fieffé, étude de Me Biesta.

Claude Godart, Michel Tisse, Adrian Lefebvre, demeurans à Saint-Germain-des-Prés lès Paris, paroisse Saint-Sulpice, et Laurent Gaburet, demeurant à Saint-Marcel, aussi lès Paris, rue Mouffetard, paroisse Saint-Médard, tous maîtres joueurs d'instruments à Paris, promettent aux comédiens de l'Illustre Théâtre « de servir lesdits sieurs comédiens pendant trois années qui commenceront à avoir cours du premier jour qu'ils rendront service à iceux comédiens, et toutes et quantes fois qu'ils en seront avertis par chacun jour, durant lesdits trois ans, soit pour la comédie ou pour les visites que lesdits comédiens pourront faire et pour répétition de ballet, sans que pendant lesdites trois années aucun desdits Godart et consors puissent aller rendre service à autres personnes, sinon dans les temps que lesdits comédiens n'auront pas besoin d'eux.

» Ces promesse et marché faits moyennant et à raison de quatre livres par chacun jour durant lesdits trois ans, qui est pour chacun desdits Godart et consors vingt sols, soit qu'ils soient employés au service desdits comédiens ou non, etc.

» Et advenant que pendant lesdites trois années iceux comédiens vinssent à sortir [de] la ville de Paris et aller demeurer ailleurs, lesdits Godart et consors ne seront tenus ni obligés de les suivre, ains demeureront en cette dite ville si bon leur semble, etc.

» Et pourront néanmoins lesdits comédiens congédier lesdits Godart et consors de leur dit service, en les avertissant huit jours auparavant, comme au semblable pourront lesdits Godart et consors se départir dudit service et aller ailleurs servir, en avertissant lesdits comédiens un mois auparavant, etc. »

IV

1643. — 3 novembre.

PROCURATION PAR LES COMÉDIENS DE L'ILLUSTRE THÉATRE

Minutes de Cavé, notaire à Rouen.

Du mardy après midy trois° jour de novembre XVI quarante-trois, devant M° Cavé, notaire à Rouen,

Furent présents Denis Beys, Jean Baptiste Poquelin, Germain Clerin, Joseph Bejart, Nicollas Bonenfant, Georges Pinel, Magdelaine Malingre, Catherine des Urleis, Geneviève Bejart, Catherine Bourgeois, tous associez pour faire la comédie sous le tiltre de l'*Illustre téatre*,

Lesquelz, de leur bon gré, ont faict et constitué leur procureur général (le nom du mandataire est resté en blanc).

Auquel, portant la présente, lesdits s^{rs} et dames constituants luy ont donné et donnent plain pouvoir, puissance et authorité de, pour eux et en leurs noms poursuivre, par toutes voies deues et raisonnables, les personnes de Noël Gallois, m° du jeu de Paulme du Mestayer, et Claude Michault, m° charpentier, et Jean Duplessis, menuisier, et autres associez ensemble pour les ouvrages par eux entreprins à faire pour les dits s^{rs} et dames constituants, et suivant l'accord et concordat fait avec les dits s^{rs} et dames constituants, d'une part, et les dits Gallois du Mettayer, et Michault, d'autre ; icelluy accord faire mettre à exécution par le dit procureur, pour et au nom des dits s^{rs} constituants ; et faute par les dits

Gallois-Mettayer et Michault de ne voulloir travailler et mettre les maisons et jeux de paulme en estat de jouer *à leur retour,* comme ils se sont soubmis par icelluy, les y faire contraindre par toutes veoies de justice deues et raisonnables, mesme par corps, au retardement de leurs structure et de respondre des dommages, frais et intherets qui pourraient estre faicts par leur retardement, et d'advertir les dessus dits Gallois, Michault et Duplessis qu'ils aient à faire mettre et entrer le bois dans le dit jeu de paulme et y travailler et faire travailler à ce que tout soit rendu prest et en estat de jouer, comme ils se sont obligez par leur dit concordat dont le dict procureur est saisy.

Et, pour l'effect susdict, plaider, opposer, appeler, eslire domicile, jurer et faire au surplus tout ce qui au faict et stil de plaiderie appartient, et généralement promettent et obligent leurs biens.

Présents Louis Dubois et Nicollas Lefebvre, demeufant à Rouen.

V

1644. — 1ᵉʳ juillet.

MODIFICATIONS A L'ACTE DE SOCIÉTÉ DE L'ILLUSTRE THÉATRE

Minutes de Mᵉ Biesta, notaire à Paris.

Philippe Millot, comédien nouvellement engagé dans la troupe de *l'Illustre théâtre,* signe avec Molière, Madeleine et Geneviève Bejard, Madeleine Malingre, Nicolas Desfontaines et Georges Pinel, tous « faisant et représentant la plus grande partie de la troupe, » un acte notarié modifiant une des clauses apposées au contrat de société du 30 juin 1643. « Attendu les dettes que la compagnie a contractées pour faire mettre le théâtre ainsi qu'il est à présent, il est convenu qu'à l'avenir nul ne pourra prétendre aucun remboursement des frais qu'ils ont faits ou feront faire ci-après pour les décorations et autres choses généralement quelconques à faire audit théâtre. »

VI

1644. — 9 septembre et 19 décembre.

PRÊT PAR LOUIS BAULOT AUX COMÉDIENS DE L'ILLUSTRE THÉÂTRE ET DÉSISTEMENT DU BAIL DU JEU DE PAUME DES MÉTAYERS

Minutes de Mes Biesta et Lamy.

Marie Hervé, veuve de Joseph Béjard, Madeleine et Geneviève Béjard, ses filles, Jean-Baptiste Poquelin, « demeurant à Saint-Germain-des-Prés, entre les portes Dauphine et Nesle, au jeu de paume appelé le Mestayer, » Nicolas-Marie Desfontaines, demeurant rue Neuve-Dauphine, Germain Clérin, sieur de Villars, Georges Pinel, Catherine Bourgeois, Denis Beys, Philippe Millot et « Pierre Dubois, maître brodeur » à Paris, « tous comédiens associés sous le titre de l'Illustre Théâtre entretenu par Son Altesse Royale, » confessent devoir à « Messire Louis Baulot, seigneur d'Acigny, conseiller et maître d'hôtel ordinaire du roi, » la somme de onze cents livres pour prêt d'argent destiné « tant au payement des pièces qu'ils ont achetées des auteurs du *Scevolle*, *la Mort de Crispe* et autres, pour servir à leurdit théâtre, que pour le payement des loyers du jeu de paume où ils font la comédie et autres affaires de leurdit théâtre. » La veuve Béjard donne encore pour caution sa maison de la rue de la Perle, mais depuis un an cette propriété se trouve grevée d'une hypothèque de deux mille quatre cents livres.

L'histoire des vicissitudes de l'Illustre-Théâtre au jeu de paume des Métayers se termine le 19 décembre 1644 par le désistement du bail passé avec Noël Gallois le 12 septembre 1643. Ce désistement est signé par Jean-Baptiste Poquelin, seul, « tant en son nom que comme se faisant fort de la compagnie de l'Illustre-Théâtre. »

VII

SUR L'ÉPOQUE DU SÉJOUR DE MOLIÈRE A AGEN

En citant, à notre page 144, le *Journal des Consuls d'Agen*, découvert par M. Adolphe Magen, nous avons dit que, le 13 février

1649, au témoignage de ce registre, Du Fresne vint rendre ses devoirs aux conseillers municipaux qui lui firent construire un théâtre dans un jeu de paume.

Au moment où se terminait l'impression du présent volume, M. Adolphe Magen nous a écrit pour nous faire observer que le journal dont il s'agit comprend quatre années, de 1649 à 1652, et que la visite de Du Fresne aux consuls d'Agen est inscrite sur le f° 101, lequel correspond, non pas à février 1649, comme nous l'avions pensé, mais à février 1650.

C'est donc en revenant de Narbonne, où il fut parrain le 10 janvier 1650, et non avant de se rendre dans cette ville, que Molière donna des représentations à Agen.

VIII

1635. — 20 décembre.

DÉCLARATION DE DOMICILE PAR JACQUES DE GORLA

Extrait des Registres des Nommées ; *archives de la ville de Lyon.*

Du jeudi 20 décembre 1635, estant comparu sieur Jacques de Gorla, opérateur, natif de Rozel, pays des Grisons,

Lequel a dict et déclairé qu'il est habitant en ceste ville puis quelque temps et désire y continuer son habitation, entendant estre subiect aux guet et garde, faire les fonctions et supporter les charges auxquelles les habitants de la ville sont tenus. De laquelle déclaration il a demandé acte au consulat, et icelluy supplié vouloir le faire inscrire au livre des Nommées des habitans de la ville.

Les dits sieurs (échevins de la ville), après que le dit de Gorla a faict et presté le serment entre leurs mains de vivre et mourir en la religion catholique et apostolique romeyne, se comporter en bon concitoyen et advertir le consulat de tout ce qu'il apprendra importer au service du Roy, bien et repos de la d. ville, ils luy ont octroyé l'acte requis de sa dicte déclaration.

Pièce communiquée par M. Brouchoud.

IX

1658. — 6 janvier.

DÉLIBÉRATION DE L'AUMONE GÉNÉRALE DE LYON

(aujourd'hui l'hospice de la Charité).

Le dit jour, prins de la boëtte du bureau 18 livres tournois pour donner à la damoyselle vefve Vérand, contrôleur de la douane, recommandée par la damoyselle Bijarre *(sic)*, comédienne; laquelle somme luy a esté donnée pour une foys, pour ne s'estre treuvée de la qualité pour avoir l'aumosne secrète.

Pièce communiquée par M. Brouchoud.

X

1636. — 10 janvier.

AUTORISATION D'EMPRUNTER CONSTATANT L'ÉMANCIPATION DE MADELEINE BÉJART

Archives nationales. Minutes du Châtelet, Y 3903.

L'an mil six cent trente-six, le jeudi dixième janvier, vu par nous, Michel Moreau, lieutenant particulier civil, etc., la requête à nous présentée et baillée par écrit par Madeleine Béjart, *fille émancipée d'âge*, procédant sous l'autorité de Simon Courtin, bourgeois de Paris, depositive qu'elle se serait rendue adjudicataire d'une petite maison et jardin, sise au cul de sac de la rue de Thorigny, moyennant la somme de quatre mille dix livres, etc., laquelle somme la dite exposante n'a quant à présent, et lui convient de trouver la somme de deux mille livres pour payer le prix de l'adjudication de la dite maison et jardin; mais d'autant qu'elle trouve personnes qui lui veulent prêter la dite somme en la faisant consentir de ses parents et amis; laquelle nous lui avons octroyée, etc.

Suivant laquelle requête sont comparus :

Sieur Joseph Béjard, huissier ordinaire du Roy, père; Pierre Béjard, oncle paternel; Raoul du Guerner, chef du gobelet du Roy, allié; Denis Cordelle, avocat en Parlement; Pierre Baret, bourgeois de Paris; Antoine Grumière, fourrier du corps du Roi; Simon Bedeau, amis, auxquels avons fait faire le serment de nous donner avis sur le contenu ci-dessus; lesquels, après serment, sont d'avis que la dite Madeleine Béjard, assistée de son curateur, emprunte la somme de deux mille livres, etc.

XI

1643. — 10 mars et 10 juin.

RENONCIATION PAR LA VEUVE BÉJART, AU NOM DE SES ENFANTS DITS MINEURS, A LA SUCCESSION DE LEUR PÈRE

Archives nationales. Minutes du Châtelet, Y 3912.

L'an mil six cent quarante-trois, le mardi dixième mars, par devant nous, Antoine Ferrand, lieutenant particulier civil, etc., est comparue Marie Hervé, veuve de feu Georges (1) Bejard, vivant huissier des eaux et forêts de France à la table de marbre à Paris, *au nom et comme tutrice de Joseph, Madeleine, Geneviève, Louis et une petite non baptisée, mineurs du dit défunt et d'elle;*

Laquelle nous a dit et remontré que la succession du dit défunt son mari est chargée de grandes dettes et que n'y a aucuns biens en icelle pour les acquitter, et craint que, si elle appréhende icelle pour ses dits enfants, qu'elle ne leur soit plus onéreuse que profitable, icelle désireroit de y renoncer pour ses dits enfants, ce qu'elle doute pouvoir valablement faire sans l'avis des parents et amis des dits *mineurs* qu'elle a requis s'assembler pour donner (leur avis) sur la dite renonciation.

Suivant laquelle requête est comparu Gabriel Renard, sieur de Sainte-Marie; Mᵉ Pierre Fillon, procureur au Chastelet; Mᵉ Berenger, procureur au dit Châtelet; Mᵉ Pierre Béjard, procureur

---

(1) Ce prénom est une erreur, ainsi que le prouvent tous les autres actes relatifs à Joseph Béjard. *Note de M. E. Soulié.*

au dit Châtelet, oncle paternel ; Simon Bedeau, maître sellier lormier à Paris, subrogé-tuteur des dits mineurs ; M⁰ Jacques Buyars, Jean Freyal, maître tailleur d'habits ; Jean Fourault, bourgeois de Paris, amis, auxquels avons fait faire le serment de donner bon et fidèle avis sur la dite renonciation ;

Lesquels, après serment par eux fait, ont dit qu'ils sont d'avis que la dite veuve renonce pour les dits enfants à la succession du dit défunt leur père, comme leur étant icelle plus onéreuse que profitable.

Sur quoi nous ordonnons qu'il en soit fait rapport au conseil.

Et le mercredi x juin, audit an 1643, est comparue la dite Hervé, laquelle, *au dit nom de tutrice des enfants mineurs* du dit défunt et d'elle, après avoir pris le consentement ci-dessus, a renoncé à la succession dudit défunt, leur père, comme leur étant icelle plus onéreuse que profitable. Signé : *Marie Hervé.*

XII

SUR LES BIENS PERSONNELS DE LA VEUVE BÉJART

Au moment où elle faisait, au nom de ses enfants prétendus mineurs, la renonciation dont le texte précède, la veuve Béjart possédait en propre une maison à Paris, rue de la Perle, paroisse Saint-Gervais, dans laquelle fut passé, le 30 juin 1643, l'acte de société des comédiens de l'*Illustre Théâtre*. Quand, au mois de septembre suivant, ces comédiens louèrent de Noël Gallois le jeu de paume des Métayers (pièce II), elle se porta « principale preneure » et hypothéqua cette maison à la garantie du cautionnement qu'elle donna au bailleur : elle énonça, dans l'acte, que cet immeuble lui appartenait « en acquêt. » On donnait ce nom à l'immeuble provenu à l'un des époux de la donation ou du legs à lui fait par un parent collatéral. (Voir le *Répertoire* de Merlin.)

Elle donna en outre pour gage :

1° Le sixième appartenant indivisément tant à elle qu'à ses enfants dans une autre maison, rue du Roi-de-Sicile : comme elle avait cinq enfants, en y comprenant Armande, si sa part était égale à celle de chacun d'eux, cette part était d'un trente-sixième ;

2° Et la totalité, aussi indivise avec ses enfants, d'une petite maison, avec cour et jardin, « assise au bourg Saint-Antoine des Champs, sur le chemin de Piquepuce. »

Le tout appartenant tant à eux qu'à elle-même, « de propre conquêt; » ce qui signifie probablement qu'elle et ses enfants avaient acheté le tout en commun. On va voir dans quelles circonstances.

Selon nos conjectures, ce serait dans cette maisonnette du bourg Saint-Antoine des Champs qu'Armande aurait vu le jour et que Joseph Béjart serait passé de vie à trépas (voir pages 118 et 341). C'était une bicoque bâtie sur un jardinet et que la veuve Béjart laissa tomber en ruines, car on voit dans le testament de Madeleine Béjart, du 9 janvier 1672, qu'à ce moment il n'en restait plus que l'emplacement.

Madeleine, par ce testament, lègue à son frère Louis « la moitié d'une place sise au faubourg Saint-Antoine lès Paris, grande rue du dit lieu, » et elle déclare que cette moitié lui appartient, savoir : « moitié de ladite moitié (un quart) comme héritière des défunts sieur et damoiselle ses père et mère, et l'autre moitié de ladite moitié comme l'ayant acquise dudit sieur son frère. » — Les deux autres quarts appartenaient évidemment à Geneviève et à Armande Béjart.

Il est clair que Madeleine se trompait légèrement en disant que de l'immeuble en question elle avait recueilli un quart dans les successions de ses père et mère, soit un huitième de chacun d'eux.

Elle ne put rien recueillir de la succession de son père, puisqu'elle y avait renoncé; mais la bicoque dont il s'agit avait sans doute été achetée en commun par les sieur et dame Béjart au cours de leur mariage. C'était un immeuble de communauté qui, comme tel, devint la propriété des créanciers de Joseph Béjart et dut être par eux mis en vente et racheté alors par sa veuve, tant pour elle que pour ses enfants, en même temps que le sixième de la maison rue du Roi-de-Sicile. Mais Madeleine, dictant son testament vingt-neuf ans après cet événement, avait sans doute oublié la façon dont l'immeuble était un moment sorti des mains de ses parents, et ne savait bien qu'une chose, c'est que, au cours de leur union, ils en avaient été propriétaires. Peut-être aussi n'était-elle pas flattée d'apprendre la faillite depuis longtemps oubliée de son père aux deux notaires qui recevaient ses dernières volontés.

L'interprétation qu'on vient de lire nous semble la seule qui puisse concilier les énonciations contradictoires du bail Noël Gallois et du testament de Madeleine.

En réalité, cette dernière ne se trompait pas sur la quotité de ses droits dans l'immeuble. Par suite de l'acquisition originaire commune entre la veuve Béjart et ses cinq enfants, du décès de l'aîné et du décès subséquent de cette veuve, Madeleine avait bien un quart dans cette petite propriété en son nom personnel, et un autre quart comme l'ayant acheté de son frère Louis.

On voit par ce qui précède à quoi se réduisait la fortune immobilière de la veuve Béjart : une maison rue de la Perle, la trente-sixième partie d'une autre maison et le sixième d'une sorte de vide-bouteilles.

Elle ne dut pas conserver longtemps ces épaves sauvées du naufrage de sa fortune. On a vu, par la pièce VI, que, dès la fin de l'année 1643, elle avait emprunté 2,400 livres sur sa maison de la rue de la Perle, qu'elle avait déjà hypothéquée par le bail du 12 septembre de cette année (pièce II); elle la quitta bientôt pour aller vivre avec ses enfants dès qu'ils habitèrent près de la porte de Nesle, où on la voit établie avec eux le 17 décembre 1644, moment où elle les cautionne une seconde fois. (*Recherches* de Soulié, p. 171.)

Dès lors elle est toute à eux; elle s'associe à leur mauvaise fortune et les suit dans leurs excursions en province. On la trouve à Nantes le 18 mai 1648, jour où elle assiste, avec Madeleine et René Berthelot, dit du Parc, au baptême d'Isabelle, fille de Pierre Réveillon et de Marie Bret. (V. *Revue de Bretagne*, livraison de juillet 1874, p. 20.)

Quand revint-elle à Paris? Nous l'ignorons : ce qui est certain, c'est que, à l'époque où ses enfants y reparurent, en 1658, elle continua de demeurer avec eux et ne reparut plus dans la maison de la rue de la Perle, que sans doute elle avait vendue pour défrayer leurs dépenses pendant tout le temps de leur lutte contre la malechance. Si, à sa mort, arrivée le 3 janvier 1670, elle eût laissé d'autres immeubles que le droit insignifiant qu'elle avait dans la place vide du bourg Saint-Antoine, ils eussent, comme cette place, figuré deux ans après dans le testament de Madeleine, et il en serait question dans l'inventaire fait après le décès de Molière, car la veuve de ce dernier aurait eu, de ce chef, des reprises à exercer.

On a vu d'ailleurs qu'en 1664 la veuve Béjart ne put donner aucune dot à sa fille Geneviève, deux ans après en avoir, mais en apparence seulement, constitué une si belle en faveur d'Armande. Quand elle mourut, elle soutenait un procès contre les héritiers d'un sieur Leroy, procès jugé en premier ressort au Châtelet de Paris, et dont il y avait appel au Parlement. Telle était alors l'exiguïté de ses ressources, qu'elle ne pouvait payer les frais entraînés par ce procès. Ce fut Madeleine qui en fit l'avance pour elle. La pièce qui le constate a été publiée par Soulié. (*Recherches*, p. 242.)

XIII

SUR LE PRÊT FAIT PAR MADELEINE BÉJART A LA PROVINCE DE LANGUEDOC

Le placement dont nous parlons aux pages 250 et 276 est constaté par une pièce que M. Louis Lacour, coutumier de ces heureuses découvertes, a trouvée dans les archives de Languedoc, et qu'il a publiée aux pages 99 et suiv. de son récent et piquant opuscule : *Le Tartuffe par ordre de Louis XIV*.

C'est un acte notarié, en date à Montpellier du 1er avril 1655, par lequel Pierre Joubert, syndic général du pays de Languedoc, en vertu d'une délibération des Etats de ce pays, reconnaît devoir à Madeleine Béjart la somme de 10,625 livres pour prêt par elle fait à la province.

Ce prêt n'était réellement que de 10,000 livres ; les 625 livres de surplus représentaient l'intérêt à 6 fr. 25 du cent de la première année, au bout de laquelle le capital devenait exigible. Cet intérêt devait continuer à courir si les 10,000 livres n'étaient pas alors remboursées, ce qui arriva en effet, le remboursement de l'emprunt de 500,000 livres, duquel le prêt de Madeleine faisait partie, n'ayant été autorisé que par déclaration du 4 décembre 1664.

A partir de ce moment, les fonds furent mis à la disposition de la créancière, mais il paraît que, depuis le mois de janvier 1662, il y avait eu opposition au payement du capital et des intérêts entre ses mains, car les intérêts échus à cette dernière date ne lui furent payés que six ans plus tard, en 1668 et en même temps que le capital.

De qui provenait cette opposition ? Probablement d'une partie intéressée ayant un compte à régler avec elle, compte que cette femme d'esprit processif contestait. Nous n'osons pas supposer que cette opposition fût du fait de Molière, bien qu'à partir de son mariage il dût être souvent brouillé avec sa belle-mère ; mais il est difficile de ne pas remarquer que le service des intérêts entre les mains de Madeleine s'arrête justement aussitôt après le mariage du poëte.

Il est hors de doute qu'il y eut un obstacle apporté à la libération des Etats, car le 22 janvier 1665, aussitôt après la déclaration dont il a été parlé, leur syndic somma Madeleine d'avoir à se mettre en mesure de toucher et, de ce moment, le capital cessa de produire intérêt. En vertu d'une condition qui est de l'essence des emprunts publics, la somme qu'un créancier n'était pas en mesure de toucher à son échéance demeurait dans la caisse du receveur jusqu'à ce que l'obstacle fût levé et restait improductive d'intérêts à partir de cette échéance. Les choses ne se passent pas différemment aujourd'hui pour les emprunts des villes et des départements. Seulement, dans l'espèce, le terme d'un an fixé par le titre constitutif pour le remboursement, étant échu depuis longtemps sans que Madeleine eût profité de cette échéance, et la créance n'étant plus dès lors remboursable qu'à la volonté des Etats, en vertu de la clause finale insérée dans le contrat, les Etats devaient, pour arrêter le cours des intérêts, notifier cette volonté à leur créancière et supporter les frais de cette notification.

Ce capital ne fut touché par Madeleine que suivant quittance notariée en date à Paris du 21 janvier 1668. Cet acte relate la sommation et les offres dont il vient d'être parlé et constate en même temps le simple payement de 39 livres pour trois semaines d'intérêts courus du 1er janvier 1665 au jour de la sommation, ce qui prouve bien que cette mise en demeure avait eu pour effet d'en arrêter le cours. Madeleine reçoit en outre « la somme de sept livres qui ont été débourcés *pour les frais d'offres de deniers*. »

Par ces derniers mots, *offres de deniers*, on ne doit point entendre des offres réelles validées dont la conséquence eût été la consignation des deniers offerts : cette double formalité n'eut pas lieu, et n'était pas nécessaire, puisque les emprunts publics n'y étaient point assujettis. S'il y avait eu consignation, c'est du receveur des consignations (ces officiers publics avaient été établis par Henri III) que Madeleine eût touché, et il serait intervenu dans la quittance qu'elle donna au syndic des Etats. Les offres dont parle cette quittance ne sont autre chose que la sommation mentionnée plus haut par laquelle les Etats notifiaient à leur créancière leur intention de se libérer envers elle. De ce moment, nous le répétons, et jusqu'au jour où elle se serait mise en mesure de toucher valablement, le capital demeurait dans la caisse du receveur et improductif d'intérêts, puisque l'empêchement ne provenait que du fait de la créancière.

Il résulte encore des pièces citées par M. Lacour, que Madeleine toucha en même temps, par mandats distincts de la quittance, les intérêts échus en janvier 1662, époque où avait eu lieu l'opposition, et ceux courus jusqu'au 1er janvier 1665, c'est-à-dire jusqu'à l'échéance annuelle qui précéda de trois semaines la mise en demeure. Mais nous ne saurions voir dans cet encaissement tardif une preuve de sa négligence. M. Lacour se demande à ce sujet si « cette maladie incurable dite *insouciance d'artiste* faisait déjà des ravages parmi les fondateurs de la Comédie-Française. » Pour peu qu'on ait étudié de près l'esprit de cette fille d'huissier, si soigneuse, au contraire, de ses affaires, on ne saurait s'associer à cette interprétation. Elle ne toucha rien de 1662 jusqu'en 1665 parce qu'il y avait opposition au payement entre ses mains du capital et des intérêts, et, cette opposition, le long délai de trois ans qui s'écoula entre la date de la sommation de toucher et le jour où elle fut en mesure de le faire, en témoigne suffisamment.

Dans notre pensée, le capital de dix mille livres prêté à la province de Languedoc servit à payer la dot de la femme de Molière, qui est justement de pareille somme. On ne quittança point le contrat, parce que Madeleine n'était pas assurée de faire rentrer ce capital avant le mariage ; et, en effet, l'obstacle qui s'opposait au remboursement n'ayant pu être levé en temps utile, elle transféra par acte sous signature privée, trois mois après le contrat, ce capital à Molière, qui lui donna alors quittance notariée de la dot (24 juin 1662). Cette quittance ne porte point la mention ordinaire que les deniers ont été versés en présence des notaires, et cette dérogation aux usages habituels est ici fort significative.

Le transport dont nous venons de parler ne pouvait être signifié aux Etats sans entraîner des frais inutiles et surtout sans que cette signification révélât celle qui, en réalité, avait constitué la dot d'Armande. Voilà pourquoi il resta à l'état de convention privée et, dès lors, les Etats ne pouvaient payer valablement qu'entre les mains de Madeleine, qui dut remettre aussitôt le montant du payement à son gendre.

S'il en eût été autrement, on eût dû trouver dans sa succession, ouverte quatre ans après le remboursement, un actif bien plus fort que celui qu'on y voit figurer et qui est de 17,900 livres.. Comment cette femme si rangée et si ménagère qui, pendant les dix ans de sa vie de comédienne nomade, avait trouvé moyen de prêter en deux fois, dans la seule année 1655 (et nous ne connaissons pas probablement tous ses placements), une somme de 13,200 livres, n'aurait-elle ensuite économisé, dans les dix-sept ans qui s'écoulèrent depuis cette année jusqu'à sa mort, qu'une somme de 7,900 livres, comme cela serait si, dans le numéraire trouvé à son décès, figurait le capital remboursé par les Etats ? Et il ne faut pas oublier qu'elle prit part, jusqu'à son dernier jour, aux bénéfices de la troupe dirigée par Molière, et qu'elle avait revendu sa maison de la rue Thorigny par elle acquise en 1636 (V. pièce X), et dont le prix était supérieur à celui de son bien de la Souquette payé seulement 2,856 livres.

Dans cette même année 1668 où Madeleine touchait enfin les dix mille livres par elle placées sur le Languedoc treize ans auparavant, Molière, par l'intermédiaire et sous le nom de son ami Rohault, prêtait à son père une somme de 8,000 livres. (Soulié, p. 65.) Ce fait confirme encore notre supposition que les fonds touchés par Madeleine étaient passés immédiatement entre les mains de son gendre, qui les employa à soulager délicatement la détresse de son père.

XIV

1667. — 21-22 août.

INFORMATION CONTRE CLAUDE, JARDINIER DE LA MAISON DE MOLIÈRE A AUTEUIL

Juridiction seigneuriale.

21 aoust 1667. Suplye Jacques de Grou, escuyer, Sr *de Beaufort*, et Dam^{elle} *Marie Filz*, sa femme, complaignans que, estant ce jour d'huy venus de Paris en leur logis de ce lieu... assistez du s^r *de la Vallée*, gendre du d. s^r de Beaufort, et, estant entrez dans leur jardin, le nommé *Claude*, jardinier de leur d. maison, auroit attaqué la d. *Filz* de parolles impertinantes, l'apellant... *cocquine*, etc.

Et voyant le d. s^r de la Vallée que le d. jardinier maltraitoit ainsy la d. Filz, sa belle-mère, auroit repris le d. jardinier, luy remontrant qu'il debvoit estre plus civil... Lequel se seroit getté au collet du d. s^r de la Vallée, luy auroit déchiré son rabat... et auroit esté prendre un baston à deux bouts, sefforçant d'en maltraicter les suplians, et autres de leur compagnie, et auroit donné un coup du d. baston sur la teste du s*r* *abbé de Vallorye*, dont il est grandement blessé et *en danger de mort*, jurant et blasphémant le s*t* nom de Dieu...

Signé : MARIE FILZ.

Acte de la plainte, et permis de faire informer.

N. COEFFIER (lieutenant de la Prévosté).

1667, 22 aoust.

Information, par nous, Nicolas Coeffier, à l'encontre de...   jardinier (*sic*.)

François Séjourné, chartier à Autheuil, 32 ans, dépose, après serment, que :

Le jour d'hier, environ 8 h. du soir, luy estant en la maison des d. s*r* et d*e* de Beaufort, pour panser les chevaux... le s*r* *de la Vallée* luy demanda où estoit le jardinier ; le desposant ayant fait response quil estoit en sa chambre, le s*r* de la Vallée luy dit : « Appelle-le, » ce quil fit.

Et le d. jardinier descendit de sa chambre, et alla, avec le d. s*r* de la Vallée, pour parler à des *bourgeois qui ont loué partye du d. logis et jardin* (a).

Et comme ils parloient aux d. bourgeois, le d. s*r* de la Vallée prist le d. jardinier par la main, pour le faire sortir de la salle, où ils étoient entrez pour parler aux d. bourgeois. A l'instant, le jardinier se jetta sur le d. s*r* de la Vallée, le prist au collet, le terassa, et fut le rabat deschiré en deux ; et le s*r* de la Vallée estant relevé donna quelques coups de canne au d. jardinier, et s'en alla dans le jardin.

Et le d. jardinier monta à sa chambre et prist un baston d'environ 8 pieds de long, et s'en alla dans le jardin, en jurant et blasphémant le s*t* nom de Dieu, — disant qu'il vouloit tuer celui qui l'avoit frappé.

Ce que voyant le s*r* *abbé de Valory*, dem*t* en la d. maison, auroit esté au-devant du d. jardinier, lui remonstrant qu'il ne faisoit pas bien, — et le jardinier lui auroit (donné) un coup du d. baston sur la teste ; et le d. s*r* *abbé estoit tout en sang*, et fut baillé quelques coups au jardinier.

Et est ce qu'il a dit savoir.

Lecture (faite) a persisté et requis salaire ; à lui taxé 8 s. p*is*.

Nicolas Hubert, vigneron à Passy, 32 ans, despose (après serment) :

Le jour d'hier, environ 7 h. de relevée, il fit rencontre du s^r de Beaufort dans ses vignes au desoubs de Passy, et il seroit revenu avecq le d. d^r de Beaufort, en sa maison du d. Autheuil, où estant arivé, il vist le s^r de la Vallée, qui demanda où estoit le jardinier, auquel on fit response qu'il estoit en sa chambre, — et, ayant appellé, le d. jardinier descendit.

Et le d. s^r de la Vallée prist le d. jardinier par le bras, pour le faire entrer dans la salle, disant qu'il vouloit parler à luy, — ce que voyant le d. jardinier prist le d. s^r de la Vallée au collet et cheveux, et se houspillèrent l'un l'autre.

Le d. jardinier, estant à terre, eust plusieurs coups de cane, que un autre, *abillé de noir* (lui donna). Et fut le rabat du d. s^r de la Vallée deschiré par le d. jardinier.

Et après cela, luy desposant disant : « M. de la Vallée, laissez là le jardinier, » il (le jardinier) fut retiré par le s^r *Molier et autres* et enfermé dans *leur* chambre (*b*).

Et, à l'instant, le d. jardinier sauta par la fenestre de la d. chambre et prist un baston de 6 à 7 pieds... — et luy desposant, estant entré dans le jardin, vist le d. (jardinier) par terre, — le s^r *Valory sur* luy, lequel Valory *saignoit de la teste au-dessus de l'œil*, et un homme, *abillé de noir*, qui tenoit le baston que avoit le jardinier, et frappoit dessus. Et luy desposant fut séparer le d. jardinier. *Le vallet de chambre du s^r Valiory* luy donnoit des coups de pied, pendant que luy desposant l'emmenoit.

Et estant dans une allée proche le clos du s^r de la Guette, un nommé le s^r *de Longpré* arriva, et voulut aller sur le d. jardinier, et fut empesché par deux femmes, et luy desposant, disant au d. jardinier qu'il se retirast, et le d. jardinier n'en voulut rien faire. Et voyant venir un *gentilhomme* vers luy, il prist un eschallat, et dict : « Vienne qui voudra ; je leur tiendrai teste. »

Et le *gentilhomme* estant aproché dit au jardinier qu'il avoit tort, après l'avoir saulvé, d'avoir saulté la fenestre, et que *Madame* (madame de Beaufort) estoit fort faschée contre luy, et se retirèrent (*c*).

Et est ce qu'il a dit savoir.

Lecture (faite), a persisté et requis salaire ; à luy taxé 8 s. p^is.

  Et a signé :   N. Hubert

  Pièce communiquée par M. Parent de Rosan.

NOTES SUR CETTE PIÈCE ET DESCRIPTION DE L'APPARTEMENT
LOUÉ A MOLIÈRE

(*a*) *Bourgeois qui ont loué partye du logis et jardin.*
C'étaient Molière et Chapelle, installés, probablement depuis peu, dans ledit logis.
Le s^r de la Vallée, gendre des Beaufort, conduit chez eux le jardinier Claude, pour lui donner ses ordres, relativement à cette location récente, et au service que les dits locataires pourraient exiger.
On peut induire de là que le bail de Molière venait de commencer.

(*b*) *Le jardinier fut retiré par le s^r Molier et autres dans leur chambre.*
Nous savons que cette chambre était au rez-de-chaussée, sur la cour gazonnée, en contre-bas de laquelle était le jardin, contigu, sur la gauche, au clos du s^r de la Guette.

(*c*) *Le gentilhomme dit au jardinier qu'il avoit tort... d'avoir saulté la fenestre...*
Ce gentilhomme n'est pas Molière, mais son colocataire, Chapelle...
Hubert qualifie « gentilshommes » ceux que Séjourné a qualifiés « bourgeois. »
Nous donnons ici, d'après un bail antérieur de dix ans à celui fait à Molière, la description de l'appartement qu'il occupait à Auteuil.
1657, 12 aoust. Devant Dufriche, greffier et tabellion, fut présent Jacques de Grou, escuyer, sieur de Beaufort, lequel a recognu avoir baillé, à tiltre de loyer et prix d'argent, pour une année, à comenser du 29 juillet dernier, à Vincent Philippe Lebret, maistre d'hostel ordinaire du Roy,
Un grand corps de logis qui a veue sur le jardin du d. bailleur et consistant en une cuisine et office à costé soubs terre, une salle au dessus de la cuisine, — une salle, une chambre, cabinet et antichambre au premier estage, — et sur la montée, ung cabinet (d'aisances probablement) entre le 1er et le 2e estage, — et, au deuxiesme estage, deux chambres, — une escurye à mettre six chevaux, — une remise de carosse dans la grange du bailleur, — la liberté de se promener dans le jardin du bailleur pour le preneur et Madame sa femme, — et une moyenne chambre basse, et le grenier au desus, attenant à l'escurye.

Pièce communiquée par M. Parent de Rosan.

Molière ne loua ni l'écurie, ni la remise, ce qui explique pourquoi son loyer ne fut que de 400 livres, tandis que celui de Lebret était de 550.

XV

NOTE SUR LES DIFFÉRENTS DOMICILES DE MOLIÈRE

Après son séjour sur le quai de l'Ecole, au temps où sa troupe partageait la possession du théâtre du Petit-Bourbon avec la troupe italienne, Molière vint habiter avec les Béjart une vaste maison sise au coin des rues Saint-Honoré et Saint-Thomas du Louvre et ayant vue sur ces deux rues et sur la place du Palais-Royal, qui se développait à l'extrémité de la rue Saint-Thomas. Cette maison relevait de Saint-Germain-l'Auxerrois et porta successivement les noms de *Maison de la Crosse*, puis du *Singe*, sous lesquels elle est désignée dans le plan annexé à la *Topographie historique du vieux Paris*, de feu A. Berty, publiée en 1866 sous les auspices du conseil municipal. Ce plan montre qu'une ligne suivant le milieu de la rue Saint-Honoré séparait le territoire de la paroisse Saint-Germain-l'Auxerrois de celui de Saint-Eustache : le côté gauche de la rue, en remontant vers le faubourg, était seul sur Saint-Germain, dont le territoire s'étendait, de ce côté, jusqu'à la troisième maison après la rue Saint-Nicaise où commençait le domaine de la paroisse Saint-Roch. Celui de Saint-Eustache, dont dépendait le côté droit de la même rue, se prolongeait jusqu'à l'ancienne porte Saint-Honoré, en sorte que la rue Richelieu, au moins dans son côté Est (celui qui longe le Palais-Royal et où mourut Molière), relevait de Saint-Eustache (V. le plan cité, feuille V, et le texte, t. Ier, p. 284, note, et *passim*).

C'est dans cette maison du Singe que Molière se maria. Après son union avec Armande Béjart, ils allèrent demeurer rue Richelieu, où ils ne restèrent qu'un an environ; puis ils revinrent dans la maison où ils s'étaient mariés. C'est dans ce dernier domicile qu'Armande mit au jour l'enfant dont Louis XIV fut le parrain, et qui fut baptisé à Saint-Germain-l'Auxerrois le 28 février 1664.

L'auteur n'admet pas, avec M. Taschereau, que Molière ait ensuite habité une maison sise dans la partie Est de la rue Saint-Honoré, sur la paroisse Saint-Eustache. Il est bien vrai que le filleul du roi fut enterré dans cette paroisse; mais l'acte d'inhumation, qui est du 10 novembre 1664, constate que le corps fut pris rue Saint-Thomas-du-Louvre. Saint-Eustache était la paroisse des Poquelin, et c'est là qu'avait eu lieu le service de la mère de Molière.

Voilà pourquoi il y fit faire le convoi de son premier enfant, et pourquoi encore il y fit baptiser sa fille, née le 4 août 1665, et dont le comte de Modène fut le parrain.

Le 15 octobre suivant, Molière loua, par bail devant Ogier, notaire à Paris, un logis rue Saint-Thomas du Louvre, appartenant à un sieur Millet, maréchal des camps du roi. Ce corps de logis, bien que distinct de celui qu'habitaient Madeleine Béjart et sa mère, n'en faisait pas moins partie de la grande maison du Singe, où Madeleine occupait, au quatrième étage, un assez vaste appartement. Quand on étudie les pièces qu'a publiées M. Soulié, p. 203, 220, 239, 242, 249 et 258 de ses *Recherches*, on s'aperçoit que, dans ces actes, c'est toujours de la même maison qu'il s'agit, bien qu'ils la désignent comme située, tantôt rue Saint-Thomas, tantôt rue Saint-Honoré, tantôt place du Palais-Royal.

Les deux époux restèrent là jusqu'au 1er octobre 1672, époque à laquelle ils vinrent habiter la maison rue Richelieu, où mourut Molière, et qui appartenait au sieur René Baudellet. Dans le bail fait par ce dernier le 26 juillet 1672, il est dit que Molière, au moment où il le signe, demeure rue Saint-Honoré, *paroisse Saint-Eustache*. Cette indication, tout exceptionnelle, est probablement une erreur, car, le 12 mars précédent, lors de l'inventaire après le décès de Madeleine Béjart, le poëte demeurait encore rue Saint-Thomas, *paroisse Saint-Germain*. Le notaire venait d'écrire que le propriétaire de la maison louée résidait en cette maison, rue Richelieu, paroisse Saint-Eustache : il aura, par un *lapsus calami*, répété quelques lignes plus loin le nom de cette paroisse. Ceux qui n'admettraient pas cette explication devront au moins reconnaître, par le rapprochement de l'inventaire et du bail susmentionnés, que Molière n'a pu habiter sur le côté droit de la rue Saint-Honoré, relevant de Saint-Eustache que six mois au plus, du 1er avril au 1er octobre 1672.

TABLE ANALYTIQUE DES MATIÈRES

	PAGES.
Avertissement de l'éditeur	v
Note de M. Paul Lacroix	ix
Préambule	1

PREMIÈRE PARTIE

Divisions de l'ouvrage	19
Sur la date de la naissance de Molière	20
Le baptistaire du 15 janvier 1622 est-il bien le sien ?	21
La maison des Singes	22
Vœu de Sainte-Beuve au sujet de cette maison	24
Mort de la mère de Molière et second mariage de son père	*Ibid.*
Les loges de la Halle de la foire Saint-Germain	25
Fagotin, Brioché, l'Orviétan	*Ibid.*
Première éducation de Jean-Baptiste Poquelin	27
Louis de Cressé	*Ibid.*
La charge de tapissier valet de chambre du roi	28
Cette charge transférée à Jean-Baptiste Poquelin par son père	30
Mort de Catherine Fleurette	31
Entrée de Molière au collége de Clermont	*Ibid.*
Georges Pinel	32
Le prince de Conti ; son âge. Comment put-il être condisciple de Molière ?	33

	PAGES.
Organisation du collége de Clermont.	34
Les Jésuites ; leur habileté dans l'enseignement, leurs réformes en cette matière.	35
Patronage exercé envers leurs camarades par les enfants de grandes familles.	37
Effectif des élèves du collége de Clermont.	38
Age auquel les enfants y entraient.	39
Education du prince de Conti.	40
Détermination de la durée des études de Molière.	42
Gassendi lui enseigne la philosophie.	44
Hesnault, Bernier, Chapelle	*Ibid.*
Cyrano de Bergerac.	46
Nature de l'enseignement de Gassendi.	47
La traduction de Lucrèce.	48
La scène V du second acte du *Misanthrope*.	*Ibid.*
Molière ne brûla point sa traduction.	49
Ce que l'œuvre de Molière doit à Gassendi.	50
Jean-Baptiste Poquelin se destine au barreau ; il étudie le droit et la théologie.	52
Erreur à ce sujet.	54
La Faculté de décret.	56
Pourquoi les gens de robe étudiaient le droit canon	*Ibid.*
Courte durée des études de droit.	57
Décadence de ces études	58
Désordres introduits dans la Faculté de droit.	59
Trafic des grades.	60
Les thèses de droit au temps où Molière étudiait.	61
L'enseignement du droit civil réservé aux seules universités de Poitiers et d'Orléans.	*Ibid.*
Moyens employés pour tourner les prohibitions à cet égard.	62
Ignorance des étudiants admis à la licence. — Charles Perrault.	*Ibid.*
Elomire hypocondre. — Molière reçu licencié à Orléans, selon l'auteur de cette pièce.	63

PAGES.

Erreurs de l'auteur d'*Elomire*.................. 65
Molière fut-il en effet licencié en droit ?...... 67
Opinion de M. Bazin à ce sujet................. *Ibid.*
La réception de Charles Perrault............... 68
Véracité de son récit.......................... 70
Comment Massillon obtint ses grades......... *Ibid.*
De l'absence du nom de Poquelin sur les registres de l'université d'Orléans.................. 72
Le registre des *Suppliques*.................... *Ibid.*
Supplique de La Bruyère....................... 73
Nombreuses omissions sur le registre.......... 76
Molière fut-il inscrit sur le tableau des avocats ?. 77
Raisons d'en douter............................ 78
Comment fut levé l'obstacle qui pouvait s'opposer à son inscription............................ *Ibid.*
Preuves établissant qu'il savait le droit....... 81
Preuves tirées de *M. de Pourceaugnac*......... *Ibid.*
    —   de l'*Ecole des femmes*............ 83
    —   du *Malade imaginaire*........... 85
Pourquoi Molière n'a pas joué les avocats..... 87
Les *Plaideurs*, de Racine...................... 88

DEUXIÈME PARTIE

Voyage de Louis XIII en Roussillon en 1642... 91
Pourquoi Molière dut suivre le roi aux lieu et place de son père............................. 93
Molière à Sigean chez Melchior Dufort........ 94
L'arrestation de Cinq-Mars.................... 95
Un jeune valet de chambre le fait cacher..... *Ibid.*
Doutes sur cette anecdote...................... 96
Premières relations de Molière avec Madeleine Béjart.. 98
Portrait de cette dernière...................... 100
La famille Béjart.............................. 101

	PAGES.
Naissance de Françoise Béjart	104
Le comte de Modène	Ibid.
Il est condamné à mort ; sa fuite à Bruxelles	105
Madeleine rentre au théâtre	106
A-t-elle rencontré Molière en Languedoc ?	107
Molière de retour à Paris dans *les* derniers mois de 1642 (1)	110
Ses rapports avec les acteurs italiens	Ibid.
Il rétrocède à son père ses droits à la charge de valet de chambre du roi	111
Nature de cette rétrocession. — Pourquoi Molière resta investi du titre auquel il avait renoncé	112
Il embrasse le théâtre. — Luttes amenées par cette résolution	113
Georges Pinel. — L'emprunt qu'il fait à Poquelin père	Ibid.
La troupe des *Enfants de famille*	114
Son directeur	115
Denis Beys et Charles de Beys	Ibid.
Composition de la troupe	116
Mort de Béjart père ; endroit où elle eut lieu	117
Fondation de l'*Illustre théâtre*	118
Sa situation	119
Engagement des musiciens	Ibid.
La troupe de l'Illustre théâtre va débuter à Rouen	120
Ses débuts à Paris	121
Jean-Baptiste Poquelin prend le nom de Molière	122
Nouveaux associés	Ibid.
Etat de détresse de l'association	124
Subvention accordée par Gaston d'Orléans	125
La troupe se transporte au port Saint-Paul	Ibid.
Ses protecteurs	Ibid.
Situation de la nouvelle salle	126

(1) C'est par erreur qu'à cette page on a imprimé : dans le dernier mois de 1642. Il faut lire : *dans les derniers mois.*

	PAGES.
Molière emprisonné au Châtelet.	126
Ballets de *la Fontaine de Jouvence* et de *l'Oracle de la Sybille de Pansoust*.	127
Pourquoi le duc d'Orléans supprima sa subvention.	128
Henri de Guise distribue ses habits à trois troupes de comédiens	*Ibid.*
Date de cet événement	130
Retour de la troupe au faubourg Saint-Germain.	*Ibid.*
Elle va tenter la fortune en province.	131
Sa composition à cette époque	133
Les troupes de province; fréquentes variations dans leur composition	134
Du Fresne, directeur de la troupe	*Ibid.*
L'emploi des principaux acteurs.	135
Si la troupe de Molière est le type de celle que Scarron a décrite	136
Goût du théâtre, général à cette époque	138
Déclaration royale du 16 avril 1641.	*Ibid.*
Pourquoi tant d'acteurs portaient ou usurpaient la particule nobiliaire	139
La véritable troupe du *Roman comique*.	*Ibid.*
Filandre et sa femme Angélique	*Ibid.*
La troupe des Béjart à Bordeaux en 1647.	140
Molière dans la tragédie d'Héraclius.	141
La troupe à Nantes en 1648. Les marionnettes.	142
Elle se rend à Fontenay-le-Comte	143
Puis à Toulouse en 1649.	*Ibid.*
Excursions douteuses à Limoges et à Angoulême.	*Ibid.*
Séjour à Agen. (*Voir la note VII*)	144
Séjour à Toulouse, au mois de mai 1649.	*Ibid.*
Molière parrain à Narbonne.	*Ibid.*
Retour périodique des troupes de province à Paris.	146
Molière à Paris en 1650 et 1651.	147
Chappuzeau. — *Lyon dans son lustre*.	148
La troupe de Mitalla.	149

PAGES.

La troupe de Molière à Lyon. . . . . . , ... 151
Les *Gelosi* ; — Beltrame. . . . . *Ibid.*
L'*Étourdi*. — Erreur de La Grange sur la date de
   la représentation de cette pièce 152
De Brie ; Mlle de Brie ; Marquise de Gorla ; Ma-
   riette Ragueneau de l'Estang. 154
Magdelon ; Chasteauneuf ; de Vauselle ; Mlle de
   Vauselle 155
Un exemplaire de l'*Andromède* de Corneille. . . . 156
Mlle Menou. . . . . *Ibid.*
Portraits de Mlles De Brie et Du Parc 157
Molière épris de cette dernière. 159
Mlle De Brie le console de son échec. 160
Mariage de Du Parc avec Marquise de Gorla. . . . 161
Date exacte de la première représentation de
   l'*Étourdi*. . . . . *Ibid.*
Molière en représentation à Vienne en Dauphiné. 162
Pierre de Boissat. — Anecdote à son sujet. . . . . *Ibid.*
Molière renoue connaissance avec le prince de
   Conti. 163
Aventures de ce prince. 165
Molière appelé dans son château 166
La troupe de Cormier. — Récit de Cosnac. 167
Mme de Calvimont. 168
Si le prince de Conti offrit à Molière la place de
   secrétaire de ses commandements. 172
La troupe de Molière à Montpellier. — Session
   des Etats du Languedoc de 1654 . . . . *Ibid.*
Les ballets de cour 173
Celui des *Incompatibles*. — Quel en est l'auteur. . *Ibid.*
Séjour de la troupe de Molière à Montpellier. . . 178
Madeleine Béjart à Montélimart . . . . *Ibid.*
Assignation de 5,000 livres accordée à Molière sur
   les fonds des étapes. 179
Explication de cette obscure affaire. . . . . *Ibid.*
La troupe retourne à Lyon . . . . : . . 183

	PAGES.
Charles Coypeau d'Assoucy.	183
Vie confortable de Molière et de ses camarades.	185
Prix des places de théâtre à cette époque	186
Les émoluments des députés aux Etats	188
Molière à Pézenas.	190
La troupe en représentation dans l'hôtel du prince de Conti.	191
Assignation de 6,000 livres accordée à Molière	192
Sur la disparition des autographes de Molière.	*Ibid.*
Texte de l'assignation.	194
Excursions dans les villes voisines de Pézenas.	195
La valise perdue.	196
La fontaine de Gignac.	*Ibid.*
Le barbier Gély	198
Anecdote. — La jeune fille de Pézenas.	199
Le fauteuil de Molière à Pézenas.	200
Celui de la Comédie-Française.	201
Moyens employés par le prince de Conti pour défrayer Molière de ses frais d'excursions.	202
Voyage de la troupe à Narbonne, en mai 1656.	203
Etats du Languedoc tenus à Béziers.	*Ibid.*
Première représentation du *Dépit amoureux*.	*Ibid.*
Edit du roi contre les duels.	205
Si les *Précieuses ridicules* furent d'abord jouées à Béziers.	206
Le prince de Conti quitte Béziers.	207
Molière s'ingénie pour suppléer à son appui.	208
L'*Armorial* de Joseph Béjart.	*Ibid.*
Les députés aux Etats invités à la première représentation du *Dépit*. Dure réponse de l'assemblée.	*Ibid.*
La troupe revient à Lyon	211
Séjours à Nimes, Orange et Avignon.	214
Chapelle et Bachaumont. — Rencontre de Molière et de Mignard.	*Ibid.*
Nouveau retour à Lyon. — Crédit dont y jouit Madeleine Béjart.	216

	PAGES.
Séjour à Grenoble	216
La troupe quitte le midi de la France	Ibid.
Elle vient s'établir à Rouen. — Représentations qu'elle y donne	217
Voyage de Molière à Paris	Ibid.
Il obtient la protection du frère du roi et ramène ses camarades à Paris	Ibid.
Son début devant Louis XIV	Ibid.

TROISIÈME PARTIE

Armande Béjart. — La tradition sur sa naissance et son origine	223
L'auteur d'*Élomire* la prétend fille de Molière	224
L'accusation de Montfleury	225
Opinion de Boileau sur cette question	227
Procès de Guichard	Ibid.
L'acte de mariage de Molière découvert par Beffara	228
Doutes qu'il soulève	Ibid.
Opinion de M. Bazin	229
Objections contre ce système	230
Celui de M. Ed. Fournier. — Erreurs qu'il contient	231
Renonciation à la succession de Joseph Béjart faite par sa veuve au nom de ses enfants prétendus mineurs	237
L'acte de subrogée-tutelle de ces mineurs	238
Preuves intrinsèques de la fraude introduite dans ces actes	239
Intérêt qui a déterminé la fausse déclaration	243
Composition du conseil de famille des enfants Béjart	Ibid.
Pierre Béjart et Simon Bedeau	244

	PAGES.
Age de Joseph Béjart, second du nom, et de Madeleine.	244
Émancipation de Madeleine. — Preuves de la fraude, tirées de cet acte.	245
Preuves extrinsèques. — La dot d'Armande Béjart.	247
La succession de Joseph Béjart, second du nom.	248
Fortune personnelle de la veuve Béjart.	249
Tendre affection de Madeleine envers Armande.	250
Raisons du silence gardé par Molière sur les calomnies dont son mariage fut l'objet.	Ibid.
Avortement des plans de Madeleine.	253
Second mariage du comte de Modène.	254
Education d'Armande Béjart.	255
Identité de Mlle Menou et d'Armande.	258
Preuves tirées d'une lettre de Chapelle.	Ibid.
Plan suivi par Molière pour l'éducation d'Armande.	262
Elle ne débuta point dans les *Fâcheux*.	264
Madeleine Béjart créa le rôle de la Nayade.	265
Premier rôle créé par Armande.	266
Si Madeleine s'opposa au mariage de sa fille.	268
Causes réelles de son opposition.	271
La maison de la rue Saint-Thomas du Louvre.	275
Contrat de mariage de Molière.	Ibid.
Concordance du chiffre de la dot avec celui d'un prêt fait par Madeleine à la province de Languedoc.	276
Le mariage religieux.	Ibid.
Molière vient habiter rue Richelieu.	278
Dissipations d'Armande.	279
Son rôle dans l'*Impromptu de Versailles*.	282
Irritation des ennemis de Molière.	283
Le duc de la Feuillade.	284
La dénonciation de Montfleury.	285
La lettre de Racine à l'abbé Levasseur.	Ibid.
La *Vengeance des marquis* et le *Portrait du peintre*.	287

	PAGES.
Armande dans le rôle d'Elmire du *Tartuffe*	289
Sage économie et générosité de Molière.	290
Ses confidences à Mignard et Rohault	292
Louis XIV parrain du premier enfant de Molière.	293
Molière vient habiter la maison rue Saint-Thomas du Louvre où loge Mlle de Brie.	294
Les apologistes d'Armande.	296
Son intrigue avec le comte de Guiche.	298
Erreur de M. Bazin.	299
Représentation des trois premiers actes du *Tartuffe*.	*Ibid.*
Le *Tartuffe* lu au légat.	300
Date de la rupture de Molière et de sa femme.	303
Naissance de la fille de Molière. — Rapprochement qu'elle amène entre les deux époux.	*Ibid.*
Le *Festin de Pierre*.	304
Première maladie de Molière.	305
Première représentation du *Misanthrope*; ce caractère n'a pas été peint d'après un seul modèle.	*Ibid.*
Il en est de même du *Tartuffe* (note).	*Ibid.*
Les confidences de Molière à Chapelle.	308
La rupture de Molière et de sa femme ne fut jamais absolue.	313
Le rôle d'Armande dans *Georges Dandin*.	315
Molière cherche des consolations près de Mlle de Brie	*Ibid.*
Son tempérament nerveux et irritable.	316
Il tombe malade de nouveau.	318
Il loue un appartement à Auteuil.	*Ibid.*
Description et emplacement de sa résidence.	*Ibid.*
Le jardinier Claude.	321
François Loyseau, curé d'Auteuil.	322
La servante Martine. — Son rôle dans les *Femmes savantes*	324
Heures des spectacles et fréquentes vacances des théâtres	325

PAGES.

Le souper d'Auteuil... 326
Ascendant de Chapelle sur Molière... 327
Le portrait d'Armande dans le *Bourgeois gentilhomme*... 328
Armande et Baron dans *Psyché*... 330
Mélicerte... 332
Intimité d'Armande et de Baron... 333
Mort de Madeleine Béjart et première représentation des *Femmes savantes*... 336
Molière revient habiter la rue Richelieu... 337
Baptême de son troisième enfant... *Ibid.*
La quatrième représentation du *Malade imaginaire*. *Ibid.*
Plaintes de Molière au moment de s'y rendre... 338
Circonstances déterminantes de sa mort... 339
Il est assisté par deux religieuses... *Ibid.*
Les *Capucins*, pompiers dans les théâtres... 340
Les Clarisses d'Annecy... *Ibid.*
La maisonnette du bourg Saint-Antoine-des-Champs... 341
Le refus de sépulture ecclésiastique. — La doctrine de l'Église en ce qui concerne les comédiens... 342
Le rituel de Paris de 1645... *Ibid.*
Les rétractations de Madeleine Béjart... 343
La requête de la veuve de Molière à l'archevêque de Paris... *Ibid.*
L'abbé Bernard... 345
Les dons de Molière au curé de Saint-Germain l'Auxerrois... *Ibid.*
Le convoi de Molière... 347
Pourquoi son acte de décès ne fut point signé... *Ibid.*
Le lieu où Molière fut inhumé... 350
La lettre écrite à l'abbé Boyvin... *Ibid.*
S'il y eut du tumulte au moment du convoi... 351
La scène du Pauvre dans le *Festin de Pierre*... 352
La joie des empiriques... 353

	PAGES.
Le médecin Bernier.	354
Les épitaphes de Molière	355
Ce qu'était le cimetière Saint-Joseph.	357
Le sonnet de Les Isles le Bas.	Ibid.
Dans quelle partie du cimetière Molière fut-il inhumé? — Témoignages de La Grange et de Titon du Tillet	358
Pourquoi les recherches faites en 1792 n'eurent point lieu où était le corps.	360
L'ancien chapelain de Saint-Joseph.	Ibid.
Cent voies de bois brûlées sur la tombe de Molière	361
Légèreté et inconséquence des investigateurs de 1792	362
Ils se trompèrent pour La Fontaine comme pour Molière.	363
Le lieu où fut inhumé La Fontaine.	364
Anecdote racontée par La Borde	365
Conduite de la veuve de Molière après la mort de son mari.	367
Son convol en secondes noces	368
Sa conduite envers sa fille.	369
Mort de cette dernière.	Ibid.

NOTES ET PIÈCES JUSTIFICATIVES.	371
I. — Acte de société des comédiens de *l'Illustre Théâtre*.	373
II. — Bail du jeu de paume des Métayers et cautionnement par la veuve Béjart.	375
III. — Acte d'engagement de l'orchestre de *l'Illustre Théâtre*	376
IV. — Procuration des comédiens devant un notaire de Rouen	377
V. — Modifications à l'acte de société.	378
VI. — Prêt par Louis Baulot et désistement du bail du jeu de paume des Métayers.	379

VII. — Sur la date du séjour de Molière à Agen.	379
VIII. — Déclaration de domicile par Jacques de Gorla.	380
IX. — Délibération de l'aumône générale de Lyon.	381
X. — Autorisation constatant l'émancipation de Madeleine Béjart.	*Ibid.*
XI. — Renonciation par la veuve Béjart, au nom de ses enfants, à la succession de leur père.	382
XII. — Sur les biens personnels de la veuve Béjart.	383
XIII. — Sur le prêt fait par Madeleine Béjart à la province de Languedoc.	386
XIV. — Information judiciaire contre Claude, jardinier de la maison de Molière à Auteuil.	389
Notes sur cette pièce et description de l'appartement d'Auteuil loué à Molière.	392
XV. — Sur les différents domiciles de Molière à Paris.	393

FIN DE LA TABLE.

ERRATA : Page 110, ligne 11 : au lieu des mots : *dans le dernier mois,* lisez : *dans les derniers mois.*
Page 247, ligne 10, au lieu des mots : *sans ressources,* lisez : *presque sans ressources.*

Paris. — Imp. Motteroz, rue du Dragon, 31.

www.ingramcontent.com/pod-product-compliance
Lightning Source LLC
Chambersburg PA
CBHW052120230426
43671CB00009B/1063